黄埔军校海南同学录

林芳华　编著

中国海洋大学出版社

·青岛·

图书在版编目（ＣＩＰ）数据

黄埔军校海南同学录 / 林芳华编著. — 青岛 ：中
国海洋大学出版社，2021.11
ISBN 978-7-5670-3039-8

Ⅰ．①黄… Ⅱ．①林… Ⅲ．①黄埔军校－校友－人名
录－海南 Ⅳ．①K825.2-61

中国版本图书馆 CIP 数据核字(2021)第 256855 号

HUANGPU JUNXIAO HAINAN TONGXUELU
黄 埔 军 校 海 南 同 学 录

出版发行	中国海洋大学出版社
社　　　址	青岛市香港东路 23 号
邮　　　编	266071
出 版 人	杨立敏
网　　　址	http://pub.ouc.edu.cn
电子信箱	1922305382@qq.com
订购电话	0532-82032573 （传真）
责任编辑	曾科文　陈　琦　　　　电话　0898-31563611
印　　　制	三河市百福春印刷有限公司
版　　　次	2021 年 11 月第 1 版
印　　　次	2021 年 11 月第 1 次印刷
成品尺寸	170 mm × 240 mm
印　　　张	28.75
字　　　数	369 千
印　　　数	1—3000
定　　　价	169.00 元

如发现印装质量问题，请致电 010-51452115 调换。

▲1990年海南省黄埔军校同学会第一次会员代表大会合影（琼海周学而会长之子周平波先生供图）

▲纪念黄埔军校建校76周年暨海南省黄埔军校同学会成立10周年合影（中央军校高教班第十期、乐东籍吉承灏存）

▲2005年8月海南省黄埔军校同学会第二次会员代表会议合影（儋州许乃斌供图）

▲海南省黄埔军校同学会成立20周年座谈会合影（2010年12月　第十六期王白泉后代供图）

军校十九期九总队海南台湾同学联谊摄影留念 1995.4.2

前排右起：林密·李胜英·徐鹤·薛昌安·林胜燕·陈细章·云仲登·韩光华·陈相编·符致山·
中排右起：周家良·史申升·卢耀东·林干材·杨春林·靓德田·周德真·陈耀磊·吕先庚·
后排右起：陈雄·吴乾芳·张迪茂·许乃坡·陈崇平·陈攸鑫·高光中·张学濂·辈明游·符筑甫·蔡昭
几·占肇良·何罗长安学雄(左1穿短衣者)·蔡濂学雄(二排右4)·吃芳学雄(二排右1)·林密
学雄(三排右5)·胜英学雄(三排右7)·

▲四分校第十九期九总队海南、台湾同学联谊摄影留念（1995 年 4 月 2 日　许乃斌供图）

文昌县黄埔军校同学春节联欢留影 1992.1.12

▲1992 年文昌县黄埔军校同学春节联欢合影（四分校第十七期八总队邢谷本之子邢诒煐供图）

▲四分校第十九期九总队在琼同学联谊会留影（1993年12月27日　许乃斌供图）

◀1991年乐东籍黄埔生合影（四分校第十七期八总队吴强存）

▶中央军校第十七期廿四总队炮科琼崖同学毕业合影（照片来源：《泰国华侨抗日实录》）

◀中央军校四分校第十七期廿六总队第八队旅泰侨生毕业纪念（1943年元旦摄于贵州独山 照片来源：《泰国华侨抗日实录》）

▶2010年2月14日，海南省黄埔军校同学会周学而会长在琼海嘉积沐佑村祖居前（其子周平波供图）

▲中央军校四分校第十九期学生第八大队陈成鲁（2019年8月31日采访拍摄）

▲四分校第十九期学生第八大队许乃斌（2019年9月23日采访拍摄）

◀2020年12月25日，社会各界在文昌迈号慕琦学校昭文祖祠隆重举行抗日英雄韩宪元将军牌位入祠仪式。为表达对黄埔先烈的深切缅怀，海南黄埔后代志愿者团队自发筹款为韩宪元将军入祠仪式捐赠匾额一块：正面刻黄埔校训"亲爱精诚"四字，上款"缅怀黄埔先烈、抗战英雄、国民革命军陆军第七十二军八十八师五二四团团长韩宪元将军"，下款"海南黄埔后代志愿者团队、国民革命军后代敬赠，庚子年冬月"（志愿者供图）

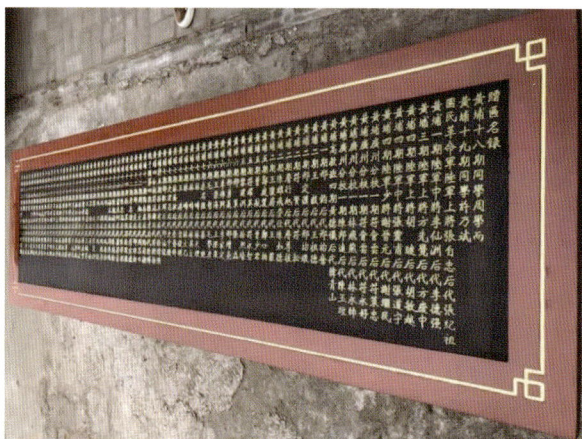

▶"亲爱精诚"匾额背面为捐赠的黄埔后代名单（志愿者供图）

▲海南黄埔后代志愿者团队代表在匾额入祠前合影

▲为"亲爱精诚"匾额描色的海南黄埔后代（志愿者供图）

▲2020年12月25日，黄埔第二期王毅将军之子王祖德（右）、黄埔第四期张灵甫将军之子张道宇（左）和黄埔广州分校第一期符会云曾孙、海南黄埔后代志愿者团队发起者符策忠（中）在慕琦学校昭文祖祠前合影

▲2020年10月31日，海南黄埔后代志愿者团队代表前往儋州市峨蔓镇南湖村慰问黄埔四分校第十九期生、抗战老兵许乃斌先生并合影（志愿者供图）

▲2020年11月28日，抗战老兵许乃斌喜迎百岁寿辰（志愿者供图）

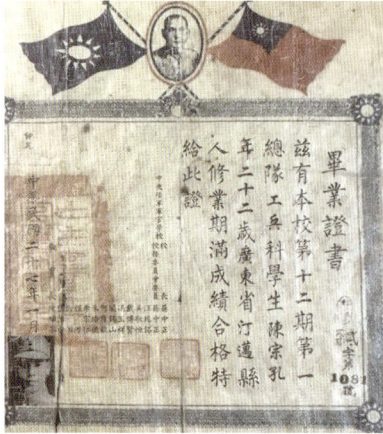

▲本校第十二期陈宗孔毕业证（符策忠供图）

▲1935 年国民政府任官状（黄埔第二期何其俊遗物）

▲1939 年中央训练团第四期毕业证书（何其俊遗物）

▲中央陆军军官学校第十二期广州分校学生总队毕业纪念章（琼山籍周炳文遗物，后代供图）

▲中华民国陆海空军奖章执照（何其俊遗物）

▲韩汉英陆军大学将官班甲级第三期毕业证书（1945 年）

▲韩汉英中央训练团第三期毕业证书（1939 年）

▲六分校（南宁）第十七期第十七总队吴威勋（琼山籍）毕业证书

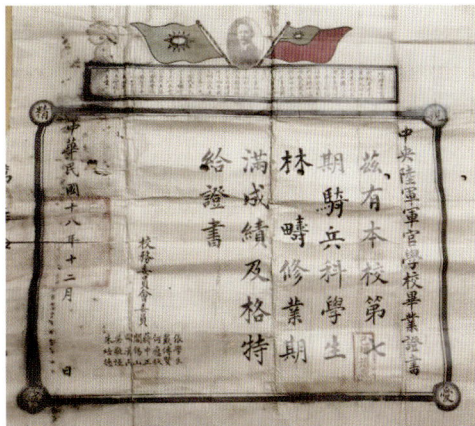
▲琼山籍黄埔生林畴毕业证、退役证重见天日（林畴，文昌县文教市人，1929年12月毕业于南京中央陆军军官学校第七期骑科。2020年8月，林畴后人在自家宅边田埂上种植椰子树时挖出了放在玻璃瓶里的毕业证、退役证。证书原件保存完整，字迹清晰）

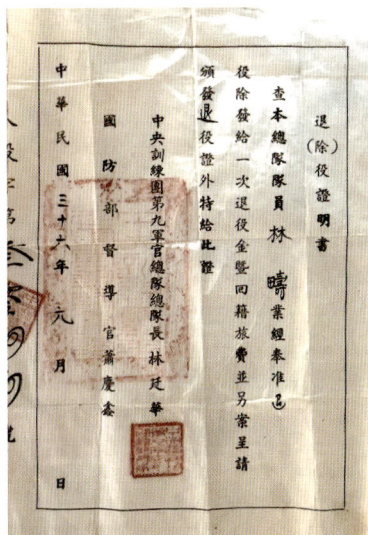
▲黄埔第七期生林畴1947年退役证明书

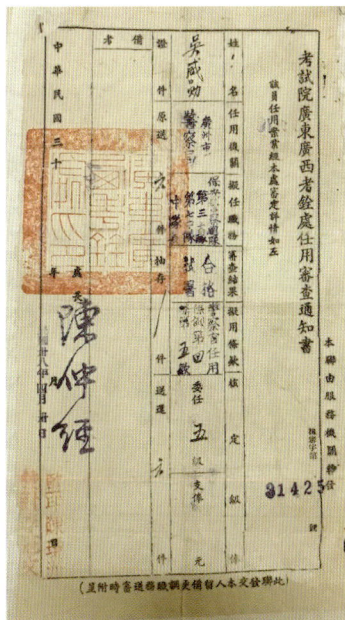
▲1941年考试院广东广西考铨处任用审查通知书［六分校（南宁）第十七期第十七总队吴威勋遗物］

▲陆海空军甲种一等奖章（何其俊遗物，后代供图）

▲中央陆军军官学校第四分校第一期学员总队学员毕业徽章（琼山籍周世爵遗物，后代供图）

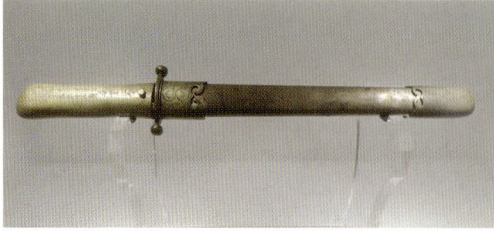

▲黄埔军校第十七期毕业纪念佩剑（黄埔军校旧址史迹馆收藏）

▲北京民国大学（1924年）、中央军校广州分校特别班第一期（1937年）学生——陵水籍陈邦达黄埔佩剑（后代供图）

▲黄埔徽章（四分校第十七期八总队、乐东籍吴强遗物，后代供图）

▲黄埔军校旧址史迹馆收藏的部分同学录

▲中央陆军军官学校第十二期广州分校学生总队同学录内页

◀黄埔第二期学生李治魁在黄埔军校穿过的军装。李治魁，号雄东，琼山人。琼山县立中学肄业。1924 年夏到广州，考入黄埔军校第二期学习。参加第一、第二次东征和北伐战争。历任国民革命军东征军总指挥部炮兵营排长、第一军第二师炮兵连长。1926 年秋在攻克武昌战役中阵亡（军装为黄埔军校旧址史迹馆存）

▲黄埔本校第三期生、四分校少将总队长黄百强（琼山籍）手迹

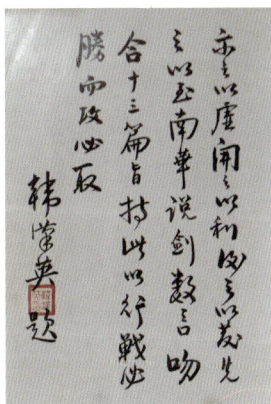

▲保定军校第六期生、四分校中将主任韩汉英（文昌籍）手迹

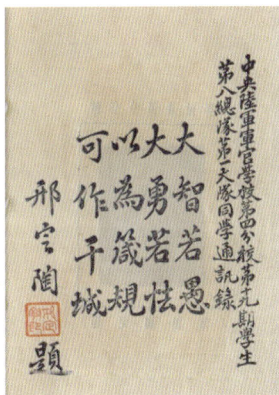

▲日本士官学校第二十三期生、四分校少将总队长邢定陶（文昌籍）手迹

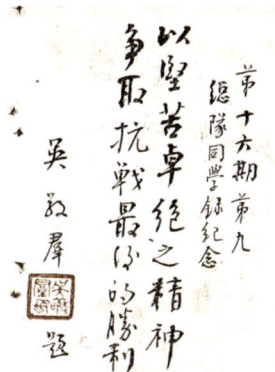

▲潮州分校第一期生、四分校校本部长官吴敬群（定安籍）手迹

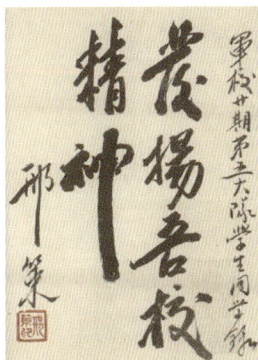

▲黄埔本校第六期炮兵科邢策（文昌籍）手迹（后代供图）

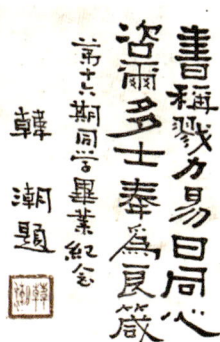

▲云南陆军讲武堂第十四期毕业、四分校第十六期九总队总队长韩潮（文昌籍）手迹

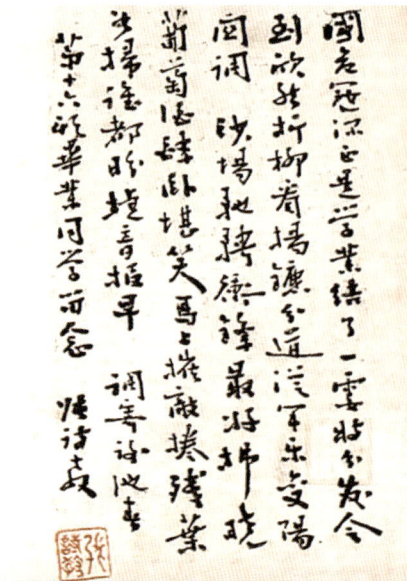

▲云南陆军讲武堂第十五期生、四分校第十六期九总队总队长张诗敩（文昌籍）手迹

▲黄埔第二期生王毅将军（澄迈籍）于抗战时期题写的"唯战能存"石刻（位置在今琼中县和平镇乘坡河边，邢越供图）

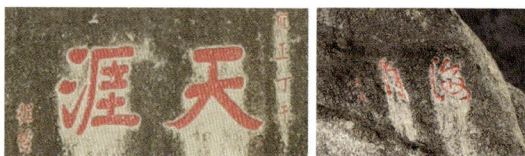

▲1939年，黄埔第二期生、琼崖守备司令王毅将军在"天涯"相邻巨石上题写"海角"二字（吉家其供图）

▲黄埔第三期生、八八师二六二旅五二四团上校团长、抗战忠烈韩宪元（文昌籍）用过的德制相机（其子韩为光供图）

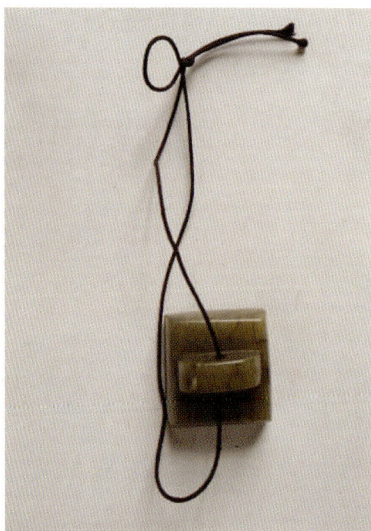

▲中央军校第十一期生、上海四行仓库之役"八百壮士"幸存者、五二四团一营一连上尉连长陶杏春（文昌籍）随身携带的玉块（其长子陶祚潮供图）

▲黄埔第五期生符耀英（文昌籍）用过的随身怀表（后代供图）

12

黄埔军校校门

▲初创时期黄埔军校大门外景（1924 年）

▲1926 年中央军事政治学校校门

▲1929年国民革命军黄埔军官学校校门

▲20世纪80年代黄埔军校旧址正门

▲今黄埔军校旧址正门

▲中央陆军军官学校校门（南京时期）

▲中央陆军军官学校校门（成都时期）

▲武汉分校校门

▲广东军事政治学校校门（黄埔军校同学会《黄埔军校分校史料汇编》）

▲潮州分校校门

▲中央陆军军官学校第七分校校门（单补生提供）

▲南宁分校·第六分校（黄埔军校同学会《黄埔军校分校史料汇编》）

▲中央军校第四分校广西桂平原校址（黄埔军校同学会《黄埔军校分校史料汇编》）

▲中央陆军军官学校广州分校校门（黄埔军校同学会《黄埔军校分校史料汇编》）

▲中央陆军军官学校第九分校校门（黄埔军校同学会《黄埔军校分校史料汇编》）

黄埔军校历史照

▲1924 年 6 月 16 日孙中山、蒋介石、廖仲恺、宋庆龄等人在黄埔军校开学典礼上的合影

▲黄埔本校第七期讲堂

▲1924 年 6 月 16 日孙中山出席军校开学典礼

▲1928 年黄埔本校第七期学生会食堂

▲技术教练

▲架桥演习

▲炮兵演习

▲迫击炮演习

▲制式教练之一

▲骑兵演习

▲制式教练之二

▲黄埔本校第七期工科第一区队出发河源讨逆纪念

▲黄埔军校教导第一团第一次东征后合影

▲1928年黄埔本校第七期出发广州参加讨逆照

▲"六二三"沙基惨案殉难烈士坟场

▲黄埔本校第七期出发广州参加讨逆合影

▲东江阵亡烈士坟场

▲东征烈士坟场其一

▲总理纪念碑奠基典礼

▲东征烈士坟场其二

20

▲1926 年黄埔本校第四期政治部全体职员合影

▲1926 年黄埔本校第五期政治部合影

▲黄埔本校第四期消防队官兵合影

▲1928 年黄埔本校第七期教授部全
体职员合影

▲1926 年黄埔本校第六期消防队合影

▲黄埔本校第四期同学录筹备委员合影

▲黄埔本校第五期同学录筹备委员合影

▲黄埔本校第六期同学录筹备委员合影

▲黄埔本校第七期同学录筹备委员合影

▲中央军校四分校第十七期二十六总队部
官佐合影

序一:赓续海南黄埔人文史迹篇章

　　林芳华先生新作《黄埔军校海南同学录》,近已脱稿呈现案前,细读后感慨良多。该书历经多年征集编纂的艰难征程,初具规模,蔚然成篇,令人欣喜振奋! 笔者自觉虽对黄埔军校史久有研究,仍忧进言不足望,故落笔犹豫未决。转思感慨林先生的持久努力成果,十分难得,万分不易! 试问,全国各地有黄埔军校同学所在省市,有无征集编辑本地同学录,以近 3000 人名专书印行出版之先例? 至少我还没有看到。林芳华先生以一己绵薄之力,自费采访,多方征集史料照片,历尽艰辛,备尝劳苦,个中滋味只有自己才会刻骨铭心! 今邀序于我,自感厚意难辞。

　　黄埔军校在历史上,自第一期始就形成每期编辑印行该期同学录惯例,长久于此,成为黄埔军校历期学员赓续前弦、继往开来的良好传统,亦为后世研究者提供了翔实可靠的学籍考据。这一举措看似简单,实则十分重要,因为黄埔同学不似张三或李四所言,而是有同学录为实据,有口莫辩者自可循录而证。诚然,有一些黄埔军校生在他所示的那期同学录里缺载,这种情形为我们后世研究者带来了不小的疑虑与困惑,究竟孰是孰非,只能从旁证中寻求答案,或是存疑待考。总之,史料无止境,总会有您未曾见过的例证突然冒出,令人措手不及、沉思良多。这也许是所有史记者,毕生为之努力奋进的动力源泉。

　　孙中山先生是伟大的革命家、政治家和社会活动家,是中国民主革命先驱。他积数十年革命斗争教训,在俄国十月革命成功经验的启发下,确立了建立新型革命军队的军事构想,于 1924 年 6 月 16 日创办了"革命党"自己的军校——黄埔军校。黄埔军校作为孙中山创办的第一所具有现代革命意义的军事学校,对于第一次国共合作有着十分重要的历史作用和影响。以笔者 30 多年经验观之:做黄埔军校史不易,续编本省近3000名历期黄埔学子资料实属不易,况且此爬格子为业余劳作,只有走过试过蹚过的才能细细品味,真的是很不容易啊!再者林芳华先生权作同行,他由航海跨界历史学科,可谓视线前瞻再辟新章,令人钦敬!足见民间高手思维超前,弥可称道赞许。

海南历史上长久为广东粤省一部分,至1988年这好年景为海南带来独自建省腾飞的千载机遇。3.54万平方千米的海岛,今日有着约200万平方千米的统辖海域,以小见巨,蔚然大观。我多次去过海南,几乎涉足各县市,虽然在我过去出版的多部黄埔军校史料书籍中,琼籍学员师长的史迹连绵不断、时时浮现,但是整体认识该省黄埔军校师生群像,还是首度集中于林芳华先生这部书中。这本同学录,看似仅为黄埔同学名录所示,但资料价值颇大,众多个人照片展现,亦令人叹为观止!同学录是持续探究的基础,是每个黄埔同学学籍的考证依据,是后续进行海南籍黄埔师生事迹史料之征集整理的工具书。有了良好的开端,为其下一步征集编纂《黄埔军校琼籍将士事略》,作了较为充分的史料准备。可喜可贺值得嘉勉!这项工作做起来比较繁杂琐碎,但如能收集整理并形成专题资料,我认为是一件很有意义的工作。

黄埔军校的最大特点是把政治教育提到和军事训练同等重要的地位,注重培养学生的爱国思想和革命精神,这是它同一切旧式军校根本不同的地方。[①] 有关"黄埔精神"与"革命"之相辅相成作用力,源自20世纪20年代初期的中华民族现代军事史发展过程,立足于现代中国传统军事学术理论,是蕴涵厚重的中华民族军事文化遗产。因此,可以说具有"黄埔精神"文化话语氛围的人群形成了经久不衰的"黄埔军校热"是毫不夸张的。"黄埔军校"成为现代中国军事学术史及军事教育史的一门"显学",在现代军事学术研究方面,随着时光的推移受到越来越多的关注与重视,这是显而易见的。以现代军事角度观察,由黄埔师生升华形成的"黄埔精神",后来成为中华民族现代军事(军校)历史人文文化瑰宝,是国共两党第一次、第二次合作时期政治、军事发展的共同财富与发祥。

1936年6月1日,中共中央创办了中国人民抗日红军大学(简称"红大"),毛泽东同志在"红大"开学典礼讲话中,希望"红大"能够继承黄埔军校的革命精神,他说:"第一次大革命时期有一个黄埔,它的学生成为当时革命的主导力量,领导

---

① 中共中央党史研究室:《中国共产党历史(第一卷·上册)》,中共党史出版社,2011,第119页。

了北伐成功。我们的红大就要继承黄埔精神，要完成黄埔未完成的任务，要在第二次大革命中也成为主导的力量，即是要争取中华民族的独立解放。"①②1938年3月3日，毛泽东同志在《对陕北公学毕业同学的临别赠言》中指出："陕公代表着全中国的统一战线，是中国进步的一幅缩图。从前有个黄埔（军校），那里表现着一种朝气，这种朝气也就代表着一种倾向。黄埔和陕公一样，同学是从各地方来的，又分布到各地方去。那时的黄埔是要打倒军阀和帝国主义，它是那时中国进步的缩影。"③阐述了黄埔军校在国共合作历史条件下的进步作用。1939年5月26日，毛泽东同志在总结"抗大"（中国人民抗日军事大学）三年来的成绩时再次指出："抗大三年来有贡献于国家、民族、社会的大成绩，……因为它还要造就大批有为与进步革命的学生。昔日之黄埔，今日之抗大，是先后辉映，彼此竞美的。"④⑤再次高屋建瓴地阐明了黄埔军校在大革命时期的进步影响和作用。伟人毛泽东最早认识到中国共产党人在黄埔军校掌握军事军队的重要性，最早从黄埔军校领悟"政权是从枪杆子中打出来的"，最早致力于工农革命军暨人民军队发扬黄埔精神创建中国共产党人自己的军校。他推崇将黄埔军校视作创建人民军队的先行与示范，对坚持我党对于黄埔将领的爱国主义统一战线工作颇多关注和倚重。

考察古今中外军事历史，除了黄埔军校，再没有一所军事学校，对先后执政的国共两党的发展与成长，都产生过至关重要的历史作用。其实黄埔军校史迹及其人物，在现代中国历史上是一个十分宽泛的军事课题，内容涵盖了政治、军事、社会、教育的方方面面，不仅是老少皆知的军事话题，"黄埔精神"更是在浴血奋战的14年抗日战争中凝聚上升为"民族精神"，最终取得中国近代以来抗击外敌入侵的第一次完全胜利。如今，时值抗日战争胜利76周年，"黄埔精神"凝聚为海峡两岸的共同记忆与共同梦想，再次鞭策、激励中华民族为走向"强国梦""强军梦"

---

① 中共中央党史资料征集委员会、中共中央党史研究室编《中共党史资料（第七辑）》，中共党史资料出版社，2013，第28页。

② 中国人民解放军国防大学：《中国人民抗日军事政治大学史》，国防大学出版社，2000，第17页。

③ 毛泽东：《毛泽东文集（第二卷）》，人民出版社，1993，第104—109页。

④ 毛泽东：《毛泽东文集（第二卷）》，人民出版社，1993，第187页。

⑤ 中共中央文献研究室、中国人民解放军军事科学院编《毛泽东军事文集（第二卷）》，军事科学出版社、中央文献出版社，1993，第460—461页。

之伟大民族复兴的康庄大道而共同努力,这就是时代赋予"黄埔精神"之当今"民族精神",也是海峡两岸的共同愿景和期盼目标。2021年是孙中山先生远行96周年,再过几年就是黄埔军校建校百年华诞!黄埔军校是现代中华军事人才发源地和摇篮,以著名军校称誉世界,其长存中国之军事魅力,彰显了军事人文文化之璀璨,它是独特的历史名片。"黄埔精神"之当代诠释,则是"振兴中华,统一祖国",它是当今海峡两岸黄埔后人的共同目标和愿望。

缘于黄埔军校建校60周年,自1985年起,笔者开启了黄埔军校史料征集研究的漫长历程,至今已历30多年光阴岁月,所著述的黄埔军校研究专书亦连绵出版了20余部。作为一名30多年来进行黄埔军校史研究的学者,我吁请有关部门多多关注,多点支持与嘉勉。林芳华先生长久的坚持、努力与成效来之不易啊!如果没有他的坚持与努力,海南众多黄埔人物史迹,有可能面临断档失忆、后继无人!珍惜、珍重、珍视是中华美德之一,此作,是为赓续黄埔军校渐行渐远的革命历史和精神,留存当代人的缅怀与追忆!

愿与先生共勉,是为序。

陈予欢　谨致

2021年11月23日起稿于广州天河兵儌阁

陈予欢,广州社科院黄埔军校研究中心研究员,军事人物传记作家,黄埔军校史、近现代中国军校史、民国军事史研究专家。

序二

　　黄埔军校是孙中山先生在中国共产党和苏联的帮助与支持下创办的,是第一次国共合作的产物。黄埔军校成立后,遵照孙中山以"创造革命军队,来挽救中国的危亡"为宗旨,以"亲爱精诚、团结协作、卫国卫民、不怕牺牲"为核心的理念,铸就了一批新型的军事人才和一支国民革命军队,为东征北伐完成统一、为抗日战争的胜利立下了赫赫战功。由此证明中国的近代历史、国共两党史、军事史都与黄埔军校史紧密相连,不可分割。

　　黄埔军校自 1924 年 6 月在广州黄埔创办,至 1949 年 12 月在成都结束,历时 26 年共举办了 23 期,本、分各校等毕业学生(员)计 30 万有余。每值学生(员)毕业之际,循例印制同学录,官长学生(员)个人照片下注文字,详记姓氏年龄里居,为联络感情,人手一册,以志不忘(抗战时期,总队因经济困难而篇幅简陋,省印个人照片有之)。则黄埔同学录不啻为黄埔精神之所寄托,亦为黄埔同学永守校训"亲爱精诚"、凝聚团结力量之写照,使人认识新民国人物,谁与谁同时,谁与谁先后,袍泽声应气求,亦为千百年后趣味史料。其中黄埔先辈英姿戎装照片,更令后代们梦寐以求。然而历史沧桑导致黄埔同学录存世稀少,难得一见,故而黄埔后代想要寻到先辈照片及其事迹绝非易事。

　　庚子金秋,海南林芳华先生与我初次互通微信,其坦诚留言:"我非黄埔后代,却是一位黄埔军校爱好者,预出版《黄埔军校海南同学录》,目前已进入审稿待印;今慕名而至,期望与您切磋交流,完善成书!"余有幸结识同好,不亦乐乎!遂视频对话多时,大有知音相见恨晚之感,自始而神交矣。

　　林先生乃 70 后，海南乐东人，毕业于集美航海学院，从事海员职业多年，以五洲四海为伴，逢停泊 24 个国家之港口，必登陆领略当地风土人情，极大丰富了阅历。航海中面对惊涛骇浪，自嘲与海魔共舞，足见其心理素质非凡，具有同舟共济的团队精神。他深爱琼岛这片家乡热土，每航海归来便走乡串户，热衷于古建文物、历史人文、民间传说的挖掘和考证，继而整理成文，见诸报端及网络。

　　其所编著的《黄埔军校海南同学录》，涵盖黄埔军校 1 至 23 期，包括本、分各校及附属，收录了海南籍学生（员）、官佐、教职员共计 2850 名，其中有照片 1600 多张，图文并茂，洋洋洒洒 400 余页，展示着"亲爱精诚"道德风貌："亲"怀海南之情、同乡之谊；"爱"则心系黄埔老兵，再解后人思亲之苦而分享瞻亲之乐；"精"致黄埔师生玉照，简历精益求精；"诚"不为名利，照片资料公开于网络，无偿赠送后代。他集思广益，倾注 6 年心血，个人耗资数万，如此厚重之诚作，实开黄埔军校同学录个省集成之先河，令吾惊叹而钦佩不已。

　　料想，此录出版，将使读者学人及黄埔后代大受裨益。同时，也将起到促进两岸黄埔军校研究交流、联络黄埔同学及其亲属的纽带和桥梁作用，为推动两岸和平统一，实现中华民族伟大复兴献上一份力！

　　诚然，林先生非黄埔军校研究专家，鲁鱼亥豕，在所难免。尚望读者专家予以教正是幸。值黄埔建校百年到来之际，以不负林先生之雅意，是为序。

单补生

2021 年 8 月 15 日于北京

　　单补生，1949 年生于北京，祖籍河南新蔡。"文革"时下乡当知青，改革开放后返城做工人。因先祖单懋统为黄埔四期教官，先父单培新为黄埔十六期生之缘，故情结黄埔。立身酷爱黄埔军校史料收藏研究，至今于《黄埔》《北京黄埔》杂志发文百余篇，为资深撰稿人。

序三

　　受林芳华先生之邀为《黄埔军校海南同学录》一书作序,我受宠若惊,颇感意外! 我和林先生结缘于海南黄埔后代志愿者团队。在这里,身边不乏黄埔二代、三代,我们经常一起聆听黄埔故事,一起关爱黄埔老兵、黄埔遗孀。我身为黄埔四代,能作为黄埔后代代表为该书撰序,除了自感才疏学浅、难担重责外,更多的是一种从心底涌出来的自豪感。其实,生为黄埔后人,本身就是一件值得自豪的事情……

　　我曾祖父符会云毕业于黄埔军校广州分校第一期,曾任职于第一集团军、陆军独立第一师、琼崖守备司令部、第六十二军、第九军官总队;1945 年抗战胜利后即赴台湾光复,1946 年退役回乡。狼烟起,着戎装赴万里疆场;倭寇灭,卸铠甲站三尺讲台! 后于 1959 年病逝。堂伯公符拔随叔从军,毕业于黄埔军校六分校第十七期第十七总队,1945 年殉国于抗日战场。自此妻小散离,再无音讯! 现灵位供奉于国民革命忠烈祠……黄埔四万生,三千海南籍。在海南众多黄埔家庭中,这样的故事只是沧海一粟、群山片叶,本意只是想以点带面,反思历史,让后人深省! 让更多人了解黄埔,了解我们的黄埔先人为这个国家、这个民族献出了鲜血,甚至献出了生命! 他们的功绩,天地知晓,山河铭记!

　　祖父自小随军,目睹父兄为民族解放浴血舍身,故从记事起,我就是在祖父身边听着黄埔故事成长,我听过黄埔第二期生、邻村那个阿公符大庄的生平事迹,了解退休教师陈邦泮是黄埔第十九期生,等等。所以,我曾经也有过搜集资料、编著一本黄埔同学录,把心目中的英雄都记录下来的念头。但最后发现,这是一项复杂而艰巨的文字工程,它没有任何捷径,我自愧没有这样的恒心和毅力去完成。直到2019年和林先生相识,发现终于有人能代替我完成心中的愿望,也可以说,这是海南千千万万个黄埔后代的愿望吧!感谢林芳华先生!

千般俱往矣,逝者如斯夫!黄埔先人虽已远离,但"亲爱精诚"的黄埔精神在我们后人心中永存!历史的长河奔流不息,时代的巨轮滚滚向前。我们的黄埔先辈在民族解放的历史进程中,已经书写下了浓墨重彩的一笔,希望我们黄埔后人继承先辈遗志,在这个日新月异的时代,只争朝夕、不负韶华,紧跟时代步伐,顺应人民期待,踏上新征程!

是为序。

符策忠

2021年9月6日于海口

符策忠,1984年生,海南文昌人,黄埔四代,民革党员。

自序:不被时光湮灭

　　《黄埔军校海南同学录》这本书正式面世时,原健在的三位海南黄埔抗战老兵,两位已归队。四分校第十九期毕业、琼山籍的陈成鲁于 2020 年 10 月 11 日离世;中央军校二分校第十八期毕业、海南省黄埔军校同学会原会长、琼海籍的周学而,经年卧床不起,于 2020 年 12 月 29 日驾鹤西归。今健在的是四分校第十九期毕业、儋州籍的许乃斌。许乃斌年逾百岁,身板硬朗,神清体健。2020 年 10 月 31 日,海南黄埔后代志愿者团队奔赴儋州市峨蔓镇涌湖村慰问抗战老兵许乃斌。许老于 1960 年丧妻,几十年来独自一人拉扯一儿一女,住居简陋。当日探访活动,志愿者们为许老带来了《中央陆军军官学校四分校十九期学生第八大队毕业同学录》复制本、慰问金及慰问品。许乃斌老人的眼睛一直紧紧盯着同学录,从头到尾一张张翻,一个个地看。他向黄埔后代们介绍道,这个是福建人,那个是副班长;这个家境好、有钱,在学校是他们的"老板",经常请客;那个,已牺牲在战场上……面对黄埔老人许乃斌,在场的后代们每人都叫了一声"爷爷"。也许,面前这个"爷爷",就是他们未曾谋面、一直默念的"真实"的亲人化身。

　　但真实的亲人,他们自离开海岛后,多数未再还乡。他们死在哪里,葬于何处,多数长年遭受思念之苦、寻觅之难和诸多委屈的后代们,心里并不清楚。他们甚至不知道他们的亲人长成什么模样。为了寻找亲人的一个黄埔名字、一张照片,后代们虽费尽苦心,但多数抱憾而归。黄埔故事不一样,可思念却是相似的。四分校第十三期周济民的外孙邱毓丰说,外婆在世的时候,一直在等外公,她固执地认为外公还活着,直到 20 世纪 90 年代外婆撒手人寰。

　　2015 年底,我开始寻找收集乐东籍黄埔生资料。2016 年 3 月 3 日,我把统计本县籍的黄埔资料制作贴文《乐东黄埔名录》发布在天涯社区乐东论坛后,引起强烈反响。一时间,本县各微信群、朋友圈和公众号纷纷推送。这是一串串真实的黄埔符号、一张张珍贵的黄埔遗照。虽历经岁月沧桑、穿越历史的烟云,仍不失坚韧和挺拔。乐东佛罗白沙河谷博物馆袁金华馆长说:"这一成果,极具意义。"作家蔡葩说:"天道酬勤,非常珍贵!"研究海南文史的学者何以端先生曰:"无心岂能偶得,有路仍需铁鞋。"

靠着这双"铁鞋",我在职务之余行走、寻访和记录。过去,因为身份特殊,留存不便,资料多有亡佚。有关黄埔的很多旧事旧物,或荡然无存,或半废半存,这加重了寻访的难度。关系密切的人,有的甚至对黄埔先辈的过去毫不知情,或知者甚少。黄埔学子经历比较坎坷,他们非寻常人物,不收集整理立册,很多人会浑然不知。

全面收集统计琼籍黄埔生,这是一块未有人涉足的领域。作为非黄埔后代的我,不忍心他们的名字被历史的尘埃所掩埋,一直深感遗憾。对琼籍黄埔资料的全面搜集,真正落地生根是在 2018 年。这一年,我在海南省黄埔军校同学会初次接触戴儒江处长。戴处长的一番话语别有深意,我们认为要提升海南历史人文厚度,离不开民国这段历史,更离不开黄埔同学。对黄埔文化,我们均有对其价值的认同。获得启发,便着手行动。黄埔军校多次迁址、易名,有本校、分校之分。黄埔本校、分校各期各总队,还有军校附办的各种军官班、高教班、训练班等,同学录少说也得百几十种。无论条件多艰苦,黄埔军校每期学生毕业时,都会成立同学录筹备委员会印制同学录,人手一册。至抗战时期,凡黄埔学生,毕业之际除获得毕业证书、证章、同学录外,还被授予一柄佩剑。历经沧桑岁月和时代变故,它们得以留世的已是百不存一,凤毛麟角。

本书名单资料整合,没有捷径可走,寻找和购买同学录是最主要的手段。原版同学录,珍贵而稀见。明码标价者多是复制件或电子版,花费动辄几百上千。一旦同学录里没有期待的琼籍资料,则人民币打了水漂,挨了闷棍。对买东西,我既爱讨价还价,又爱面子。但看见黄埔琼籍名单之资料,又似是故友重逢,不胜感慨,心里早暗地下手。尊重事实、心存敬畏。本书经多方史料的印证和整合得以完成,真正下了苦功夫。其中考证同学录是重点,非同学录截取者,言必有据,或史料互证,信息整合。同学录每一期说明或备注栏均有来源依据。意在还原遗落的黄埔名字,让他们得以正名,无愧于历史,无愧于后人。

民国时期，海南人文蔚起，声名远播，可谓历代之冠，其中黄埔军校生又是集大成者。黄埔军校师生是一个特殊群体，入读黄埔，此本即家国情。黄埔百年初心，遗韵历久弥坚。其中之名，皆可为史所记。遗憾的是尚有不少同学，由于文献史料之阙，踪迹难觅。黄埔本校第一、第二期学制仅半年，相当于军事速成班，但在那个特殊的时期与地点，同学们边战斗边上课，他们多数成为国民革命军的创始者和骨干，时势造英雄也。有的正值盛年，宜有远大之图却早早捐躯沙场。出师未捷身先死，不免令人心疼。黄埔名字，背后藏着的是一幕幕生死和别离，故事很长很长。

民国历史上的琼岛，还有这样一些人，做过这样一些事：国难当头，他们以中华民族利益至上的家国情怀，不惧险阻，负笈他乡辗转求学于黄埔，毕业后慨然奔赴前线，甚至献出了宝贵的生命。时至今日，还有多少抗日志士、黄埔学子长眠于他乡，未能归葬祖茔？又有多少人还记得他们，记得他们的的名字？由于种种原因，后来的黄埔者命运多舛。终究是历史的足迹，没有什么力量能将其擦去。今天，本人尽绵薄之力，旨在缅怀黄埔先贤、告慰黄埔英灵，还原历史真相并使诸公之英名有据可查。

《黄埔军校海南同学录》成书历经六年，个人财力、人力付出颇多。多方寻找、购买资料，实地采访，赴各档案馆、图书馆查找，于诸资料中兜兜转转，一步一迹，翻检、核查和截取，力求规范、科学和准确，至今定稿即将付梓。窃以为，出版《黄埔军校海南同学录》意义在于：一是弘扬爱国革命的黄埔精神，让黄埔精神穿越时空，散发魅力。二是让琼籍黄埔生在全国黄埔系中找到定位，让人们对琼籍黄埔师生进一步理解和认识。本书收录不少早期琼籍共产党员名单和照片，比如黄埔第一期教官严凤仪、曹石泉、徐成章、徐坚（徐天柄）以及黄埔学生周士第、洪剑雄、陈永芹、符节等共产党员的照片，他们多数人的照片在现今公开的资料中难以寻觅。三是遗泽后人。本书较为全面地收集了琼籍黄埔师生名单和照片，可供黄埔后代寻亲使用。四是惠及学界。本书为后来者对琼籍黄埔之研究、缅怀和追忆提供了宝贵的文献资料，对研究和了解民国海南文化史、发展统一战线史亦具有重要的查阅参考价值。

本书的出版颇费心力。2020年2月开始筹备，至后期经历了一番波折，所整理的资料被盗用，至今付梓用时一年多。值此出版之际，邀请三人为本书作序：一是广州社科院黄埔军校研究中心研究员、民国军事史研究专家陈予欢先生；二是现居北京的黄埔后代、军史学者单补生先生;三是海南黄埔后代志愿者团队发起者符策忠先生。为此再次深表谢意!

本人天生无才。作为非专业史学爱好者,在为养家糊口奔波忙碌之余,勠力躬耕数载,以辛勤劳作的汗水浇灌出此同学录。其间乃承蒙各位领导、老师及亲朋好友的支持与厚爱,承蒙众多黄埔后代无偿赠与珍贵资料,始终满腔热情地关心、关注。特别是黄埔后代符策忠、单补生、黄成涯、毛学彦、陈玉勃、邢诒煨、王祖德、徐伟强、张磊、冯居任、冯居吾、邢治奋、陈华伦等人,均对本书的编纂与出版给予无私帮助和支持,此书才得以顺利出版,留存人间。唯念本人学识浅薄、见闻不广,仓促成编,阙漏和谬误诸多。探索历史,永无止境。所望仍致力于黄埔同学名录、生平传记的挖掘、积累、整理和研究,通过后作《黄埔军校琼籍将士事略》的面世,填补此同学录的遗漏和空白。

林芳华

2021 年 9 月 6 日于海口

说明

一、收录时限

上限为 1924 年 6 月黄埔本校第一期始,下限为 1949 年成都本校第二十三期止。

二、收录范围

从 1924 年至 1949 年期间,黄埔本、分校历届毕(肄)业学生、学员及教职员,以及军校附设班:包括中央陆军军官学校高等教育班(简称"高教班")、中央陆军军官学校特别训练班(简称"特别班")、中央陆军军官学校军官训练班(简称"军训班")等学生(员)、教职员。此外,广州分校(四分校)前身广东燕塘军校(广东军事政治学校),其毕业的学生(员)也纳入收录范围。总计 2850 人,照片 1606 张。

三、收录依据

(一)本校各期学生数量考证和学籍辨认,主要依据《黄埔军校同学录》(湖南省档案馆校编,湖南人民出版社 1989 年出版)。

(二)各分校主要以各期(各总队)同学录为主体。

(三)本、分各校同学录学生(员)名单(照片)遗漏或缺失者,参考各种档案文献史料作补录。以史料为根据,逐项核对;去伪存真,避免讹传;收录内容资料来源确凿,所征引书目一般在表格里注明。主要有以下:

1.《广州黄埔军校同学会会员通讯录》(1986 年 12 月,简称《广州黄埔同学通讯录》);

2.《海南省黄埔军校同学会会员通讯录》(1991 年 5 月,简称《海南黄埔同学通讯录》）；

3.《中央训练团第九军官总队通讯录》（1946年8月,简称《中训团第九军官总队通讯录》）；

4.《海南近代人物志》（陈俊编著,1991年传记文学出版社）；

5. 各期《中央训练团党政训练班教职学员通讯录》（简称《中训团党政训练班教职学员通讯录》）；

6.《泰国华侨抗日实录》（泰国黄埔校友会编,1991年出版）；

7.《陆海空军军官佐任官名簿》（1936年12月军事委员会铨叙厅制）、《陆军步兵上校资绩簿》（1944年11月军事委员会铨叙厅制）、《军官资绩簿》（1944年陆军总司令部制）及《现役军官资绩簿》（1947年2月国防部第一厅印制）；

8.《中央陆军军官学校史稿》（1936年5月编撰）及《黄埔军校史稿》（全12册,1989年档案出版社出版）；

9.《黄埔军校将帅录》（陈予欢编著,1998年广州出版社）、《叱咤风云:黄埔军校第二期生研究》（陈予欢著,中山大学出版社）及《黄埔七分校记忆》（王建军、白金刚编著,2014年三秦出版社）；

10. 黄埔军校琼籍同学回忆文集《朝霞与晚霞》（2012年,海南省黄埔军校同学会编印）；

11.《广东绥靖公署第四路军各机关部队职员录》（1936年12月军务处编印）及《广州市陆军在乡军官会会员名册》（1948年4月）；

12.《军校十九期九总队校友简讯》（1996年毕业五十周年纪念特刊）及台湾地区档案馆资料等。

（四）部分征引同学录及其简称说明：

1.《中央陆军军官学校第二分校同学录》（1998年）,简称《第二分校同学录》；

2.《中央陆军军官学校广州分校第一期学员总队同学录》,简称《广州分校第一期同学录》；

3.《中央陆军军官学校第十三期第四分校学生总队同学录》,简称《第十三期第四分校学生总队同学录》；

4.《中央陆军军官校六分校十五期六总队通讯录》,简称《六分校十五期六总队通讯录》；

5.《中央陆军军官学校四分校十五期七总队同学录》,简称《四分校十五期七总队同学录》;

6.《中央陆军军官学校四分校第十六期第九总队同学录》,简称《九总队同学录》;

7.《中央陆军军官学校第四分校十七期五总队毕业同学录》,简称《四分校十七期五总队毕业同学录》;

8.《中央陆军军官学校六分校第十七期学生十七总队同学录》,简称《第十七期学生十七总队同学录》;

9.《中央陆军军官学校第十九期学生第八大队毕业同学录》,简称《第十九期第八大队同学录》;

10.《中央陆军军官学校第十九期工兵科学生通讯簿》,简称《第十九期工兵科学生通讯簿》;

11.《中央陆军军官学校第十九期炮科学生第四大队通讯簿》,简称《第十九期炮科学生第四大队通讯簿》;

12.《中央陆军军官学校高等教育班第三期同学录》,简称《高等教育班第三期同学录》;

13.《广东军事政治学校政治深造班第一期毕业同学录》,简称《广东军事政治学校第一期毕业同学录》;

14.《中央陆军军官学校潮州分校同学录》,简称《潮州分校同学录》。

四、收录体列

仿照原同学录的形式,先名录后照片。名录包括黄埔本、分各校琼籍学生(员)、教职员资料。人物姓名以表格形式排列,排名不分先后。注明姓名、别字/号、年龄、籍贯、通信地址、期数、学历出身、履历、资料来源及其他说明、备注等。各栏空白处均表示资料原缺,待后添补。

五、收录籍贯

按原始资料而采用文昌、琼山(今属海口市)、乐会(今属琼海市)、琼东(今属琼海市)、万宁、临高、澄迈、定安、崖县(今三亚市和乐东县沿海地区)、儋县(今属儋州市)、陵水、昌江、保亭、感恩(今属东方市)、屯昌、琼州、琼崖等籍贯。民国时期海南隶属广东省,前述各地除琼州、琼崖外均是当时海南的行政区划。海南亦称"琼州""琼崖",故部分资料上籍贯为此。个别籍贯,新旧县名并用,诸如琼海、乐东等(1958年以后琼东、乐会合并为琼海县,同年乐东沿海地区又从崖县析出)。由于海南解放前后行政区划调整的原因,一些同学的籍贯可能存在"双重"之说,村庄之名亦可能出现差异。

六、收录通信地址和照片

民国时期邮政通信业务落后,函件一般"到乡不到村",同学录里通信地址一般少见村庄名。或邮寄他乡他人代转,故通信地址不一定代表同学籍贯或所在村庄。存照者一般在备注栏注明"存照",未注明者表示缺失或目前无法寻觅。

七、收录遗漏

黄埔本校第一至第二十三期琼籍学生基本收录。抗战期间,因急需大量的军事政治人才,黄埔军校改变过去集中一地办学模式,一共设立九所分校。因天时、地利、人和等原因,加之四分校中将主任韩汉英(文昌籍)的影响,黄埔分校中,琼籍人数之最非四分校(广州分校)莫属。四分校第十二至第十九期同学录,尚缺第十七期八总队、第十七期二十三总队、第十八期独立第四大队的,共计三个。四分校外的其他分校同学录,多数踪迹难寻,考虑到琼籍同学极少,预计遗漏人数不会很多。四分校第十九期虽然未见总队同学录真容,但录得其中大队同学,多数同学的资料来自《中央陆军军官学校第十九期学生第八大队毕业同学录》《中央陆军军官学校四分校十九期第八总队第一大队同学录》《中央陆军军官学校第十九期炮科学生第四大队通讯簿》等,余者则来自1996年台湾地区《军校十九期九总队校友简讯》及《海南黄埔同学通讯录》等,尚算完整。四分校第十八期情况大概相同,也有部分录入。

八、其他

本录中,因资料缺失而不明之字一律以方框"□"代替。有个别未注明籍贯者,他们或为非琼籍,或为目前资料无法判断籍贯者,因其居住海南多年,也列入本录。本录同一名字可能出现多处,他们或是同名者,或是二次入读黄埔者。各种原因致辍学离校或转入另一期就读者有之,如文昌籍郑庭烽,黄埔本校第三、第四期均见其名;崖县籍吉承侠,在黄埔本校第十五期和四分校第十七期第二十四总队同学录里均列其名;琼山籍周子亭,则在四分校第十四期第七总队和四分校第十五期第七总队见其名;等等。

目　录

第一部分　黄埔本校琼籍学生名录

第二部分　黄埔分校琼籍学生名录

第三部分　黄埔军校琼籍教职员名录

第四部分　黄埔本校琼籍学生照

第五部分　黄埔分校琼籍学生照

第六部分　黄埔军校琼籍教职员照

第一部分
黄埔本校琼籍学生名录

陆军军官学校（黄埔本校）第一期

（1924 年 5 月—1924 年 11 月 30 日）

【本期说明】黄埔军校诞生于广州黄埔岛，其后几经易名、多次迁址，俗称"黄埔军校"。校名原称"中国国民党陆军军官学校"，简称"陆军军官学校"，后分别易名为中央军事政治学校、国民革命军军官学校、国民革命军黄埔军官学校、中央陆军军官学校等。抗战胜利后，遂恢复 1924 年成立之初的"陆军军官学校"校名。黄埔军校历经广州、南京、成都三个时期，在大陆共办 23 期，本校毕业学生计有 5 万 2000 余人（未包括分校），1949 年迁移至台湾凤山。

黄埔军校有本校、分校之分，黄埔、南京和成都时期通称为本校。黄埔军校无疑是国共两党首度携手合作、国民革命发展催生的结果。本校各期学生数量考证和学籍辨认，主要依据《黄埔军校同学录》（湖南省档案馆校编，湖南人民出版社1989 年 7 月出版，该同学录没有照片录入），加之各期同学录、各种史载资料作辅助补充。由于局势所迫、急于军务，本期学制为 6 个月，半年即毕业。虽训练不足，但学生中将星如云，他们多数成为国民革命军的创始者和骨干。本期初入学人数 500 人，后湘军讲武堂计学生 158 人并入，实际毕业人数为 645 人。1924 年6 月 16 日举行开学典礼。学习科目单设步兵一科。在校期间，参加平定广州商团叛乱。毕业后多留军校教导第一团、第二团校军，参加第一、第二次东征和北伐战争，是国民革命军的中坚力量。有关本期学生数量，由于死亡、退学及各种原因未毕业者，历来流传多种数据，可谓众说纷纭。经多方搜集和甄别，本期海南籍学生共计 28 名，其中 26 名来自湖南省档案馆校编的《黄埔军校同学录》一书，另外2 名（尤崧和符公铁）资料信息则来自《黄埔军校将帅录》《泰国华侨抗日实录》《海南近代人物志》等史籍记载。存疑资料，期待继续确认和研究。

序列	姓名	籍贯	年龄	通信地址/说明	备注
1	王雄	文昌	23	琼州文昌县南会文新市义隆号转	存照
2	尤崧	文昌		湖南档案馆《黄埔军校同学录》未见其名，据《黄埔军校将帅录》补	补录
3	邓春华	临高	24	琼州临高县和祥市本县和舍益昌号转	存照
4	丘飞龙	澄迈	20	澄迈金江市泰兴号	

续表

序列	姓名	籍贯	年龄	通信地址/说明	备注
5	丘宗武	澄迈	25	广州市线香街广昌号	存照
6	邢钧	文昌	20	琼州文昌东郊市源盛隆号	存照
7	邢国福	文昌	23	暹国暹京耀华力大马路万成利号	存照
8	李钧	万宁	23	万宁县城天和堂转扶峰村	存照
9	吴乃宪	琼山	25	琼州海口海南书局转传桂村	存照
10	吴秉礼	琼山	23	琼州海口俊胜记	
11	张运荣	文昌	21	琼州文昌烟墩市荣记	存照
12	陈克	琼山	25	广东琼山第十八区会文市义隆号	存照
13	陈武	琼山	19	琼山会文新市纶兴号	存照
14	陈应龙	文昌	23	文昌县潭牛市宝昌号(潭深村)	存照
15	陈家炳	文昌	22	广东琼州文昌县文教市邮局转	
16	林英	文昌	23	广东琼州文昌县白延市双昌号	存照
17	林冠亚	文昌	20	广东琼州罗豆市邮支局转交昌梅村	东江战亡
18	周士第	乐会	23	琼州乐会县中原市永生药房(转新昌村)	存照
19	郑述礼	临高	20	琼州临高县带草堂(转兰河村)	存照
20	洪剑雄	澄迈	22	澄迈县泰兴号(金江镇博潭村)	存照
21	黄珍吾	文昌	24	广东琼州文昌县中一区衙前村	存照
22	龚少侠	乐会	23	琼州嘉积市祥奉商店(文坡里)	存照
23	符公铁	文昌		注:符氏系吉隆坡华侨	未毕业,沙基惨案殉难
24	韩云超	文昌	24	广东琼州罗豆市邮支局转交昌梅村	存照
25	谢维干	文昌	24	琼州海口埠成丰旅店转	存照
26	蔡凤翁	万宁	18	万宁县城天和堂	存照
27	蔡昆明	琼山	24	琼山三江市邮交永活生号(转群善村)	存照
28	黎崇汉	文昌	20	琼州海口大街阜成丰客栈	存照

陆军军官学校（黄埔本校）第二期

（1924年8月—1925年9月6日）

【本期说明】1924年8月起分批入学，毕业人数为449人。学习科目从步科扩增为步兵、炮兵、工兵、辎重、宪兵五科。学制原定6个月，因故延迟，修业期为1年余。入校不久，乃奉命随校军出发参加第一次东征，边战斗边上课，在实战中积累经验。1925年6月回师广州，参加平定滇桂军叛乱和沙基反帝游行。毕业后多数分配到源自黄埔军校教导团组建的国民革命军第一军。本表辑录第二期琼籍学生53名，遗憾的是，由于国民革命紧迫，本期同学录编印时间滞后，超过半数同学没有发现照片，有照片者多是当时任职军校教官，或是笔者在各文献资料中觅得。其中邓震亚和孙成达，在湖南省档案馆于1989年校编的《黄埔军校同学录》中未见其名，今据《海南近代人物志》和《黄埔军校将帅录》补录。补录资料，供后来者研究。

序列	姓名	籍贯	年龄	别号/字	通信地址/说明	备注
1	王大文	文昌	24	维德	文昌迈号市琼源号	存照
2	王武华	澄迈	23	文斌	广东琼州澄迈金江市明利号	存照
3	王禹初	琼山	23	才三	琼山演丰市义丰号转交道学沙土园村	
4	王钦嵩（王毅）	澄迈	22	越初	琼州海口和源号转	存照
5	王家槐	澄迈	24		琼州澄迈金江市信隆号转	存照
6	王耿光	文昌	27	昌景	文昌便民市德昌隆号交赤塘村	
7	王梦尧	琼山			琼州海口大街信隆烟庄	存照
8	王景星	澄迈	26	云五	广东琼州安仁市邮局	
9	王德兰	琼山	20	民父	演丰市和隆号转	
10	邓震亚	儋县			湖南省档案馆校编《黄埔军校同学录》未见其名	补录
11	丘敌	澄迈	21	岳宋	广东琼州澄迈县金江市顺兴号	存照
12	冯尔骏	琼山	23	骥超	琼州琼山演丰市益生堂交	存照

续表

序列	姓名	籍贯	年龄	别号/字	通信地址/说明	备注
13	冯振汉	琼山	25	子威	琼州定安仙沟市公昌号	存照
14	史克斯	琼山	27	举东	琼州琼山第十八区会文市万成丰邮局转	
15	龙骧	万宁	21	雨施	广东琼州万宁县城天和堂收转排溪村	
16	吉章简	崖县	25	夏迪	琼州崖县九所邮局转	存照
17	孙成达	定安			湖南省档案馆校编《黄埔军校同学录》未见其名	补录
18	邢角志	文昌	22	竟成	广东文昌宝芳市邮局转	
19	邢诒栋	文昌	19	松云	琼州文昌县昌洒市兴盛号	
20	邢诒瀛	文昌	25	海洲	广东文昌宝芳市民生药店转	
21	邢定汉	文昌	26	卓群	琼州文昌县文教市美记号收转	存照
22	何秀清	澄迈	24	其俊	广东琼州澄迈金江市和昌转	存照
23	吴铅	琼山	24	琪英	琼州海口大街海南书局转	存照
24	张弓正	琼山	29	中的	广东琼山演丰市邮局转大鼎村	
25	张宁	文昌	20	扶华	琼州海口大街泉兴号	存照
26	李治魁	琼山	21	雄东	琼州琼山县属十字路墟邮局转	存照
27	陈壮飞	文昌	20	勇达	广东文昌琼州海口顺丰号转	
28	陈雄飞	文昌	22	子雅	文昌文城镇迈众村委会白玉村	
29	陈衡	琼山	21		广东琼山县三江市保生堂转电白村	存照
30	麦匡	崖县	24	寰宇	崖县保平港正昌记转	存照
31	周成钦	琼山	21	若夫	海口打铁街振新布厂转	存照
32	林中坚	文昌	25	玉轩	琼州文昌县文教市裕源号转	存照
33	林侠	文昌	23	赤卫	琼州文教市琼文盛转广州市昌兴街祥发坊一号四楼	
34	罗英才	澄迈	24	能卿	琼州澄迈老城保生堂收转	存照
35	罗盛元	琼山	22	济民	文昌蛟塘市恒源号收转交下洋仔村	存照
36	郑介民	文昌	26	耀金	文昌东阁波市广济药房	存照

续表

序列	姓名	籍贯	年龄	别号/字	通信地址/说明	备注
37	郑彬	琼山	22		琼州海口泛爱女医院	存照
38	赵强华	儋县	23	东屏	琼州儋县那大市诘隆号	
39	钟光潘	文昌	24	鉴泉	文昌土苑市广来安号	存照
40	唐子卿	澄迈	20	士侠	澄迈县瑞溪市福寿药房	
41	徐让	琼山	20		广东琼山县演丰市和安堂	
42	梁安素	文昌	25	智浓	广东琼州文昌县冠南圩邮局转	
43	符大庄	文昌	25	箕生	琼州文昌县文林村	
44	符汉东	文昌	24	颂平	广东琼州文昌县文教市东华商店转	
45	符汉民	文昌	23	载禄	广东文昌新桥市三合村	存照
46	符明昌	乐会	24	朝选	广东琼州嘉积市嘉积高等小学校	
47	符南强	定安	25	冷佛	琼州嘉积市德就昌号	画像
48	符焕龙	文昌	24	瑞祺	广东文昌县城同仁堂药店转	
49	黄翰雄	文昌	22	少溪	琼州文昌富文书局收	存照
50	韩铿	文昌	22	盾兼	广东文昌锦山市永发号代转	
51	詹行旭	文昌	21	扬东	琼州海口同泰兴号	存照
52	蔡劲军	万宁	24	香烂	广东琼州万宁县城交天和堂转保定村	存照
53	黎铁汉	定安	23	瀛桥	广东琼州嘉积市福宁堂转交	存照

陆军军官学校(黄埔本校)第三期

(1925 年 1 月—1926 年 1 月 17 日)

【本期说明】本期为实行入伍生制度之始。1924 年 10 月起陆续入校,经入伍教育 3 个月,考试合格方转为学生再修满 6 个月即行毕业。本期开设科目为步科和骑科。在校期间,参加第一次东征(1925 年 1 月至 3 月)驻防,滇桂军杨希闵、刘震寰叛乱时期(1925 年 6 月),奉命回师配合东征军总攻,继而参加"六二三"广州各界声援上海"五卅"惨案反帝游行(1925 年 6 月)。时值多事之秋,本期学生死难者颇多。于 1926 年 1 月 17 日举行毕业典礼,毕业人数为 1233 人。本表统计海南籍学生计 75 名,其中,王辅仕、徐毅民和符克振等同学之名分别据《海南近代人物志》、1944 年《陆军步兵上校资绩簿》及《黄埔军校将帅录》等补录。

序列	姓名	籍贯	年龄	别号	通信地址/说明	备注
1	丁庆封	琼山	18		广东琼山	学生队病故
2	王东春	琼山	24	辅士	海口大街信昌号转东山市和昌号	存照
3	王使能	琼山	21	钧	琼州谭文市源隆号	存照
4	王学阶	琼山	20	开敏	琼山县稚文村	存照
5	王昌裕	文昌	20		文昌县里举村	存照
6	王绍彰	乐会	20		琼州嘉积市悦丰号	存照
7	王诗萱	乐会	19	辉民	琼崖嘉积市横街福隆号	存照
8	王辅仕	琼山			琼山县东山乡下南村/据《海南近代人物志》补录	
9	韦崇纲	乐会	20		乐会中原市泰丰号转	存照
10	龙其伍	文昌	26	美南	文昌白延市锦昌号	存照
11	龙学霖	琼山	25	碧川	文昌白延市锦昌号转富春里	存照
12	孙慕良	琼山	19	仁阶	琼州海口大街和昌交	存照
13	纪乃武	万宁	20	勋铭	县城博济药材转	存照
14	邢国农	文昌	25	晓春	县属文教市罗欲愚转	存照

续表

序列	姓名	籍贯	年龄	别号	通信地址/说明	备注
15	何职民	乐会	19	万樽	乐会分界市恒盛号转	存照
16	吴乃杞	琼山	22	景南	琼州海口大街海南书局	存照
17	吴中平	琼山	22	均衡	琼山十字路市邮局转道群村	存照
18	吴民三	琼山	22	慰农	海口岸永福药材店转龙塘元和号	存照
19	吴坤兰	琼山	19	龙英	文昌县罗头市盛记号	存照
20	吴高维	乐会	21		乐会圩回春药房	存照
21	吴濂淑	文昌	22	尧君	文昌县东郊市则安堂转	存照
22	岑家卓	文昌	21	克全	广东琼州文昌烟墩市天南药房转长辉村	存照
23	张竞之	琼山	22	竞之	琼州府城西门福生号转	存照
24	李大钟	万宁	25		万宁县龙滚市万宝号	存照
25	李克明	文昌	24	俊英	文昌清澜马头埠源利号	存照
26	李树	琼东	23	正源	烟塘市长发号转礼昌村	存照
27	李腾藩	琼山	22	英立	县属十字站市美璋号转	存照
28	杨善余	乐会	23	清善	琼东县嘉积市铨兴号	存照
29	杨鹏翔	万宁	20	业斋	琼州乐会中原市和盛号	存照
30	陈永芹	乐会	24		琼州乐会县市而能馆	存照
31	陈学武	文昌	20	平欧	文昌县文教市文明昌号转福田庄	存照
32	陈家麟	文昌	23	伯侯	文昌县公坡市恒兴号	存照
33	陈常健	文昌	24	珮双	文昌东郊市毓春堂药房交	存照
34	陈铸新	琼崖	25	在唐	广州文明路十八号琼州革命同志大同盟会	存照
35	陈照方	文昌	25	会明	迈号市中街纶昌信局转	存照
36	陈嘉镒	文昌	23	民三	文昌公坡市三益号	存照
37	周怀积	琼山	24	准波	文昌迈号市和源号转	东江阵亡
38	周裁衍	琼山	20	诵闻	南洋新加坡滨里律一九九号	存照
39	周德汉	文昌	24	公正	广东琼州文昌烟墩市万发利号	存照

续表

序列	姓名	籍贯	年龄	别号	通信地址/说明	备注
40	林本	文昌	20	伟山	文昌县便民市锦昌号转	存照
41	林卧薪	文昌	21	克仇	文昌东三区宝就学校转	存照
42	林钟	琼山	18		琼州定安城永记号转	存照
43	林鸿苑	文昌	24		琼州文昌文教市琼文盛号	存照
44	罗中书	琼山	23		琼州文昌南区会文新市源记书庄	存照
45	罗运元	澄迈	20	国光	澄迈美龙村	存照
46	郑华雄	文昌	20	侠夫	琼崖东阁市邮局	存照
47	郑庭烽	文昌	19	耀台	文昌东阁邮局	存照
48	徐天民	文昌	23	尧夫	文昌烟墩市新泉香号转	存照
49	徐毅民	文昌	23		据1944年11月铨叙厅编印《陆军步兵上校资绩簿》补录	照片不详
50	陶坚民	文昌	23	坚民	文昌会文新市琼合昌号	存照
51	陶林英	文昌	25	萃民	文昌会新市宝盛号转宝藏村	存照
52	梁捷波	文昌	20		琼州文昌文教市裕安号转	存照
53	梁萃堂	儋县	21	慕柳	琼州海口港和源号转儋县峨曼市和生堂转赤地林	存照
54	符气云	文昌	22	龙嘘	丽水碧湖翁协盛号	存照
55	符节	文昌	21	学宗	文昌东效市试济堂代转	存照
56	符克振	文昌	23	振忠	据《黄埔军校将帅录》补录	补录
57	符卓英	文昌	23	卓英	文昌县大街源合号	存照
58	符秉雄	文昌	20	秉雄	文昌县城合成号	存照
59	符英宪	琼山	20	英宪	琼州海口公和号代交	存照
60	符树梅	文昌	18	咏春	文昌县文教寺裕成号转昌福村交	存照
61	符济群	文昌	20	镜清	文昌东郊市城济号转侯村	入伍期病亡
62	符笃初	文昌	20	如琢	文昌县便民市锦兴号转	存照
63	符祥霞	定安	19	勋博	琼州嘉积市德就号昌号	存照

续表

序列	姓名	籍贯	年龄	别号	通信地址/说明	备注
64	符致远	文昌	21	斯光	文昌县第十五区福园村	存照
65	黄守泗	琼山	18	卓禹	琼崖琼山县会文新市公兴源号	存照
66	黄百强	琼山	21	同仇	琼山演丰市泰来号转	存照
67	黄善辉	文昌	22	焕吾	文昌宝芳市广济号转	存照
68	傅克胜	文昌	23		据1936年《陆海空军军官佐任官名簿》补录	未见照片
69	傅启霖	文昌	24	富文	文昌裕源丰德清村	存照
70	韩君南	文昌	28		文昌迈号广福号转陶坡村纶昌号	存照
71	韩宪元	文昌	20		广州市都府街九号转	存照
72	韩鹏	文昌		冠球	文昌林梧市永和祥转林铁村	存照
73	詹克武	文昌	22	对英	文昌东阁市广济堂转大府村	存照
74	潘汉波	文昌	25	铁汉	文昌县恒发号	存照
75	黎炳熙	乐会	21	冠君	琼州嘉积市通兴号转	存照

中央军事政治学校(黄埔本校)第四期

(1926年1月—1926年10月)

【本期说明】1925年7月开始招考,因报考取录者众,分七批招收入伍,经考核转为学生。1926年10月毕业,毕业人数2654人。开设步、炮、工、政治和经理五科。本期校名从原称"陆军军官学校""中国国民党陆军军官学校"易名为"中央军事政治学校"。入校伊始,正是第二次东征之始,学生分派驻守惠州、卫戍广州。1926年7月北伐誓师前后,本期学生相继被派入国民革命军服务,在北伐战争中发挥了重要作用。本表所列琼籍学生计74人,其中4人据《黄埔军校将帅录》《泰国华侨抗日实录》和《中训团第九军官总队通讯簿》补录。

序列	姓名	籍贯	年龄	别号	通信地址/说明	备注
1	丁希孔	文昌	25	儒之	文昌清澜裕昌号	存照
2	云大鹏	文昌	20	翼南	广州市榨粉街云氏试馆	存照
3	云昌绍	文昌	21	学深	琼州文昌抱岁市广昌号	存照
4	云昌绵	文昌	24	奇雄	广州市榨粉街云氏试馆	存照
5	云昌藩	文昌	21	少川	海口大街顺丰转或文昌抱罗市广昌转	存照
6	云泽农	文昌	29		琼州文昌县头苑市和盛大宝号	存照
7	云逢锬	文昌	25	善贻	琼州文昌潭牛市和南药材店	存照
8	云雁举	文昌	20		广州市榨粉街云氏试馆交	存照
9	云德雄	文昌	21	金三	琼州文昌龙马墟圮宝德学校	存照
10	王坚一	文昌	24	敬余	广东琼州昌洒市泰和号转	存照
11	王绍谕	琼山	26		琼山甲子市长春堂	存照
12	王章尧	澄迈	23	云五	琼州本县安仁墟万福堂转	存照
13	邓志英	文昌	20	焕经	琼州罗豆市广顺堂转交	存照
14	邓超亚	琼州	22	梦觉	琼州和舍市江益昌号转	存照
15	龙载康	文昌	19	博藏	琼崖文昌迈号市积成大号交	存照
16	刘甲兵	万宁	20	奎瓒	琼州万宁县博济堂	存照

续表

序列	姓名	籍贯	年龄	别号	通信地址/说明	备注
17	刘炎	万宁	23	执戈	万宁县城羊吉号转交三加村	存照
18	刘峻川	定安	25		定安城东门街德兴号转	存照
19	吉章信	崖县	27	实斋	琼州崖县西里九所邮局转冲坡村	存照
20	邢国鸾	文昌	21	赞天	琼州文昌蛟塘市恒源大宝号转覃豹村	存照
21	严复达	文昌	23	醒民	文昌县冠南市致和堂号转	存照
22	严福亨	文昌	21		琼崖文昌冠南市致和堂转	存照
23	吴少伯	琼东	20	静初	琼州本县长城市广福安交	存照
24	吴协彬	琼山	23	倬云	琼州文昌罗豆市宝源号	存照
25	吴成开	琼山	22	国光	琼州琼山旧州塘会芳号	存照
26	吴国球	琼山	20	天仪	琼州琼山烈楼市邮局转	存照
27	吴斯民	琼州	20	志立	琼州海口俊胜号转坡尾市合源生号	存照
28	张运楫	文昌	21		文昌潭牛市坤成民生号转南来村	
29	张忠中	崖县	24	华一	崖县西里九所邮局转官村	存照
30	张晓湖	琼山	22	晓湖	广东琼山第七区党部	存照
31	张泰竦	琼山	22	畏斋	琼州琼山县谭文市农民协会转	存照
32	张梦宝	琼山	23	镜池	琼山谭文市第七区党部转嘉乐胡村	存照
33	张超	文昌	27	长弓	琼州文昌县万成转	存照
34	李传芳	琼山	24	芷塘	琼州海口大街海南书局转	存照
35	李向荣	文昌	24	应书	琼州文昌迈号市协兴隆号	存照
36	李茂荣	澄迈	21		金江市步升转西峰市大兴号	存照
37	杨文庄	琼山	20	敬修	琼州海口振东街长合号交	存照
38	苏民	琼州	24	文卿	琼州海口得胜沙街福兴号转	存照
39	陈天啸	定安	23		定安源芳转陈宅村陈国熙收	存照
40	陈业祝	文昌			湖南档案馆校编《黄埔军校同学录》未见其名,据《黄埔军校将帅录》补	补录

续表

序列	姓名	籍贯	年龄	别号	通信地址/说明	备注
41	陈国训	琼山	24	海民	琼州海口大街余永记转屯昌市交天元号收转下坡村交	存照
42	陈英教	崖县	25	乐三	崖县西里九所邮局转官村	存照
43	陈致训	琼东			湖南档案馆校编《黄埔军校同学录》未见其名，据《黄埔军校将帅录》补	补录
44	陈智千	文昌	26	奚若	文昌县便民市合成号交罗衣村	存照
45	陈策安	琼州	21	济民	广东琼州龙发市益兴	存照
46	陈缵虞	琼山	20	心堂	海口外线发利祥或旧州市万昌号转	存照
47	周以康	崖县	21	定一	琼州崖县保平巷麦安昌号交	存照
48	周赤	文昌	22	博山	文昌县冠南墟致和堂	存照
49	林时斤	琼山	26	天晓	广东琼山海口振东街泗盛杉木店	存照
50	林树英	琼山	20		琼州海口埠振东街泰隆号转	存照
51	林蕴泉	文昌	24	德修	文昌潭牛市实昌转	存照
52	林懋	琼山	24	诗英	琼州海口大街源通交吴多福代转或海口关圮全记代转亦可	存照
53	欧得云	文昌	24	邦宁	琼州文昌县罗豆市泰兴号转	存照
54	郑庭烽	文昌	21	耀台	琼州文昌东阁市广济药房	存照
55	施普	琼州	24	公政	琼山县演丰市丰记号转交	存照
56	袁耐坚	琼山	23	宜甲	琼山潭文市源隆号转文来村	存照
57	梁亘英	文昌	22		文昌文教市南安宝号代	存照
58	符云鹤	文昌	26	惠民	琼州文昌翁田墟符锦兴大号转	存照
59	符时杰	文昌	26	应云	广东文昌县昌酒市养元堂收	存照
60	符国华	文昌	19	海清	文昌县罗豆市/湖南档案馆校编《黄埔军校同学录》未见其名，据《泰国华侨抗日实录》补	存照
61	符泮清	文昌	20	芹轩	文昌文教市联昌号或广州天官里廿四号	存照
62	符树全	文昌	22	性真	琼州文昌县文教市锦茂号	存照

续表

序列	姓名	籍贯	年龄	别号	通信地址/说明	备注
63	符炳麟	文昌	21		广州市天官里二十四号	存照
64	符钟英	文昌			广州东华西路一五四号/湖南档案馆版《黄埔军校同学录》未见其名,据《中训团第九军官总队通讯簿》补录	未见照片
65	黄化民	临高	21	国初	琼州临高县城内交	存照
66	黄弘道	定安	19	宗鲁	定安县城内南盛号收交	存照
67	黄典卿	琼东	27	鸿模	琼东县烟塘市广生药房转长山园村	存照
68	黄居垣	文昌	19		文昌县泰隆号转交	存照
69	黄闻秀	文昌	23		琼州文昌公坡市宝蓝村	存照
70	傅振华	文昌	20	寿庭	琼州文昌蛟塘市恒源号	存照
71	游济	琼山	24	成能	海口市琼山区甲子镇昌头村（现址）	存照
72	童子尚	琼山	22	冠贤	琼山烈楼市相馆转龙头村交	存照
73	蔡桐坡	乐会	26	川如	乐会中原市邮局转交礼照村	存照
74	蔡谟忠	琼山	29		琼州定安县城大街福兴号转	存照

中央军事政治学校（黄埔本校）第五期

（1926 年 3 月—1927 年 8 月 15 日）

序列	姓名	籍贯	年龄	别号	通信地址/说明	备注
1	云昌矗	文昌	22	耀庭	琼州文昌龙马市转	存照
2	云茂曦	文昌	25	瑞光	琼州海口永吉安本记转	存照
3	王化先	琼州	29	同熙	琼州定安南顺号转	存照
4	王天蔚	琼山	25	子养	琼州定安县城内中街三和堂转	存照
5	王兴治	乐会	21	定平	乐会县中原市合兴号转（转仙寨村）	存照
6	王宪章	澄迈	20		琼州澄迈县金江市陈关养转大园村	存照
7	王继三	儋县	20	槐亭	儋县洋浦港吉盛号	存照
8	王鸿儒	琼州	22	字行	琼州安仁市邮局转大美里	存照
9	王超民	乐会	23		琼州嘉积市德泰号转蓝山村	存照
10	王鉴	琼山	27	革非	琼州琼山中学校交	存照
11	丘士深	琼州	26		琼州城内宣达坊丘室	存照
12	冯建章	琼山	25	光汉	琼山府西门外克兴号转苍英村	存照
13	冯铁	文昌	23	善钟	文昌东郊市敏春堂	存照
14	冯韬	文昌	24	可夫	琼州文昌蛟塘市恒源号转美德村	存照
15	伍靖	文昌	23	图强	琼州文昌白延市民生大药房	存照
16	刘保	文昌	22	一飞	琼州文昌县便民市利民号转交	存照
17	刘继桓	澄迈	27	公权	琼州澄迈县瑞溪市荣寿堂转	存照
18	朱宪	澄迈	20	启岗	澄迈县金江市邮局转	存照
19	许麟	乐会	22	鸿猷	琼州嘉积市许生利号转	存照
20	邢邦	文昌	24		琼州文昌东阁坡市通盛号转流坊村	
21	邢诒贝	文昌	21		琼州文昌县文教市慰华药房	存照
22	邢诒益	文昌	22		琼州文昌县昌洒市邮局转	存照
23	邢保民	文昌	25	德馨	文昌县文教市则安药房转	存照

续表

序列	姓名	籍贯	年龄	别号	通信地址/说明	备注
24	邢爵春	文昌	22	谷秩	琼州文昌县龙马市人和堂转坡头里	存照
25	何仲胥	乐会	23		琼州乐会县嘉积市顺兴隆号	存照
26	吴子琦	琼山	22	昆仁	琼山县东山市邮局转	存照
27	吴仕玲	琼山		福海	据《黄埔军校将帅录》补录	
28	吴剑鸣	琼山	19		琼州城小西门鼎丰号转昌学村	存照
29	吴钧	琼山	23	业甫	文昌罗豆市宝和号	存照
30	岑镇中	琼山	23		琼州琼山甲子邮转望村	存照
31	张干	文昌	22	赤环	琼崖文昌罗豆市会丰号	存照
32	李生鉴	琼东	20	镜明	琼东县城邮局转	存照
33	李冠欧	琼山	20	雪仙	琼山烈楼市仁里村新李国民学校	存照
34	李醒东	乐会	22	继进	琼州嘉积市审记天宝号转	存照
35	杨运农	文昌	21		琼州文昌县便民市兴裕号转	
36	杨群	文昌	24		琼州文昌县东阁市圮成德学校	存照
37	邱秀亚	定安	21	仲锋	定安城西街南顺隆号转下正村	存照
38	陈世隆	琼山	22	智	琼山三江市邮龙发市益兴交	存照
39	陈正	文昌	23		琼州文昌白延市邮局转宝石村	存照
40	陈正中	琼山			琼山县东新乡陶郎村/据《海南近代人物志》补录	
41	陈光亚	琼州	21	民达	琼州西门广太号转龙塘市元和转	
42	陈师荣	文昌	25	光中	文昌县便民市光东公司	存照
43	陈达民	文昌	19	学凤	文昌烟墩市交天南大药房转士谈村	存照
44	陈承海	文昌	25	兴南	广东文昌东郊市毓春堂	存照
45	陈明光	文昌	20		文昌县湖山市保和转昌乘村	存照
46	陈武军	文昌	20	赤箫	文昌锦山市珊田医馆转白茅乡	存照
47	陈诚武	琼山	23		湖南档案馆版《黄埔军校同学录》未见其名，今据1936年《陆海空军军官佐任官名簿》补录	

续表

序列	姓名	籍贯	年龄	别号	通信地址/说明	备注
48	陈复东	琼州	23		琼州海口得胜沙福兴号吴干金转	
49	陈雄	陵水	22	家义	陵水县城文明街祥吉记转	存照
50	陈鼎	琼山	20		琼州府城西门子和芳号交	存照
51	陈醒民	文昌	20	仪东	琼州文昌烟墩市天南生药房	存照
52	周监唐	定安	24		琼州定安县西门内南利号转	存照
53	林明富	文昌	20	日新	文昌县文教市裕源宝号转	存照
54	林育廷	文昌	24		琼州文昌县公坡市广济安转	存照
55	欧谦	文昌		傅颜	文昌县白延市红城村/据《海南近代人物志》补录	
56	范无隐	文昌	25	瑜清	琼州文昌县潭牛市太安□村店转	存照
57	郑华强	文昌	25	宜卿	琼州文昌县琼台号	
58	郑良才	文昌		庭珍	文昌县青山乡宝田村/据《海南近代人物志》补录	
59	郑拔群	文昌	26		琼州文昌县文教恭禧堂	存照
60	郑庭笈	文昌	23	竹斋	琼州文昌县文教圩和源号转	存照
61	钟铮	琼山	22	徽五	琼州海口大街琼盛号转	存照
62	徐洪涛	文昌	23	济深	文昌县锦山市永和号转	存照
63	徐竞	琼山	26	克勤	琼山第十八区会文新市万全堂	存照
64	殷继德	万宁	25	瑞五	琼州万宁县城天和堂或天德号转	存照
65	翁悦民	文昌	24		琼州文昌县迈号巨兴隆	存照
66	符云龙	文昌			据1936年《陆海空军军官佐任官名簿》及第五期补印同学录补	
67	符汉兴	文昌	24	德馨	琼州文昌昌洒市广丰号转	存照
68	符灿	文昌	24		文昌县翁田市同兴号	
69	符昆若	文昌	21	信民	琼州文昌公坡市悦丰号	存照
70	符星辉	文昌	22	炳东	琼州文昌文教圩锦昌号转龙潭村	存照

续表

序列	姓名	籍贯	年龄	别号	通信地址/说明	备注
71	符树明	文昌	20		琼州文昌县宝芳市圮乐内村	
72	符树蓬	文昌	23		文昌昌洒市万和药房	存照
73	符烘	文昌	23	瑞岐	文昌县东郊市源盛隆号转	
74	符曹书	文昌	22		文昌县迈号市万庆隆号	
75	符瑞生	文昌	20	惠民	文昌龙马市人和堂转	存照
76	符耀英	文昌	25	树保	琼州文昌文教市裕成号转	存照
77	黄龙飞	定安	20	天元	琼州定安城西门街南发号	存照
78	黄守汉	琼东		云亭	琼东存信乡乐古昌村/据《海南近代人物志》补录	
79	黄扬清	琼州	26	岱生	琼州海口大街俊胜号转	
80	黄保德	琼山	20	仁裕	琼山东山市保安药房	存照
81	黄景芳	琼山	25		琼山县三江市明记号转	
82	黄雄	文昌	20		琼州抱罗市万和号转	存照
83	黄醒潮	万宁	21	柱臣	万宁县城王家园药堂转	存照
84	曾炫	琼州	21	仲江	琼州海口振东街泗盛转迈德村	存照
85	曾航	陵水	22	云程	琼崖万宁礼纪市邮局转	存照
86	谢源顺	琼山	22	则民	琼山县三江市悦丰号转	存照
87	韩汉光	万宁	22	河桥	琼州万宁县分界市群益号	存照
88	韩前光	文昌	25		同学录未见地址、照片	
89	韩雄亚	琼山	23	韩奋	琼山县三江市潭关村	
90	赖道清	琼山	21	众明	灵山旧州圩联益号转	存照
91	潘宪德	定安	19	章甫	定安县领口高坡园村/据《海南近代人物志》补录	
92	黎运洲	定安	19	以德	琼州嘉积市美泰号转龙头村交	存照
93	黎国安	文昌	23	汝州	琼州文昌抱罗市中街三盛号转	存照
94	黎景焕	定安	24		琼州嘉积市福宁堂(或茂泰号转)	存照

中央陆军军官学校（南京/黄埔本校）第六期

南京本校第一总队（1928 年 4 月—1929 年 5 月）

黄埔本校第二总队（1926 年 10 月—1929 年 2 月）

【本期说明】本期学生，有黄埔本校和南京本校之分。南京本校为第一总队（1928 年 4 月—1929 年 5 月）；黄埔本校为第二总队（1926 年 10 月—1929 年 2 月）。毕业后均被派往各地国民革命军中服务。本期统计琼籍学子名单 140 人，其中王业鸿、蔡俊五、纪剑锋和赵有慧等之名，分别据《黄埔军校将帅录》、1944 年《陆军步兵上校资绩簿》及台湾地区档案馆资料等补录。

序列	姓名	籍贯	年龄	别号/字	通信地址/说明	备注
1	丁延纲	琼州	23		广东琼州海口中山路宝生祥号	存照
2	云大机	文昌	23	冠生	广州市榨粉街云氏试馆	存照
3	云克埃	文昌	24	咏春	广东琼州文昌县头苑市邮局转	存照
4	王钧	琼东	22		琼崖嘉积市横街福裕隆号	存照
5	王飞雄	琼州	22		广东琼州琼山十字市邮局转	存照
6	王中民	文昌	22		文昌宝芳市槐山村	存照
7	王介	琼东	23		琼州嘉积市福裕隆号转	存照
8	王业鸿	文昌		王清	据《黄埔军校将帅录》补录	
9	王亚东	乐会	23		广东琼州乐会分界市南昌号转河头村	存照
10	王仲坚	琼州	23	缨清	琼州海口俊胜号	存照
11	王邦治	万宁	22		琼州万宁县城翁祥吉号转	存照
12	王位业	琼东	22		琼东嘉积市刘茂兴号	存照
13	王启炳	乐会	23		乐会县中原市捷安宝号转文市村	存照
14	王纲	澄迈	25		琼州澄迈金江邮局转	存照
15	王学光	琼东			琼东县统济安药房	存照
16	王拔俊	琼山	22		琼山十字路市美章邮局转儒扬村高小学校交	存照

续表

序列	姓名	籍贯	年龄	别号/字	通信地址/说明	备注
17	王振球	琼山	25	学如	琼山东山市琼盛大宝号转大美村	存照
18	王绥德	文昌			广东文昌县东郊市仁和药局	存照
19	王崇海	乐会	20		琼州中原市合兴号（转仙寨村）	存照
20	王梦卜	文昌	24	莆才	广东琼州文昌县宝芳市信局收转	存照
21	王超	琼山		国材	广东琼山县十字市邮局转	存照
22	王槐秀	琼山	21		琼山县城西门外鼎丰号转	存照
23	王瑞	琼东	24		琼州嘉积市发盛昌号	存照
24	王德才	乐会			琼州嘉积市南门运记	存照
25	邓家骅	澄迈	21		广东琼州海口海南书局转玉堂村	存照
26	韦烈三	崖县	22		琼州崖县望楼市广生号转	存照
27	冯尔骈	琼山	21		广东琼山县演丰市益生堂转交	存照
28	石钟	文昌	25		文昌县东郊市源盛隆	存照
29	邝玉轩	文昌	26		文昌县便民市源盛号转	存照
30	龙步云	万宁	21	子思	琼州万宁县城中和堂转	存照
31	任大枢	崖县	23		崖县铺仔市嘉祥店转	存照
32	刘锦	澄迈	23		广东琼州澄迈美亭市万生堂转豪让里	存照
33	刘锦春	万宁	22		万宁县城中和堂药房交	存照
34	吉猛	崖县	20		琼州崖县西四区九所市邮局转冲坡村	存照
35	朱柏	陵水	22		琼州陵水县永安街琼源丰号转	存照
36	纪剑锋	万宁	19		据1944年《陆军步兵上校资绩簿》补录	
37	许若雷	文昌	20		广东琼州文昌县东阁市裕隆号	存照
38	许斯亚	文昌	23		文昌县东阁坡市东阁小学转	存照
39	邢策	文昌	23		琼州文昌昌洒市琼会安药房转淡水村	存照
40	邢诒鎏	文昌	23		文昌县昌洒市琼会安药房转	存照
41	邢谷业	文昌	21		琼州文昌县宝芳市南兴村	存照
42	邢勇义	崖县	22	廉清	崖县黄流市广发号转	存照

续表

序列	姓名	籍贯	年龄	别号/字	通信地址/说明	备注
43	邢家魁	崖县	24	星枢	崖县西五区莺歌海则安号转丰塘村	存照
44	邢群雄	文昌	23		文昌县昌洒市颐和药房转	存照
45	何识	文昌	22	碧山	广东琼州文昌县便民市安和昌号	存照
46	何启丰	文昌	25	绍亨	广东琼州文昌县三合街万协隆号	存照
47	何希哲	乐会	22		琼州嘉积市鱼行街南丰宝号	存照
48	何良桂	万宁	21		琼州嘉积市怡和隆号转东坡村	存照
49	何敦琚	文昌	23	蕴山	广东琼州文昌县公昌号	存照
50	吴子雄	琼州	23		琼州锦山市永生号转	存照
51	吴正祥	琼山	21		广东琼山烈楼市邮局转传桂村	存照
52	吴永江	琼山	23		广东琼山县烈楼市邮局转交	存照
53	吴应秋	琼山	22		广东琼山县十八区会文新市信益号转	存照
54	吴我智	万宁	21	慧民	广东琼州万宁县城天德号转	存照
55	吴挺秀	琼山	22		琼州府城小西门万顺号转薛村	存照
56	吴继周	琼州	19		琼州府城道前街粤南商店转文林湖村	存照
57	吴尊佐	琼州	24		琼州海口中山路琼盛号转	存照
58	吴筹勋	琼山	20		广东琼山县烈楼市邮局转传桂村	存照
59	张颖星	琼山	21		琼州海口振东街泗盛号	存照
60	李强	琼山	22	玉山	琼州府城西门外景行街琼恒盛号转	存照
61	李世洲	琼山	23		琼山演丰市益生堂转	存照
62	李居吾	乐会	25	升平	广东琼州嘉积市高第街恒就号	存照
63	李英华	琼州	22	受章	琼州金江市步升宝号转罗骠村	存照
64	李勇	澄迈	25		广东澄迈县金江市第六号门牌陈功成转	存照
65	李铁成	乐会	24		广东琼州嘉积市盐行街泰丰号转	存照
66	杜炳汉	琼山	22	耀然	琼州琼山县烈楼市宏利号交	存照
67	陈士希	定安			琼州嘉积市福宁堂号	存照
68	陈艺儒	崖县	21		崖县港门市俊记昌号转	存照

续表

序列	姓名	籍贯	年龄	别号/字	通信地址/说明	备注
69	陈世炳	文昌	24		琼州文昌宝芳市竞新学校	存照
70	陈必有	琼东	24		琼东大路市公昌号转	存照
71	陈华新	崖县	23	永铨	琼州崖县九所邮局转乐罗村	存照
72	陈芝祥	琼州	22		琼州海口中山街大生成转博铺市瑞芝堂	存照
73	陈明	文昌	23		文昌迈号市觉民书局	存照
74	陈明德	文昌	24	日新	文昌县仁生药房转	存照
75	陈若琼	崖县			琼州崖县九所邮局转冲坡村	存照
76	陈奏凡	文昌	22		琼州文昌县迈号市万利号转	存照
77	陈积庆	琼州	22		琼州城西门外影行街琼恒盛号	存照
78	陈舜统	琼东	20		琼东邮局转或嘉积墟聚合昌号	存照
79	麦邦垣	崖县	26	珍圃	崖县县立第五高小学校	存照
80	麦佩琼	崖县	28		崖县东关市巨隆福记号转	存照
81	麦夏荣	琼山	23		广东琼州海口埠大街海南书局转	存照
82	周连富	琼山	20		琼州琼城丁字街海香馆或道前街茂华斋转	存照
83	周博济	琼山	23		琼州琼山塔市七高学校	
84	周濂	文昌	22	克诚	文昌县便民市华商书局转	存照
85	林标	琼山	21		琼山县演丰市丰记号转	存照
86	林斌	文昌	27		广东文昌便民市利民号转	存照
87	林羲	琼州	22		广东琼州文昌县锦昌号	存照
88	林书论	文昌	20		文昌县罗豆市万兴转	存照
89	林仲如	澄迈	28	礼器	琼州澄迈老城保生堂收转文音村	存照
90	林松年	文昌	23		广东海口平民栈	存照
91	林鸣球	琼州	21		琼州海口竹林村林家祠	存照
92	林贻福	琼州	22		琼州海口四牌楼李美利号转	存照
93	林钟	琼州	19		海口中山街福昌号转或文昌潭牛市兴利号	存照

续表

序列	姓名	籍贯	年龄	别号/字	通信地址/说明	备注
94	林盛卓	琼山	20		定安县城内西门永记堂转	存照
95	林遇春	琼山	24		琼山东山市恒益	存照
96	罗中杏	文昌	25	实香	琼州文昌昌洒市颐和号转	存照
97	郑文波	琼山	22	金光	琼州琼山县烈楼市邮局转博生村	存照
98	郑汉东	文昌	24		琼州文昌东郊市锦春大宝号收	存照
99	郑邦鉴	崖县	23	镜台	崖县望楼市协利店转	存照
100	郑良佐	文昌	23	和如	广东琼州文昌县便民市琼合号	存照
101	郑绍烈	崖县	25	取义	广东琼州崖县铺仔市嘉祥店转	存照
102	郑桥恭	琼山	23	山南	琼州琼山县烈楼市邮局转博生村	存照
103	郑高翼	琼山	23		琼州琼山县烈楼市邮局转博生村	存照
104	郑铨恭	琼山	21		广东琼山县烈楼市邮局转博生村	存照
105	郑德光	澄迈	30	葆轩	琼州澄迈县金江市猪仔街转交美亭市团局	存照
106	赵有慧	儋县	21	醒痴	儋县那大市诘隆号/据台湾地区档案馆补录	存照
107	钟铭	儋县	23	鼎新	儋县城第一新制小学校	存照
108	莫敖民	定安			定安仙沟市全芳号交龙门市顺芳号转	存照
109	郭毅	万宁	22		万宁县城王昌记号转	存照
110	崔浩然	万宁	29	雁行	万宁天和号转东奥市交	存照
111	梁武	琼山	22		海口得胜沙胜间田洋行内发利祥号转	存照
112	符克	琼州	21		广东琼州文昌县公坡市邮局转	存照
113	符大同	定安	23		琼州嘉积市合盛号转石壁市益裕昌号交	存照
114	符仪廷	文昌	24		琼州文昌文教市生生堂转龙潭村	存照
115	符志云	文昌			文昌蛟塘市/据《中训团第九军官总队通讯簿》补录	未见照片
116	符杏南	文昌	23	凤腾	广东文昌县抱芳市邮局转文林村	存照
117	符和晔	文昌	25		广州市天官里一四二号符氏转	存照

续表

序列	姓名	籍贯	年龄	别号/字	通信地址/说明	备注
118	符国秩	文昌	22		据 1936 年《陆海空军军官佐任官名簿》补录	存照
119	符致林	文昌	20		琼州文昌县烟墩市邮局转歧山村	存照
120	符致豪	文昌	19		文昌县东郊市群生大药房交东田村	存照
121	符瑞周	文昌	27	克宜	广东琼州文昌昌效美昌盛号转	存照
122	黄玉华	文昌	25		据 1936 年《陆海空军军官佐任官名簿》补录	未见照片
123	黄范群	琼山	22	不智	琼州琼山县东山市同仁堂转多侃村	存照
124	黄闻声	琼州	20		海口中山街阜成丰栈转马陵沟市圯下园	存照
125	黄香	琼山	21		琼山十字路市邮局转	存照
126	黄霞鹏	崖县	24		崖县城东关市荣兴号转	存照
127	龚选登	乐会	25	阳甫	广东琼州乐会县永和号	存照
128	曾荣	乐会	22		乐会县北鳌市琼会安	存照
129	谢步程	文昌	22		海口中山街阜成丰栈转	存照
130	韩民醒	文昌	21	明初	广东琼州文昌县城内韩氏祖祠交	存照
131	韩范军	文昌	21	文成	文昌县潭牛市邮局转维乡交	存照
132	蒙如回	琼山	21		琼崖定安县城德兴号	存照
133	詹仁	文昌	24		文昌便民市永益堂或海口同泰兴转	存照
134	蔡彝	琼山	23		海口琼福兴号	存照
135	蔡俊五	琼山	23		琼山县旧州市广顺号/据 1944 年《陆军步兵上校资绩簿》补录	存照
136	颜绳武	崖县	23	绍祖	琼州崖县九所邮局转乐罗村	存照
137	黎良训	琼东	22		琼州嘉积市德泰宝号	存照
138	黎健	琼东	20	敬宾	琼州嘉积茂盛昌	存照
139	黎庶	琼东	26		琼州嘉积市德泰宝号	存照
140	黎勤	琼东	23		据 1936 年《陆海空军军官佐任官名簿》补录	未见照片

中央陆军军官学校（南京/黄埔本校）第七期

南京第一总队（1928 年 12 月—1929 年 12 月）

黄埔第二总队（1927 年秋—1930 年 9 月）

【**本期说明**】本期学生分为在黄埔和南京两地学习，第一总队在南京毕业，第二总队在广州黄埔毕业。1930 年 9 月，蒋介石电令第七期毕业后黄埔本校即停办，故此期为在黄埔的最后一期。本期琼籍学子计 135 人，其中秦名徽、湛承培等之名分别据 1936 年《陆海空军军官佐任官名簿》和《海南近代人物志》补录。

序列	姓名	籍贯	年龄	别号/字	通信地址/说明	备注
1	云茂衡	文昌	25	子湘	广州市榨粉街云氏试馆	存照
2	云逢仁	文昌	20	龙	广州市榨粉街云氏试馆	存照
3	王占魁	琼州	21		琼州海口大街大生成号代转北铺市琼益昌号收转美社村	存照
4	王平驭	琼山	23	冠球	琼山县十字路市美璋邮局转美寻村	存照
5	王士琛	文昌	22	宝如	琼州文昌县冠南市万兴隆转	存照
6	王任	临高			读书期间死亡，通信地址空白	存照
7	王光	临高	21		琼州珠市保生堂转交	存照
8	王邦纶	琼山	20		琼州琼山县烈楼市邮局转头村	存照
9	王启能	琼山			琼州琼山县演丰市好生药房转	存照
10	王志然	定安	22	英	琼州定安县仙沟市富昌号交	存照
11	王国器	定安	23		琼州定安城西门民生号转	存照
12	王建卿	琼山	21	元勋	琼州海口余永记转屯昌市刘天元转	存照
13	王绍璋	琼山	23	复先	海口中山路同安药房转烈楼炳坤号	存照
14	王彦	儋县	21	净士	琼州儋县城小街王升泰号	存照
15	王衍陶	定安	22		定安城内中和堂转	存照
16	王弼	澄迈	18	革恶	琼州澄迈县北雁里交	存照

续表

序列	姓名	籍贯	年龄	别号/字	通信地址/说明	备注
17	王植梓	琼山	21	征平	琼崖琼山烈楼市邮局转交美德村	存照
18	王禄祺	琼州	21	觉民	琼州铺前市裕昌号转华蓝村	存照
19	王辉	琼州	23	鉴如	琼州嘉积市亲广芳号转	存照
20	邓日升	临高			据《海南近代人物志》补录	补录
21	冯直夫	文昌	21	仙侠	香港南北行七十三号福昌荣号交	存照
22	卢衡炎	乐会	23	治之	嘉积市太平坊南通号转加党坡村	未见照片
23	史运昌	琼山	22	努公	琼州琼山烈楼市邮局转儒显村交	存照
24	叶用舒	文昌	21	玉声	越南富安潼渌泳淋叶遂和转	存照
25	叶烈公	琼山	20	封梧	琼州海口得胜沙南洋汽车公司转	存照
26	布俊青	儋县	20	悲初	琼州儋县旧城初小学校钟可光转	存照
27	邝文芝	琼山	23		琼州琼山烈楼市邮局转博养村	存照
28	龙白康	文昌	28	翰苑	文昌冠南市博济药房转龙家里收	存照
29	关家武	崖县	26	健夫	琼州崖县黄流市邮局转荷口村	存照
30	刘世德	乐会	26		乐会县中原市捷安号转阳江市交	存照
31	刘钟权	琼州	21	汝玉	琼州海口大街余永记药房转纯昌市刘天元堂	存照
32	刘清波	乐会	23	柏亭	琼州乐会县中原市泰丰号代交覃习之转杨江市	存照
33	吉志中	崖县	22	达之	琼州崖县西四区九所市大生号	存照
34	孙子传	文昌	20	瑞良	琼州文昌县翁田市水高村	存照
35	孙达华	文昌	21		越南会安埠泉昌利号	
36	许宇能	澄迈	21		琼州琼山东山市日新号转	存照
37	许宗尧	儋县	26	天民	琼州儋县敦教市党部转大垳村交	存照
38	许锦堂	澄迈	22	玉山	琼州澄迈县金江市邮局转瑞溪市荣寿堂交忧僚村	存照
39	许德扬	澄迈	21		琼州琼山东山市日新号转	存照

续表

序列	姓名	籍贯	年龄	别号/字	通信地址/说明	备注
40	邢驭群	文昌	20		琼州文昌县文教市邮局转三加村交	存照
41	邢诒联	文昌	24	勉成	琼州文昌龙马市坡头村	存照
42	何君怀	乐会	23	德沙	琼州乐会中原蔡选记号	
43	吴乃琳	琼山	21	瑶光	琼州琼山县烈楼市转传桂村	存照
44	吴布光	琼山	22	亚夫	琼州琼山县烈楼市邮局转北铺市	存照
45	吴石安	临高	24	万金	临高县振昌号转	存照
46	吴龙雄	琼州	20	克军	琼州罗豆市盛记号	存照
47	吴志城	琼山	19	正笏	琼州琼山县烈楼市转传桂村	存照
48	吴秀山	琼山	24	伯起	琼州城西门广泰号转琼市广生堂交	存照
49	吴宗汉	琼东	22	若萍	琼州文昌县南区烟墩市致和堂	存照
50	吴绍邱	文昌	22		琼州锦山市南来村	存照
51	吴春农	琼山	26		琼州琼山东山市东新号转	存照
52	吴哲勋	琼山	21		琼州琼山县烈楼市邮局转传桂村交	存照
53	吴振	文昌	25	会和	琼州文昌县罗豆市振昌隆号	存照
54	吴晨光	琼山	20		琼州琼山县烈楼市邮局转传桂村	存照
55	吴雪恨	琼山	23	国新	琼州琼山县烈楼市邮局转美昌号转永桂村	存照
56	吴飘	琼山	18	曼英	琼州琼山县烈楼市邮局	存照
57	张式武	琼山	24	卓群	琼州海口中山马路余永记药房转屯昌市天元转	存照
58	张运昊	文昌	21	俊侠	文昌县土来市济安药房交	存照
59	张奇侠	文昌	19		琼州海口中山路北市旅店转	存照
60	张诚谦	文昌	22		文昌县城琼源昌号转	存照
61	李大煒	琼山	21		琼崖琼山县烈楼市邮局转毓村学校	存照
62	李学时	琼山	21		琼山县烈楼市邮局转大堂村学校	存照
63	李政汉	琼山	26	崇奇	琼山县烈楼市邮局转大堂村	存照

续表

序列	姓名	籍贯	年龄	别号/字	通信地址/说明	备注
64	李锦新	澄迈	24	姓我	琼州和舍李南益号转和祥平安堂交	存照
65	李翼锐	琼山	23	刚毅	琼州琼山县烈楼市邮局转塘所村交	存照
66	李藩	琼山	21		琼州琼山县第十三区西江村	存照
67	杜兴强	琼山	22	素夫	琼州琼山县烈楼市合成号	存照
68	杜雄	文昌	20	伯豪	琼州文昌县抱罗市邮局转松树村	存照
69	杨昭彰	文昌	21		琼州文昌万春和药材店转	存照
70	杨柏卢	琼州	23		琼州那大厚昌号	存照
71	陈少坡	琼州	25	巨石	琼州海口振东街泰隆号	存照
72	陈可为	文昌	20	博浪沙	琼州文昌白延市育仁堂	存照
73	陈龙渊	琼山	20		琼州琼山县烈楼市邮局转博生村交	存照
74	陈光一	文昌	22	少衡	文昌县锦山市新盛号转	存照
75	陈阳	陵水	21		陵水文明街会源号转	存照
76	陈伯琳	文昌	24	阆山	琼州文昌县便民市裕源丰号	存照
77	陈典五	琼山	25		琼山县十字路市璋邮处转昌盛村交	存照
78	陈国治	乐会	24		琼州嘉积市美兴木厂转	存照
79	陈秉才	文昌	24	为公	琼州文昌烟墩市惠元药房	存照
80	陈清标	琼东	23	奇美	琼州嘉积市下街德源堂交	存照
81	陈蔚然	临高	25		琼州临高县陈氏宗祠	存照
82	陈澄洲	琼州	26	仲云	琼州海口南门华文书局转后坡村	存照
83	陈馥杨	琼州	23	明五	海口大生成转道堂市天生成代交	存照
84	麦劲东	琼山	20	强南	琼山烈楼市凤楼新街谦益号	存照
85	麦雨亭	琼山	25	润冬	琼山凤楼墟谦益号转	存照
86	麦青崖	崖县	23	廷魁	琼州崖县马岭村国民学校	存照
87	麦静修	琼山	21	致远	琼州海口得胜沙南洋汽车公司转	存照
88	周长耀	乐会	23	光远	琼州嘉积市源裕盛号转	存照
89	周同	琼山			琼山府城镇/据《海南近代人物志》补录	补录

续表

序列	姓名	籍贯	年龄	别号/字	通信地址/说明	备注
90	周连贵	琼山	21	桐	琼州府城丁字街海香馆转	存照
91	周定国	琼山	22		琼州琼城宣化坊打铁巷十二号交	存照
92	周家修	琼山	21	侠夫	琼州海口新华路第九号门牌	存照
93	周绪美	琼山	21	质之	琼州琼山演丰市裕安堂转	存照
94	林公武	崖县	23	仲文	崖县西四区乐罗市万利号转	存照
95	林凤飞	万宁	28	雄东	万宁县博济药房转	存照
96	林正伦	琼东	22	鸿鉴	琼崖嘉积市嘉祥街一百一十三号	存照
97	林乔秋	文昌	23	中导	琼州文昌县公坡市邮局转大茂亭村	存照
98	林国魂	文昌	21	中雄	文昌清澜市万顺堂	存照
99	林威	文昌	23	尚侠	琼州文昌白延市裕丰隆号交	存照
100	林济群	文昌	24	秉衡	琼州文昌公坡市广济安药房	存照
101	林畴	文昌	22	浚川	文昌县文教市邮局代转或合利号转	存照
102	林鼎芳	琼山	22	葱如	琼州澄迈安仁市鹤峰学校转	存照
103	林猷森	文昌	23	木生	琼州文昌县抱罗市三盛大宝号收转	存照
104	欧雨新	琼州	25	逸樵	琼州罗豆市泰兴号转蕉园村	存照
105	郑又铮	文昌	20		琼州文昌县东郊市坑边村交	存照
106	郑为顺	琼山	22	英华	琼山县烈楼市新街桂兰堂转坊潭村	存照
107	郑秀南	琼山	22		琼山海口市南门内马路巧华	存照
108	郑持瑁	琼山	19		琼山县烈楼市邮局转美昌大宝号交（博养村）	存照
109	郑浪峰	琼州	23		琼州海口得胜沙宏生号	存照
110	凌铁民	文昌	24	瀛仙	文昌便民市源益号	存照
111	徐炳森	琼山	27	余之	琼州海口北马路逢盛号	存照
112	秦名徽	崖县	22		据1936年《陆海空军军官佐任官名簿》补	未见照片
113	翁光大	文昌	23	绍霖	广州市财政厅前光东公司	存照

续表

序列	姓名	籍贯	年龄	别号/字	通信地址/说明	备注
114	曹莹	文昌	21	毅然	琼州文昌县昌洒市同昌号转	存照
115	梁汉堂	琼州	23		琼州那大市成昌市	存照
116	符必清	定安	21		琼州嘉积市溪仔街美兴号转	存照
117	符民望	文昌	22	治之	文昌文教市全美村	存照
118	符兆钧	文昌	21	和礼	琼州文昌县锦山市永发号收转	存照
119	符克白	文昌	23	英洲	琼州文昌文教市合兴号转吉木村	存照
120	符国宪	文昌	26		琼州文昌县迈号市广盛号	存照
121	符惠民	文昌	25	国恩	琼州文昌县昌洒市团局转交长春村	存照
122	黄居亚	陵水	24	策民	琼州陵水县保和斋号	存照
123	曾令福	琼东	23	范五	琼州嘉积市车行街德源号	存照
124	曾庆兰	澄迈	23	芝臣	澄迈金江邮局转瑞溪市永寿堂交东头里	存照
125	曾法	陵水	22		琼州陵水德合号	存照
126	曾繁政	琼州	21		海口街同安药房转丰盈市广济堂	存照
127	湛承培	乐会	19	中卫	广州市水濠旧五号景宋堂转/据《海南近代人物志》补录	未见照片
128	蒋侗	澄迈	23		琼州海口中山街余永记药房转	存照
129	谢昌	文昌	21		琼州海口阜成丰号	存照
130	谢鼎	临高	23		琼州临高县城内利济堂转	存照
131	韩超文	文昌	23		文昌锦山市美新号转	存照
132	韩潮	文昌	23		广州市都府街九号	存照
133	詹伟业	文昌	26	光仪	文昌新桥墟团局代转	存照
134	詹尊雯	文昌	23		琼州文昌迈号市永寿号	存照
135	谭根	琼山	22	信霖	琼州琼山县烈楼市邮局转琼华村交	存照

中央陆军军官学校(南京本校)第八期

南京第一总队(1930 年 5 月—1933 年 5 月)

南京第二总队(1930 年 10 月—1933 年 11 月)

序列	姓名	别号/字	年龄	籍贯	通信地址/说明	备注
1	马家章		21	澄迈	广东琼州澄迈老城市邮局转	因故退学
2	尤建新	亚华	19	儋县	万宁县城会隆宝号转	补录
3	古益义		23	儋县	广东琼州那大市古宅	存照
4	丘士鸿		22	琼山	广东琼州府城西门外公盛号	存照
5	丘岳樟		20	澄迈		因故死亡,存照
6	杨遇春		23	万宁	广东万宁县城茂兴隆商店	存照
7	肖寒柏	博山		万宁	湖南省档案馆校编《黄埔军校同学录》未见其名,据《黄埔军校将帅录》补录	补录
8	吴士欣	莫中	25	儋县	广东琼州儋县王五市	存照
9	陈应垣		20	文昌	香港金鱼池丰兴号	因故退学
10	林英	一书	24	文昌	文昌翁田市同和堂转	存照
11	郑梦严		21	崖县	广东琼崖县中学转	存照
12	梁国璋	政才	21	万宁	万宁县城会隆宝号转	存照

中央陆军军官学校(南京本校)第九期

(1931 年 5 月 1 日—1934 年 5 月 8 日)

序列	姓名	籍贯	年龄	别号	通信地址	备注
1	韩膺	文昌	24	华田	文昌县昌洒市裕发号转	照片原缺
2	叶秉彝	文昌	22	竟飞	琼州铺前市南生宝号转	照片原缺
3	金艺仑	琼山	21	国鑫	广东文昌县白延市锦昌号转	照片原缺

中央陆军军官学校（南京本校）第十期

第一总队（1933 年 7 月 15 日—1936 年 6 月）

第二总队（1933 年 8 月—1937 年 1 月）

序列	姓名	别号/字	年龄	籍贯	通信地址	备注
1	云大仁	介夫	24	文昌	文昌县会文市顺昌号	存照
2	云萍	正中	23	文昌	广东琼州海口美利汽水公司	存照
3	叶用鹄	山青	24	文昌	广东琼州铺前市下坡村	存照
4	陈东之		21	儋县	琼州儋县王五市富源号	存照
5	梁安洋		25	文昌	文昌县冠南市元顺堂转	存照
6	符之筠	福崇	23	文昌	琼州海口南顺号转	
7	黄席珍	邦珍	22	文昌	文昌县泰丰盛号转	存照
8	韩锦桐	辑丰		文昌	文昌县锦山市赤澳洋村	转学航空学校
9	蔡其仑	泰登	24	文昌	广东琼州文昌县文教市裕隆昌号转	转学航空学校;存照

中央陆军军官学校(南京本校)第十一期

第一总队(1934年9月—1937年8月)
第二总队(1934年9月—1937年10月)

序列	姓名	别号/字	年龄	籍贯	通信地址/说明	备注
1	云茂邃			文昌	文昌县龙马市莲花心村	补录
2	王仍宗		23	澄迈	广东琼州海口长堤万泰宝号交北雁里	
3	王恺		23	澄迈	广东琼州澄迈金江市万盛号交	
4	丘寿星	剑豪	23	澄迈	琼州金江市新盛号转新云村	存照
5	丘凌云		23	澄迈	广东澄迈县金江市美丰号交丘家村	
6	何实图		22	文昌	广东琼州罗豆市广顺堂转	
7	何瑞德		24	文昌	琼州文昌县城利兴号	存照
8	吴业廉		25	澄迈	琼州澄迈县白莲市邮局转白莲村	存照
9	吴泽炫	叔炯	23	琼东	广东琼州琼东长玻市邮局转	
10	李本藩			儋县	湖南档案馆《黄埔军校同学录》未见其名,据《黄埔军校将帅录》补	补录
11	林之梧	碧轩	22	文昌	广东文昌白延市计昌宝号转	
12	林熙钊	觐周	24	文昌	琼州文昌县白延市和记信局黄鸿三	
13	韩学元			文昌	文昌县迈号市水北村	补录
14	蒙国梁		22	崖县	琼崖藤桥市蒙家	

中央陆军军官学校（南京本校）第十二期

（1935 年 9 月 28 日—1938 年 1 月 20 日）

序列	姓名	别号/字	年龄	籍贯	通信地址	备注
1	王天贵	德光	25	澄迈	广东澄迈县邮局转加乐市交衡前坡村	存照
2	王玄	声寿	22	文昌	广东文昌白延市广昌隆号	存照
3	王仲	德荣	24	定安	琼州定安县枫木市美益号转市前村	存照
4	王实猷	毅明	23	琼山	琼州琼山县城西门外达士巷十七号	存照
5	王炎城	卓云	22	琼山	琼州琼山县三江市王恒泰号	存照
6	王海宗		21	澄迈	广东澄迈北雁里	存照
7	王锐	民三	24	琼山	琼州咸凉市邮局交	存照
8	王儒魁	文林	22	崖县	琼州崖县港门市武记号	存照
9	冯裕晶		23	琼山	琼州琼山县新金堆市合作社	存照
10	邢小如	福果	21	文昌	广东文昌便民市美记转	存照
11	邢炎	益明	23	文昌	琼崖文昌白延市惠民医院转	存照
12	邢福瑞	竟民	25	文昌	广东文昌洒市谈天堂	存照
13	何芳泰	斗南	22	澄迈	琼州澄迈新吴镇邮局转双安里	存照
14	吴天阶		22	琼山	广东琼山县城忠介路一八九号	存照
15	吴坤禄	善亭	22	文昌	琼崖琼山县马陵沟市铜鼓坡村	存照
16	李果珍	成仑	24	澄迈	广东琼崖澄迈瑞溪市邮局转罗浮村	存照
17	李重光	向和	25	琼山	广东琼州定安城南兴利号转潭青村	存照
18	李楠	德贤	23	澄迈	广东澄迈县丰盈信柜交民化学校	
19	陆兴玲	与玲	22	文昌	广东文昌县重兴市邮局	存照
20	陈廷章	自谦		琼山	琼山县苍原村	补录
21	陈宗孔	所位	22	澄迈	广东澄迈县金江市邮局转加乐市福和号	存照
22	陈继明	德馨	22	琼山	琼州山江镇恒泰号	存照
23	唐敏晃	惠霖	21	万宁	广东万宁北坡市万安堂交	存照
24	梁开齐	平夫	22	澄迈	琼州澄迈县瑞溪市邮局转博罗村	存照
25	蔡卓文			琼山	琼山县益来乡文多村	补录

中央陆军军官学校（南京本校）第十三期

（1936年9月1日—1938年9月16日）

序列	姓名	别号/字	年龄	籍贯	通信地址	备注
1	王学轩			澄迈	澄迈县北雁村	补录
2	吴多艺		24	文昌	广东文昌迈号市成隆号	存照
3	吴锦云	华雯	20	琼山	琼山县东山市卡外寿昌号	存照
4	陈狄佛	友辅	20	文昌	新加坡芒果路一五四号潘源泉宝号	存照
5	陈昌一	平波	23	文昌	琼州文昌县冠南市万安药材	存照
6	林庆吾		22	文昌	广州法政路六合园第四号	存照
7	郑之英		22	文昌	广东琼州文昌县合隆号	
8	梁竹轩	振江	23	文昌	琼州文昌迈号市利昌号	存照
9	梁宗禹	克任	22	儋县	儋县光村市梁源记号转	存照
10	符树仁	仙民	23	文昌	广东文昌文教市泰安号	存照
11	谢来增	益川	24	儋县	广东儋县王五市	存照
12	韩鹏定		23	万宁	广东万宁县城协和号	存照
13	韩鉴丰	镜川	22	文昌	琼州文昌水北市邮柜转	存照
14	詹忠柏		22	文昌	南洋英属嘚哼关丹缅街二十八号	存照

中央陆军军官学校（成都本校）第十四期

第二总队（1937 年 10 月 26 日—1939 年 10 月）

序列	姓名	别号/字	年龄	籍贯	通信地址	备注
1	王三贤		25	琼山	琼山县东山镇广济堂转福充乡	存照
2	王三育	南中	22	澄迈	琼州澄迈县加乐市卡雁里	存照
3	王国鼎		22	定安	广东定安新吴市利兴号	存照
4	王俨荣	伯庄	22	定安	琼州嘉积石壁市协新昌号转	存照
5	王恩训	维杰	22	琼山	广东琼州定安城福兴号	存照
6	韦得勋	子启	23	琼山	广东琼州定安县丰兴号转	存照
7	叶元桐	雄飞	22	定安	广东定安德兴号	存照
8	孙毅		20	文昌	广东琼州文昌县南和号交	存照
9	麦永干	贞固	22	崖县	崖县港门乡立第二小学转	存照
10	苏家生	捉拔	22	文昌	文昌锦山市广合盛号	照片说明为李家铁
11	李秀球	玉璋	24	澄迈	广东澄迈白莲市罗驿乡	存照
12	李高谋		21	琼山	广东琼州海口南门内和利号	存照
13	吴泽炎	淹	23	琼东	广东琼州文昌县烟墩市源丰盛	存照
14	吴乾南	宗程	23	澄迈	澄迈丰盈市拔南村	存照
15	何和鑫		22	文昌	广东文昌迈号市邮局转交	存照
16	陆有崧	碧深	21	崖县	崖县中学交	存照
17	陈之铣	季泽	21	万宁	广东万宁城东外陈三宅	存照
18	陈玉琴	世英	21	文昌	广东文昌第五区后坡村	存照
19	林如云		20	文昌	广东文昌白延市百福村	存照

续表

序列	姓名	别号/字	年龄	籍贯	通信地址	备注
20	林坚	雨田	21	文昌	广东文昌文教市协盛号转	存照
21	林铨熙	治平	23	文昌	文昌县白延市凤会村	存照
22	周永维		22	乐会	广东琼崖嘉积市南门会兴昌	存照
23	郑侠民		23	文昌	广东文昌锦山镇合初号交	存照
24	郑绍镪	一琴	22	崖县	崖县县立中学转	存照
25	徐英	鸣守	24	澄迈	琼崖澄迈金江市万利店	存照
26	崔家铎		25	乐会	广东琼州嘉积石壁市琼南昌号	存照
27	符广礼		21	澄迈	澄迈县金江市陈新盛号	存照
28	韩云鹏		21	文昌	广东文昌水白市上宅村	存照
29	韩华	圣畴	20	文昌	广东文昌潭牛市宝昌号转敦诗村	存照
30	覃慧	荣英	24	琼山	琼崖定安县南兴利号转玉下村	存照
31	曾祥云		21	澄迈	广东澄迈新吴市广泰号转冲尾村	存照
32	黎运栋		24	定安	琼州文曲市协昌盛号	存照

中央陆军军官学校（成都本校）第十五期

（1938 年 1 月 1 日—1940 年 7 月 21 日）

序列	姓名	别号/字	年龄	籍贯	通信地址	备注
1	马特杰	琼林	22	琼山	新加坡柔佛士乃和昌号	
2	云逢义		21	文昌	成都走马街小巧饭店	泰国华侨
3	邓国璋		22	琼东	广东琼东嘉积市新民街永利大宝号转	
4	邓期琨	桑	27	琼东	广东琼州嘉积市邓永利号转	
5	龙世寿	腾	26	乐会	广东琼崖嘉积市邮局交	
6	史启恩	炎光	25	乐会	广东琼州嘉积市新民街公泰兴号	
7	冯祥		25	琼东	广东琼州嘉积市木料行协丰隆号	
8	吉承侠		21	崖县	崖县西里冲坡村	
9	李民力	则一	26	乐会	香港海皮街华人冰室	
10	李向前	述光	27	乐会	广东琼州嘉积市北新村交	
11	陈世荣		24	文昌	琼崖文昌县便民镇门牌二一二号	存照
12	符健	柏松	24	临高	琼州临高县加来市邮局交	
13	韩文元	克龙	21	文昌	泰国曼谷三清红桥下船坞宝全利门牌一二四号	
14	黎景燊	大炎	21	定安	广东琼州嘉积文曲市协昌盛信局转	

中央陆军军官学校(成都本校)第十六期

第一总队(1938 年 10 月—1940 年 12 月 25 日)

第二总队(1939 年 1 月 17 日—1939 年 7 月)

第三总队(1939 年春—1940 年 4 月)

序列	姓名	别号/字	年龄	籍贯	通信地址/说明	备注
1	丁碧波		23	文昌	南洋新加坡四马路潘源泉号	存照
2	任大衡	中伟	20	崖县	广东琼州崖县临高市嘉祥号转	存照
3	何健民		22	文昌	文昌县土苑市美清号	存照
4	吴文濂		24	文昌	文昌县头苑市美源号	
5	吴多贵	松	26	文昌	文昌县迈号市邮局转	
6	李春和	壁山	20	澄迈	澄迈瑞溪市仙儒村	存照
7	李新时		21	文昌	文昌县城内启智巷二三号	存照
8	李懋辉	明星	24	崖县	琼州藤桥市美昌泰号	存照
9	苏家伟	追天	23	文昌	文昌县东阁市龙井村	存照
10	陈亲禄	衡	22	崖县	琼州崖县抱望乡孚望小学转	存照
11	陈春楫	梁材	25	乐会	广东乐会县益寿药堂	存照
12	周长海	绍纶	22	琼东	琼东县泰元堂	存照
13	周成熊	立棱	22	琼山	琼山滨丰市谭德村	存照
14	林日骏	必为	25	文昌	文昌白延市万瀛村	存照
15	林廷喜	性初	21	文昌	南洋英属双溪南眉埠/文昌县湖峰村	存照
16	林熙统	诚	21	文昌	文昌白延市养成信柜交凤岐山村	存照
17	林熙略	崇英	21	文昌	文昌白延市养成乡信箱	存照
18	林鹤飞	坚武	23	文昌	文昌县白延市文林信柜	存照
19	莫诗谟		21	琼山	琼山县大坡市	存照
20	梁开霄		22	澄迈	澄迈瑞溪市信箱	存照
21	韩安丰		24	文昌	文昌县厚安村	存照
22	蒙光汉	铁垣	22	定安	广东琼崖定安文曲市遂昌隆	存照

中央陆军军官学校（成都本校）第十七期

第一总队（1940 年 4 月 15 日—1942 年 4 月 12 日）
第二总队（1940 年 5 月 6 日—1942 年 11 月 2 日）
第三总队（1940 年 6 月 12 日—1942 年 2 月 15 日）

序列	姓名	别号/字	年龄	籍贯	通信地址	备注
1	文华舒		24	文昌	文昌县白延市邮局转南坡村	存照
2	王安愈	业发	23	文昌	广东文昌东郊市良梅村	存照
3	王集清	澄池	23	琼山	琼山大坡市四乡信箱转	存照
4	李高道	山大	20	琼山	琼州琼山东堡乡	存照
5	周家麟		21	琼山	福建福州马尾如卢	存照
6	施武君	仁政	24	琼东	广东琼东县里文市礼水村	存照
7	符气通	威	23	文昌	文昌白延市广昌隆号转	存照

中央陆军军官学校(成都本校)第十八期

第一总队(1941 年 4 月 1 日—1943 年 2 月)

第二总队(1941 年 12 月 25 日—1943 年 10 月)

序列	姓名	别号/字	年龄	籍贯	通信地址	备注
1	符大森	柏山	23	文昌	广东文昌县罗豆市潭头村	存照
2	潘正玻		20	文昌	琼州文昌抱罗市西村	存照
3	蒙烈传	绍武	26	定安	琼州嘉积石壁市仙塘村	存照
4	黄海波		24	琼山	广东定安福兴号转	存照

中央陆军军官学校（成都本校）第十九期

第一总队（1942 年 12 月 25 日—1945 年 4 月）

第二总队（1942 年 12 月 25 日—1945 年 3 月）

序列	姓名	别号/字	年龄	籍贯	通信地址	备注
1	黄文标	守坚	26	文昌	文昌清澜市乡公所转	存照
2	邢诒金		22	文昌	文昌东关市长益号	存照
3	林密	茂芳	24	临高	广东临高县加来市	存照
4	丘俊龙	裕仁	22	澄迈	澄迈县金江市内阁堂村	存照
5	梁振桂	钧	23	文昌	文昌县烟墩墟岐山村	存照
6	林强	乾立	20	琼山	广州见龙里四号	存照
7	符昭佳		25	文昌	文昌白延市福泰号	

中央陆军军官学校(成都本校)第二十期

(1944 年 3 月 20 日—1946 年 12 月 25 日)

序列	姓名	别号/字	年龄	籍贯	通信地址	备注
1	王隆逊	英	23	澄迈	广东琼州澄迈县金江下市吴多深转	存照
2	邢国秀			文昌		存照
3	刘聘中		24	澄迈	广东曲江靖村欧家巷第五号	存照
4	陈保国		22	琼山	广州市小北路攀桂坊第二十一号	存照
5	林廷超			文昌	文昌白延区文彬村	存照
6	康强健	鸿典	25	琼东	广东琼州琼东县城中山街七四号	存照

陆军军官学校（成都本校）第二十一期

第一、第二大队（1944 年 6 月 1 日—1947 年 8 月 22 日）

序列	姓名	别号/字	年龄	籍贯	通信地址	备注
1	吴强	运琼	24	文昌	广东琼州文昌县凌椿村	存照
2	莫经纶		23	定安	广东定安仙屯乡	
3	陈国忠		23	万宁	广东万宁县城恒兴号转	存照
4	吴江勋	俊南	23	琼山	广东琼山烈楼市邮局转	存照

陆军军官学校(成都本校)第二十二期

第一总队(1947年12月29日—1949年2月12日)

第二总队(1948年7月7日—1949年7月)

序列	姓名	别号/字	年龄	籍贯	通信地址	备注
1	王家茂	鹤林	23	琼山	琼山县东山市广济药房	
2	王铨	昭天	21	定安	定安仙沟市仙沟乡公所收转春内村	
3	刘志英			文昌		存照
4	刘定民	秉倍	23	万宁	万宁启明书局	
5	吴泽灏			文昌		存照
6	张炳泰	维	22	定安	定安县龙门市广济药房交	
7	陈子正	英	22	万宁	广东万宁县城保安药房	
8	陈文蔚			文昌		存照
9	陈百川			文昌		存照
10	陈育群	可玉	21	文昌	广东文昌文教市东安药房	
11	林师尧			文昌		存照
12	徐俊			崖县	海南岛崖县临高市杨振兴号转	
13	符建池			文昌		
14	符健勋			文昌		存照
15	韩谦丰			文昌		存照
16	韩璧武			文昌		存照
17	潘潜夫			文昌		存照
18	魏邦平		19	定安	定安县龙塘市益元药房交	

陆军军官学校（成都本校）第二十三期

第一总队(1948 年 12 月 1 日—1950 年春)

第二总队(1949 年 1 月—1950 年春)

序列	姓名	别号/字	年龄	籍贯	通信地址	备注
1	韩龙光	俊	19	文昌	广东文昌水北市南薰村	

第二部分
黄埔分校琼籍学生名录

中央陆军军官学校广州分校

【本期说明】20世纪20年代末,粤系军阀陈济棠在广州燕塘创建广东军事政治学校。1931年起,广东军事政治学校陆续招收第一、第二期学生和各期军官班等。第一、第二期学生总队学员多带职入学,教育时间分别为2年10个月和4年1个月,并分别于1934年和1937年毕业,比叙本校十一期三、四总队。1936年,广东军事政治学校改称"中央陆军军官学校(中央军校)广州分校",1938年改称"中央陆军军官学校第四分校"。广州分校(后称"四分校")海南籍学生不少,虽然煞费苦心,但还是难以还原广州分校各期海南学子真容。寻找黄埔先辈名录,搜寻难度不小。本表名单寻踪很笼统,比较完整的是文昌籍黄埔后人符策忠先生提供的《中央陆军军官学校广州分校第一期学员总队同学录》(以下简称《广州分校第一期同学录》),其中录得31位同学照片;其他同学的信息则来自《海南省黄埔军校同学会会员通讯录》《中央训练团第九军官总队通讯录》《黄埔军校将帅录》等文献资料及后人提供的毕业徽章等遗物证明。

序列	姓名	籍贯	别号/字	年龄	期数	通信地址	资料来源
1	丁运东	文昌			中央军校广州分校	文昌清澜红庄青头山村	海南黄埔同学通讯录
2	云玉材	文昌		36	中央陆军军官学校广州分校第一期学员总队	海口市转昌里乡官墩村	广州分校第一期同学录/存照
3	云光华	文昌			四分校第二期学员总队	文昌菠萝市石盘村	中训团第九军官总队通讯录
4	云侠飞	文昌		29	中央陆军军官学校广州分校第一期学员总队	文昌头苑市邮局	广州分校第一期同学录/存照
5	云昌雄	文昌		27	中央陆军军官学校广州分校第一期学员总队		广州分校第一期同学录
6	孔庆文	琼东		26	中央陆军军官学校广州分校第一期学员总队		广州分校第一期同学录/存照
7	文华扬	文昌			中央军校广州分校	文昌白延区凤会南坡村	海南黄埔同学通讯录

续表

序列	姓名	籍贯	别号/字	年龄	期数	通信地址	资料来源
8	王旭南	琼山		30	中央陆军军官学校广州分校第一期学员总队		广州分校第一期同学录
9	王运谦	文昌		33	中央陆军军官学校广州分校第一期学员总队		广州分校第一期同学录
10	王莆林	琼山	明儒		中央军校广州分校第一期/中央军校军官高等教育班第十期	琼山长流乡美德村	海南近代人物志
11	王恩瀛	琼山	士行		中央军校广州分校第二期学员总队	琼州定安	中训团第九军官总队通讯录
12	冯树荫	澄迈		27	中央军校广州分校第一期	澄迈县白莲市石双村	广州分校第一期同学录/存照
13	龙光一	文昌			中央军校广州分校第一期		黄埔军校将帅录
14	伍国梁	文昌		29	中央陆军军官学校广州分校第一期学员总队		广州分校第一期同学录
15	刘唐波	琼东	兆麟		中央军校广州分校第一期	琼东崇义乡公所转	中训团第九军官总队通讯录
16	许琴堂	万宁			中央军校广州分校		中训团第九军官总队通讯录
17	邢仁民	文昌			中央军校广州分校	文昌蛟塘市邮局转	中训团第九军官总队通讯录
18	邢诒子	文昌		29	中央陆军军官学校广州分校第一期学员总队	文昌白延市益三号转	广州分校第一期同学录/存照
19	邢森	文昌		28	中央陆军军官学校广州分校第一期学员总队	文昌县蛟塘市文湖村	广州分校第一期同学录/存照
20	齐祥麟	文昌			中央陆军军官学校广州分校第一期学员总队	海口市海秀大道2号	海南黄埔同学通讯录

续表

序列	姓名	籍贯	别号/字	年龄	期数	通信地址	资料来源
21	严警钟	文昌		31	中央陆军军官学校广州分校第一期学员总队		广州分校第一期同学录
22	何和荣	文昌	定之		四分校（广州分校）第四期步科/岭南大学/中央航空学校广州分校	文昌迈号名山村	黄埔军校将帅录
23	何敦恕	文昌		31	中央陆军军官学校广州分校第一期学员总队		广州分校第一期同学录
24	吴南邦	崖县			中央军校广州分校	崖县多一村	笔者采访稿
25	吴德中	琼山	达中		中央陆军军官学校广州分校第一期学员总队	琼山龙塘市美有村	台湾"国史馆"档案/存照
26	吴德明	琼山		30	中央陆军军官学校广州分校第一期学员总队		广州分校第一期同学录
27	岑孟雅	定安		27	中央陆军军官学校广州分校第一期学员总队	定安翰林市益元号	广州分校第一期同学录/存照
28	张运政	文昌			四分校第二期学员总队		海南黄埔同学通讯录
29	张觉初	文昌		31	中央陆军军官学校广州分校第一期学员总队	文昌土苑市广来安药材	广州分校第一期同学录/存照
30	李抱一	万宁		23	中央陆军军官学校广州分校第一期学员总队	琼州万宁县北坡市苏同仁堂转	广州分校第一期同学录/存照
31	李泽民	万宁		30	中央陆军军官学校广州分校第一期学员总队	万宁县城永福药房转	广州分校第一期同学录/存照
32	李重光	万宁		27	中央陆军军官学校广州分校第一期学员总队	琼崖万宁县城万济堂转	广州分校第一期同学录/存照
33	李烈光	文昌			广州分校第二期/南京步校步科	文昌宝芳市文林村	中训团第九军官总队通讯录
34	李遴灏	琼东			中央军校广州分校	琼东县福和乡山兰园村	黄埔军校将帅录

续表

序列	姓名	籍贯	别号/字	年龄	期数	通信地址	资料来源
35	陈廷钧	琼山		30	中央陆军军官学校广州分校第一期学员总队	海口关部前易知小学转	广州分校第一期同学录/存照
36	陈国纲	万宁		29	中央陆军军官学校广州分校第一期学员总队	万宁县王春园转宝田屯	广州分校第一期同学录/存照
37	陈贵忠	崖县	波		中央陆军军官学校广州分校第一期学员总队	崖县黄流市胜达局转	中训团第九军官总队通讯录
38	陈泰来	文昌		29	中央陆军军官学校广州分校第一期学员总队	文昌县迈号市福隆号转	广州分校第一期同学录/存照
39	陈琼新	琼山		30	中央陆军军官学校广州分校第一期学员总队	海口市关部前易知小学	广州分校第一期同学录/存照
40	陈谭	文昌		26	中央陆军军官学校广州分校第一期学员总队		广州分校第一期同学录
41	陈镇容	琼山		27	中央陆军军官学校广州分校第一期学员总队	海口市中山路合和号	广州分校第一期同学录/存照
42	周世爵	琼山	仁甫	31	中央陆军军官学校广州分校第一期学员总队	琼山龙塘市富道村	今存毕业徽章/存照
43	林飞熊	崖县		29	中央陆军军官学校广州分校第一期学员总队	崖县九所市中灶村	广州分校第一期同学录/存照
44	林华光	万宁			四分校第二期军官教育队	万宁县城源隆号	中训团第九军官总队通讯录
45	林诗学	文昌			广州分校第二期学员总队	文昌县白延区沙港村	海南黄埔同学通讯录
46	林香山	文昌		23	中央陆军军官学校广州分校第一期学员总队	文昌文教市邮局转	广州分校第一期同学录
47	林敬先	文昌			广州分校第二期学员总队	文昌白延市文林乡	中训团第九军官总队通讯录

续表

序列	姓名	籍贯	别号/字	年龄	期数	通信地址	资料来源
48	钟杨周	琼山		30	中央陆军军官学校广州分校第一期学员总队		广州分校第一期同学录/存照
49	候元燊	文昌			中央陆军军官学校广州分校	文昌县城沿江路	海南黄埔同学通讯录
50	梁安烈	定安	经义		四分校第二期学员步科	定安县城中正路	中训团第九军官总队通讯录
51	梁国伍	文昌	汝川	38	四分校第一期	文昌烟墩邮局	中训团第九军官总队通讯录
52	梁定中	文昌	信刚		中央陆军军官学校广州分校	文昌烟墩市土国村	中训团第九军官总队通讯录
53	梁岳中	文昌		32	中央陆军军官学校广州分校第一期学员总队	文昌烟墩市邮局转	广州分校第一期同学录/存照
54	梁若亭	文昌	柏		中央军校广州分校第二期学员总队/军令部参谋班九期	文昌蛟塘市邮局	中训团第九军官总队通讯录
55	符允中	儋县		26	中央陆军军官学校广州分校第一期学员总队	琼州那大市益新号交	广州分校第一期同学录/存照
56	符会云	文昌			中央陆军军官学校广州分校第一期学员总队	文昌抱芳乡下敦村	广州分校第一期同学录/存照
57	符克平	文昌			四分校第一期学员总队	文昌东郊市长春村	中训团第九军官总队通讯录
58	符明华	琼山		29	中央陆军军官学校广州分校第一期学员总队	琼州海口中山路大丰利旅店转	广州分校第一期同学录/存照
59	符泰阶	文昌		30	中央陆军军官学校广州分校第一期学员总队	文昌县东郊市广源昌号	广州分校第一期同学录/存照
60	符道周	文昌		29	中央陆军军官学校广州分校第一期学员总队	海口水巷口东成瓷器店	广州分校第一期同学录/存照

续表

序列	姓名	籍贯	别号/字	年龄	期数	通信地址	资料来源
61	符端贵	文昌		30	中央陆军军官学校广州分校第一期学员总队	文昌翁田市王堂村	广州分校第一期同学录/存照
62	黄玉辉	文昌		29	中央陆军军官学校广州分校第一期学员总队		广州分校第一期同学录
63	黄守伯	文昌			中央陆军军官学校广州分校第一期学员总队	文昌冠南乡公所转	中训团第九军官总队通讯录/存照
64	黄自强	万宁			中央陆军军官学校广州分校	万宁县城邮局转	中训团第九军官总队通讯录
65	黄海清	万宁		29	中央陆军军官学校广州分校第一期学员总队	万宁县北坡市苏同仁堂	广州分校第一期同学录/存照
66	谢晋机	文昌			中央陆军军官学校广州分校	文昌烟墩市甘封昌村	中训团第九军官总队通讯录
67	韩日光	文昌			中央陆军军官学校广州分校	文昌迈号市	中训团第九军官总队通讯录
68	韩均	文昌		26	中央陆军军官学校广州分校第一期学员总队		广州分校第一期同学录
69	韩略	文昌			广东军事政治学校军官深造班/中央陆军军官学校广州分校第一期学员总队		中央警官学校第七期同学录
70	韩职儒	文昌			四分校第二期学员总队	文昌锦山市山雅村	中训团第九军官总队通讯录
71	詹开亲	文昌		26	中央陆军军官学校广州分校第一期学员总队		广州分校第一期同学录
72	詹龙彪	文昌		29	中央陆军军官学校广州分校第一期学员总队		广州分校第一期同学录

续表

序列	姓名	籍贯	别号/字	年龄	期数	通信地址	资料来源
73	詹行奉	文昌		30	中央陆军军官学校广州分校第一期学员总队	海口市中山街同泰兴旅店	广州分校第一期同学录/存照
74	蔡锐	琼山	坚吾		四分校第二期学员总队/遵义步兵学校校官班	琼山会文市沙港村	中训团第九军官总队通讯录
75	潘铁魂	文昌		26	中央陆军军官学校广州分校第一期学员总队	文昌县公坡市永泰号	广州分校第一期同学录/存照

中央陆军军官学校第十二期广州分校学生总队

【本期说明】1936 年秋,蒋介石明令在广州燕塘创办的广东军事政治学校改为中央陆军军官学校广州分校(至 1938 年 1 月,广州分校改称"第四分校")。广州分校开学后,将旧日学员、学生施以甄别,按黄埔序列编为第十二期广州分校学生总队。教育时间为 1 年半,毕业人数为 786 人,1938 年 4 月毕业于德庆。据资料统计,黄埔第十二期生多数倒在抗日的战场上,从此他们再未还乡。有的,未及留下一句遗言、一件遗物。加之文献记载之缺失,多数成了被社会遗忘的英雄。本期同学资料全部来自《中央陆军军官学校第十二期广州分校学生总队同学录》,该同学录难得一见,其中琼籍 49 位同学均有照片,照片制作很具创意。第十二期同学的资料搜集之用心,功劳应归于中央军校第十一期生、上海"四行仓库保卫战"五二四团一营一连上尉连长陶杏春(文昌籍)长子陶祚潮先生,他为笔者提供了其中的 13 张照片和部分名录。另外,琼山籍李春华同学照片由黄埔第六期邢策外孙、现侨居澳大利亚墨尔本的张磊先生所奉送,在此特别表示感谢。本书广东军事政治学校政治深造班第一期 13 位琼籍同学照片亦为陶祚潮先生提供,在此一并表示感谢。

序列	姓名	籍贯	别号/字	年龄	学历	通信地址	备注
1	王文华	琼山		20	琼海中学毕业	琼州海口邮政局转永西乡永兴邮信柜转交	存照
2	王秀儒	澄迈	斌	21	广东省立第六师范学校高中肄业	澄迈县加乐市邮局转仁村	存照
3	王国榜	琼山					存照
4	王钦和	琼东	日省	22	广东省立第十三中学毕业	琼崖嘉积市聚兴昌号转	存照
5	王殷三	琼山		27	琼山中学毕业	琼山县东山市广济堂转	存照
6	王辅英	琼山	维华	24	琼山中学毕业	琼山东山市广济号	存照
7	丘世贵	儋县		25	琼海中学毕业	琼州那大市合生堂号转文群村	存照
8	卢仁山	崖县	伦义	24	崖县县立中学毕业	崖县五区黄流市顺昌号转	存照
9	叶元盛	定安		25	琼海中学校毕业	定安县城德兴号转	存照

续表

序列	姓名	籍贯	别号/字	年龄	学历	通信地址	备注
10	关绪炳	崖县		24	广州市培桂中学校高中毕业	崖县秦标村	存照
11	刘勉之	文昌	希文	24	文昌县立中学毕业	文昌县头苑市邮局转交后港村	存照
12	孙光复	崖县		23	上海市复旦大学肄业	崖县教育会转	存照
13	孙逢吉	崖县	伯康	22	崖县中学毕业,附设高中师范毕业	崖县五区黄流市德昌号转(多一村)	存照
14	朱荣春	文昌	庶齐	26	广东省立第一师范高中师范科修业	文昌县和生华房交	存照
15	许定南	儋县	位联	26	中学毕业	儋县南华市	存照
16	吴世宅	定安		25	广东省立第六师范学校毕业		存照
17	吴时屏	文昌	伯陶	24	文昌县立中学毕业	文昌便民市	存照
18	吴持正	定安			琼海中学毕业	定安县黄竹市天生号	存照
19	岑国琼	澄迈	德民	23	广东省立琼崖师范高中肄业		存照
20	张书铨	文昌	孟天	22	安南中学毕业,广州市知用中学校高中毕业	文昌县城万成号	存照
21	李春华	琼山	炎	24	广东省立第六师范学校毕业	琼山十字路市邮政局转道厚村	存照
22	李美璧	临高	荆山	23	琼海中学毕业	临高县城内同春堂转	存照
23	陈玉春	文昌	志华	23	广东省立第六师范学校高中部毕业	琼州罗豆市就安堂转	存照
24	陈兆东	文昌	肖鸿	24	星嘉坡华侨中学高中毕业	文昌县公坡市广济安号转	存照
25	陈自骦	琼山	廷章	22	琼山中学毕业	琼州定安县福兴号转琼山县第四区	存照
26	陈景云	澄迈	卓余	24	广东省立第六师范学校毕业	澄迈县瑞溪市陈荣寿堂	存照
27	陈鼎新	文昌	学齐	26	文昌县立中学毕业		存照
28	周文辉	乐会		25	省立十三中学毕业	琼州嘉积市意利号转	存照

续表

序列	姓名	籍贯	别号/字	年龄	学历	通信地址	备注
29	周昭武	琼山		23	省立第六师范学校肄业		存照
30	周炳文	琼山	世骥	24	广州大学高中普通科毕业	琼山龙塘区龙光乡富道村	存照
31	周祥五	崖县	艺萍	23	崖县县立中学毕业	崖县第一区智育乡	存照
32	林光谟	乐会	列宣	25	广东省立十三中高中师范毕业	琼州嘉积市南通号	存照
33	林崧南	儋县	柱中	22	儋县县立中学毕业	儋县县党部转	存照
34	林鸿甲	文昌	鼎三	21	中华中学毕业		存照
35	洪智	澄迈	握机	22	广东省立十三中学毕业	澄迈县金江市第一小学校转	存照
36	胡濬	琼东	文海	23	省立琼崖中学毕业	琼崖嘉积市意利号转桥头村	存照
37	容达英	崖县		22	崖县县立中学毕业	崖县东关镇怡和号转	存照
38	容国材	崖县	觉琼	22	崖县县立中学毕业	崖县城外东关市怡和大药房	存照
39	郭景略	澄迈		24	琼海中学毕业	澄迈县老城市邮局转大场村	存照
40	梁鼎章	琼山					存照
41	符世香	文昌		23	广东省立第六师范毕业	文昌县烟墩(资料记"熟")市	存照
42	黄守范	文昌		24	广东省立第六师范毕业	文昌县潭牛市宝昌号转	存照
43	谢子武	临高	汝能	24	广州知行中学毕业	临高县城内利济堂转	存照
44	谢自俊	文昌		21	广东私立琼海中学毕业	文昌湖山市茶园村	存照
45	谢家槐	儋县		22	广州教忠中学校高中毕业	儋县中和镇米巷街玉树堂谢	存照
46	韩侠	文昌	鼎新	24	文昌初中毕业,民大高中毕业	文昌县昌洒市永成利号转	存照
47	韩荣辉	文昌	伟民	24	广东教忠师范毕业	琼州锦山市大盛号转下酉村	存照
48	詹习儒	文昌					存照
49	蔡克谐	万宁		23	琼海中学毕业	万宁县和乐市广兴号转	存照

中央陆军军官学校四分校第十三期学生总队

【本期说明】中央陆军军官学校四分校第十三期计 1 个学生总队,毕业人数 717 人,其中海南籍 49 人。教育时间 1 年半,于 1938 年 8 月在德庆毕业。同年 8 月 1 日,文昌人韩汉英在德庆四分校校部宣誓就任四分校主任。是年冬,为躲避战火,四分校迁址广西宜山。本期诸位学生,奉行亲爱精诚校训,为国家为民族而追随先烈步伐,他们多数奔赴抗日疆场,英勇杀敌。

序列	姓名	籍贯	别号/字	年龄	通信地址	资料来源
1	云维容	文昌				第十三期第四分校学生总队同学录/存照
2	孔昭钵	琼东	子全	22	琼州琼东长坡市文子村	第十三期第四分校学生总队同学录/存照
3	王三麟	琼山	者师	23	琼山县东山镇广济堂转	第十三期第四分校学生总队同学录/存照
4	王云开	文昌	若虚	24	文昌县昌洒区昌吉中村	第十三期第四分校学生总队同学录/存照
5	王辅蕃	琼山	衍三	23	琼山东山镇广济堂转	第十三期第四分校学生总队同学录/存照
6	史立亮	琼山		21	琼山县琼安市夏比里	第十三期第四分校学生总队同学录/存照
7	史绍唐	文昌			文昌铺前市	中训团第九军官总队通讯录
8	许志明	琼山		23	文昌蛟塘市益隆昌号转下昌村	第十三期第四分校学生总队同学录/存照
9	许忠	琼山	衍邦	23	琼山县第八区大坡市会安堂交	第十三期第四分校学生总队同学录/存照
10	邢受章	文昌	诒蔓	25	文昌宝昌市美柳村	第十三期第四分校学生总队同学录/存照

续表

序列	姓名	籍贯	别号/字	年龄	通信地址	资料来源
11	何天运	定安	抗	23	定安仙沟市裕芳号转	第十三期第四分校学生总队同学录/存照
12	何世凤	乐会			乐会县中原市莲花蛹村	海南近代人物志
13	何汝钦	乐会		27		第十三期第四分校学生总队同学录/存照
14	何和民	文昌	健三	27	文昌便民市源益隆号	第十三期第四分校学生总队同学录/存照
15	何国	乐会				第十三期第四分校学生总队同学录/存照
16	吴汉强	琼山		21	琼山府城忠介路吴顺兴号转	第十三期第四分校学生总队同学录/存照
17	吴生实	琼山	新甫	22	琼州府城西门王琏昌号转	第十三期第四分校学生总队同学录/存照
18	张固	文昌	运财		文昌县烟墩乡后田村	海南近代人物志
19	张裕恒	文昌		22	文昌县万成号转	第十三期第四分校学生总队同学录/存照
20	李常五	琼东			崖县县党部转	中训团第九军官总队通讯录
21	李琼璧	澄迈	北辰		澄迈县长安镇吉美村	海南近代人物志
22	沈廷芳	儋县	珍矛	23	儋县那大市茂兴号转	第十三期第四分校学生总队同学录/存照
23	陈文英	文昌		23	文昌东郊市玉石村	第十三期第四分校学生总队同学录/存照
24	陈文英	文昌	威那	24	琼州海口昌洒市永泰和号	第十三期第四分校学生总队同学录/存照
25	陈圣典	临高				第十三期第四分校学生总队同学录/存照

续表

序列	姓名	籍贯	别号/字	年龄	通信地址	资料来源
26	陈昌壹	文昌			文昌冠南市	中训团第九军官总队通讯录
27	陈英才	琼山		25	琼山县龙桥市邮局转	第十三期第四分校学生总队同学录/存照
28	陈炳轩	澄迈	杨洲		澄迈县文儒区	海南黄埔同学通讯录
29	陈策安	琼山	安昂	22	琼山十字路市陈永村	第十三期第四分校学生总队同学录/存照
30	周永鑫	琼山	密	23	广州市东皋大道	第十三期第四分校学生总队同学录/存照
31	周济民	琼山	善卿	26	琼州府城西门街王达昌号	第十三期第四分校学生总队同学录/存照
32	林中瑾	文昌	家瑜	1915	文昌县宝芳市鳌头村	海南近代人物志
33	林立军	临高		21	琼州南丰镇新兴街	第十三期第四分校学生总队同学录/存照
34	林鸿钰	文昌	栋伍			黄埔军校将帅录
35	郑邦琼	琼山		21	琼山县龙塘区玉成村	第十三期第四分校学生总队同学录/存照
36	郑勇光	琼山	庶明	25	琼山博铺市邮局转	第十三期第四分校学生总队同学录/存照
37	洪世炜	琼山			琼山县东山区前进乡	海南黄埔同学通讯录
38	钟开儒	文昌		22	文昌便民市东兴祥转	第十三期第四分校学生总队同学录/存照
39	莫寿松	定安		28	定安仙沟市顺芳号转	第十三期第四分校学生总队同学录/存照
40	郭远璠	文昌		24	文昌冠南市元顺号转	第十三期第四分校学生总队同学录/存照

续表

序列	姓名	籍贯	别号/字	年龄	通信地址	资料来源
41	郭朝岳	万宁	野屏	21	万宁县礼纪镇老郭村	第十三期第四分校学生总队同学录/存照
42	符大钟	文昌		25	文昌宝芳市人和号	第十三期第四分校学生总队同学录/存照
43	符国芳	文昌		25	文昌县罗豆高头井	第十三期第四分校学生总队同学录/存照
44	符致忠	文昌			文昌县龙马乡养才村	海南黄埔同学通讯录
45	符逡	文昌		24	琼东县长坡市	第十三期第四分校学生总队同学录/存照
46	符瑞珍	儋县	劲风	26	儋县老城锦昌号转	第十三期第四分校学生总队同学录/存照
47	黄家齐	定安		24	定安岭口市积兴号转	第十三期第四分校学生总队同学录/存照
48	谢圣理	临高	任之	24	临高县多理村	第十三期第四分校学生总队同学录/存照
49	蔡志良	琼山	贤辅	24	琼山谭文市文多村	第十三期第四分校学生总队同学录/存照

中央陆军军官学校四分校第十四期第七总队

【本期说明】第四分校第十四期共计 1 个总队即第七总队,分甲、乙两级。甲级学生于 1938 年 9 月毕业,乙级学生于 1939 年 4 月毕业,人数总计 724 人。教育时间为 6 个月,毕业地点为德庆。本表同学除了四分校第十四期七总队外,另包括各分校个别学生,但人数极少。此期学生毕业后同样多奔赴抗日前线,驱逐日寇。因战时物资与资金都非常短缺,生存状态相当恶劣,四分校第十四期七总队同学照片保留至今实属不易。据该期同学录编后语,同学录筹备历时数月,终以时局环境及物价高昂等种种原因,结果印就粗糙质简之同学录,"实非本会同人之所愿也";"本期同学录,以求适合预算,不得不将内容缩少、照片缩小,于预算中,须除去前后需用开办印刷费、文具费、舟车费、邮电费、送礼费及同学纪念章等费用外,结算每本尚须六元多","如是者,几经计划,乃成现本"。

序列	姓名	籍贯	别号	年龄	通信地址/期数	备注/资料来源
1	云选卿	文昌	中宇	23	琼州文昌头苑市邮局交	存照
2	云衡	文昌		26	琼崖昌洒市裕成号	存照
3	王乃谦	崖县		22	崖县临高市嘉祥号转	存照
4	王业经	乐会		23	琼州嘉积市聚兴昌号	存照
5	王弗荫	文昌	槐庭	22	文昌县白延区冠南乡山后岭村	存照
6	王杰	文昌		20	广州市越华路八十七号	存照
7	王治平	琼山	霞祥	20	琼山云龙琼盛药房转南山村	存照
8	王嘉琪	崖县		19	崖县第一区拱北学校转	存照
9	王豪	琼山	上儒		琼山县永兴区永兴乡儒情村	海南黄埔同学通讯录
10	王燧	琼东	天武	24	琼州嘉积市聚兴昌号交	存照
11	丘岳观	澄迈	家桐		澄迈县长安乡丘家村	海南近代人物志
12	冯推杰	琼山		22	琼山金堆市第二小学转	存照
13	卢植霖	儋县	举沛	24	儋县城中和镇大街仁昌号	存照
14	史克寿	文昌	雄才	21	文昌县铺前市福昌隆号转	存照
15	刘或	文昌	善汉	19	文昌县竹林市邮局转甘村	存照

续表

序列	姓名	籍贯	别号	年龄	通信地址/期数	备注/资料来源
16	孙家邦	崖县	经文	21	崖县临高市嘉祥号转	存照
17	孙毓甫	崖县		25	崖县城东关镇祥兴号	存照
18	邢诒河	崖县	带如	25	崖县黄流村兆昌号	存照
19	何业辉	乐会	仲环	21	乐会县中原市恒发昌转交	存照
20	何定明	琼山	非然	22	琼山第六区道崇乡	存照
21	吴安全	文昌	新民	22	文昌县文教市平安大药房转	存照
22	吴应中	琼山	洪动	23	琼山县龙塘市邮局转美有村	存照
23	吴英贤	琼山			琼山县东山乡塘孟村	海南近代人物志
24	吴屏中	澄迈	燕晨	22	琼崖澄迈丰盈四乡邮转	存照
25	吴钟绮	儋县	锦云		儋县东山乡潭里村	海南近代人物志
26	吴清波	文昌	巨浦	19	琼州文昌县便民市伦章号转	存照
27	李允文	万宁		23	琼崖万宁县丰纪市鑫泰号转	存照
28	李永新	琼山	居苑	23	府城小西门大宝号转大样村	存照
29	李多辉	琼东	耀南		中央陆军军官学校第十四期	海南近代人物志
30	李运泄	文昌	正之	23	文昌县第一区山景乐贤庄	存照
31	李冠廷	儋县	正卿	25	儋县中和大街寅兴号转	存照
32	李春秀	琼山		23	琼州琼山县十字路市荣鑫号	存照
33	李美文	琼山	建中	20	琼山县烈楼市邮局转新李村	存照
34	李钧世	琼山	沧湜	20	广州市东华路五常里号	存照
35	杨仪三	琼山	树远	21	琼州琼山演丰市琼兴号转	存照
36	苏定芳	崖县	孟芳	24	琼州崖县港门市福安堂转	存照
37	陆广生	崖县	陆斐	21	崖县教育会转	存照
38	陈伯钧	琼山		18	琼山甲子市合作社转龙殿村	存照
39	陈序杰	文昌		21	文昌便民市协昌号转	存照
40	陈国华	琼州	之正	22	海口泰和丰号转	存照
41	陈英海	崖县	波仙	22	琼州崖县港门永鑫昌号	存照

续表

序列	姓名	籍贯	别号	年龄	通信地址/期数	备注/资料来源
42	陈复初	万宁		20	万宁县瑞云市采芝林药房转	存照
43	陈绰然	万宁	为裕	25	万宁东澳市天生堂转厚福村	存照
44	陈锋	崖县		22	崖县黄流市王复兴宝号转	存照
45	周子亭	琼山	运振	21	琼山县道崇市求治生号	存照
46	周润章	琼山	子云	23	琼山海口打铁巷新华布厂内	存照
47	周栽林	琼山			中央陆军军官学校第十四期	海南近代人物志
48	林天浩	琼山		24	琼山县那流市佩文楼转交	存照
49	林方策	文昌	鸿钰		文昌县文教市嘉义村	海南近代人物志
50	林月仁	琼山	雅得	19	琼州临高县新盈港林字转	存照
51	林绍煊	文昌	旭初	20	琼州文昌县翁田德安号	存照
52	林咸秀	崖县	葆瑚	24	琼州崖县港门乡立第一小学	存照
53	林家渊	崖县	名泉	22	琼州崖县城东关镇惠隆号	存照
54	林猷晖	文昌	光奋	21	文昌县东匍市元顺号	存照
55	林樱	文昌		18	文昌县文教市合昌大号转	存照
56	罗才猷	崖县		20	崖县乐罗村美昌号转（抱旺村）	存照
57	罗文山	澄迈	运锦	24	澄迈县老城	存照
58	郑景崇	崖县	谷兰	24	崖县新崖书局	存照
59	姚甸钧	文昌		21		存照
60	姚奇昌	文昌	志英	20	文昌县宝昌市流坑村	存照
61	柯腾	琼山	峰山	20	琼山县道崇市邮局转永活村	存照
62	洪运霖	文昌	尔岩	26	琼州文昌烟墩市	存照
63	祝亢浪	文昌			二分校十四期步科	中训团党政训练班教职学员通讯录
64	庄迪英	琼东		21	琼州文昌县烟墩市万和号转	存照
65	贺天才	万宁	文	21	万宁龙纪市集泰号	存照

续表

序列	姓名	籍贯	别号	年龄	通信地址/期数	备注/资料来源
66	赵采芹	琼东		24	琼州琼东大路市寄荷交	存照
67	翁沅浦	文昌	诗演	20	琼州文昌县清泗市下市合□号	存照
68	崔伟	高州	德华		儋县那大干部新村先锋路	海南黄埔同学通讯录
69	符文章	琼东		25	琼东第三区大路市区公所转	存照
70	符东明	崖县	武煜	22	崖县临高市郑益香号	存照
71	符贻柄	文昌			中央军校十四期特科	中训团第九军官总队通讯录
72	黄雄才	崖县	龙飞	27	崖县三亚港裕泰号转	存照
73	黄伯军	万宁	文霸	21	万宁县礼纪市裕丰号转	存照
74	黄映明	琼山		21	琼州琼山县演丰市泰来转	存照
75	黄流汉	澄迈		20	澄迈县邮局转	存照
76	韩英光	文昌	经纬	24	文昌县锦山市万隆号转	存照
77	韩宪时	文昌			中央军校十四期	中训团第九军官总队通讯录
78	韩荣光	文昌	伯华	22	琼州锦山市邮局转龙田村	存照
79	韩粹光	文昌	纯如	20	文昌锦山市万利号转峰上村	存照
80	蒙传渊	定安	敏光	24	琼州嘉积市同益昌号转	存照
81	蒙辉道	定安	悟光	22	黄竹市交南保村	存照
82	蔡荣藩	琼山		22	琼山道崇市永活生号转	存照
83	潘子明	文昌	中平	19	遷京中华小学	存照
84	潘家麟	文昌	子飞	20	琼州文昌县统里村	海南近代人物志
85	黎优	崖县		22	崖县起晨乡初级小学校	存照
86	黎秀柏	崖县	定义	23	琼州崖县第一区西关小学校	1939年同学录
87	黎秀鹏	崖县	举飞	22	琼州崖县新崖书局转	存照
88	黎禹汉	崖县		24	崖县三亚港打铁街正利号	存照
89	黎健	崖县	秀义	18	崖县第一区西关小学校	存照
90	黎毓富	崖县		24	崖县西四区乐罗市美昌号	存照

中央陆军军官学校（二/四/六/七分校）第十五期

【本期说明】四分校第十五期共计1个总队即第七总队，于1939年4月在广西宜山毕业，人数为1482人，教育时间为1年余。毕业之时，正逢举国抗战，沿海各省相继沦陷，交通中断，物资日益枯竭。此条件下制作同学录相当不易，故该期同学录仅有名录没有照片。即便这样，该期同学录还是十分罕见，堪称"极品"。功夫不负有心人。幸得黄埔后代、广西武鸣籍黄成涯为笔者无偿提供《中央陆军军官学校四分校十五期七总队同学录》（有缺页），其中录得琼籍学生108人。此外，王仲传、王传珍、张启文、张裕烽、陈骥、林树桃、骆书猷7位四分校第十五期七总队学生，他们均是海南省黄埔同学会会员，他们的资料则来自《海南省黄埔军校同学会会员通讯录》（1991年）。每一个名字均来之不易。本表其他名单，分别从《中央训练团第九军官总队通讯录》《海南近代人物志》《中央陆军军官学校六分校十五期六总队通讯录》以及《黄埔七分校记忆》等资料录得。

序列	姓名	别号	年龄	籍贯	期数	通信地址/说明	备注/资料来源
1	云大京	寒星	23	文昌	中央陆军军官学校六分校十五期六总队	南洋华侨	六分校十五期六总队通讯录
2	云大廉	大珅	24	文昌	四分校十五期七总队	文昌县会文市顺昌号	四分校十五期七总队同学录
3	云大需			文昌	四分校十七期工兵科/陆军大学校参谋班特训第五期	文昌抱罗市圯山堀村	中训团第九军官总队通讯录
4	云龙	惟禛	21	文昌	中央陆军军官学校六分校十五期六总队	文昌抱罗市老村	六分校十五期六总队通讯录
5	云逢棕	竹轩	23	文昌	四分校十五期七总队	文昌抱罗市万安堂转（黄土坡村）	四分校十五期七总队同学录
6	文冠雄	博达	21	万宁	四分校十五期七总队	万宁县城进化书局转	四分校十五期七总队同学录
7	王飞	伯圃	25	陵水	四分校十五期七总队	陵水县文明萃昌盛号转	四分校十五期七总队同学录

续表

序列	姓名	别号	年龄	籍贯	期数	通信地址/说明	备注/资料来源
8	王世绅		21	崖县	四分校十五期七总队	崖县东关市新崖书局转	四分校十五期七总队同学录
9	王仲传			琼山	四分校十五期七总队		海南黄埔同学通讯录
10	王传珍	宝树		陵水	四分校十五期七总队	陵水县城镇	海南黄埔同学通讯录
11	王廷恩			定安	中央陆军军官学校第十五期	定安县龙塘乡沙畅塘村	海南近代人物志
12	王启夏	禹封	26	崖县	四分校十五期七总队	崖县第四区抱岁村	四分校十五期七总队同学录
13	王志群			崖县	四分校十五期步科	崖县港门乡公所转	中训团第九军官总队通讯录
14	王佩周	华祥	20	琼山	四分校十五期七总队	琼山道崇市昌洽村交	四分校十五期七总队同学录
15	王其珊	振雄	24	琼山	四分校十五期七总队	琼山县府城西门香和大宝号转	四分校十五期七总队同学录
16	王和琼	达权	26	琼东	四分校十五期步科	琼州嘉积市聚兴昌号	四分校十五期七总队同学录
17	王国清	夏民	21	琼山	四分校十五期七总队	琼山县咸亮市邮箱转	四分校十五期七总队同学录
18	王衍岳	如山	20	定安	四分校十五期	定安县立中学校	四分校十五期七总队同学录;中训团第九军官总队通讯录
19	王哲夫		20	崖县	四分校十五期七总队	崖县县立中学转	四分校十五期七总队同学录
20	王基豫		22	琼山	四分校十五期七总队	广东高州鉴江大酒店	四分校十五期七总队同学录
21	邓侯		22	崖县	四分校十五期七总队	崖县港门新市永益昌交	四分校十五期七总队同学录
22	邓家瑞		23	崖县	四分校十五期七总队	崖县港门邓祥发号交	四分校十五期七总队同学录

续表

序列	姓名	别号	年龄	籍贯	期数	通信地址/说明	备注/资料来源
23	冯立		19	琼山	四分校十五期七总队	琼山县海口市美孚行转（美贴村）	四分校十五期七总队同学录
24	叶用贤		24	文昌	中央陆军军官学校六分校十五期六总队	南洋华侨	六分校十五期六总队通讯录
25	田泽江		25	琼山	四分校十五期七总队	琼山道崇乡公所转龙倚村	四分校十五期七总队同学录
26	石毓轩		21	琼东	四分校十五期七总队	琼东嘉积源裕盛号转	四分校十五期七总队同学录
27	龙叔赐			琼山	七分校十五期二总队		黄埔七分校记忆
28	伍乙夫		25	文昌	中央陆军军官学校六分校十五期六总队	新加坡华侨	六分校十五期六总队通讯录
29	吉承宽			崖县	第二分校十五期八总队	崖县冲坡新村	存照
30	安焕启	金涛	22	文昌	中央陆军军官学校六分校十五期六总队	南洋华侨	六分校十五期六总队通讯录
31	朱强	卓夫	21	陵水	四分校十五期七总队	琼州万宁县礼纪市四乡信柜转（石盘村）	四分校十五期七总队同学录
32	江艳	祥顺	21	文昌	中央陆军军官学校六分校十五期六总队	文昌迈号市沥众乡官苍村	六分校十五期六总队通讯录
33	纪整武	绩	21	万宁	四分校十五期七总队	万宁县天一号	四分校十五期七总队同学录
34	许声海	侠夫		文昌	中央陆军军官校六分校十五期六总队	南洋华侨	六分校十五期六总队通讯录
35	许博英	居广	22	琼山	四分校十五期七总队	琼山县东山镇义兴号	四分校十五期七总队同学录
36	邢庆鼎	公器	21	崖县	四分校十五期七总队	崖县东关镇邢茂记交	四分校十五期七总队同学录
37	邢诒荫	良平	22	文昌	四分校十五期七总队	文昌宝垌市永和安号转	四分校十五期七总队同学录
38	邢炳威	益光		文昌	中央军校第十五期	文昌重兴大勇村	邢增仪《怀念父亲》

续表

序列	姓名	别号	年龄	籍贯	期数	通信地址/说明	备注/资料来源
39	严崇谦	光海	23	文昌	中央陆军军官学校六分校十五期六总队	文昌冠南市致和堂转	六分校十五期六总队通讯录
40	余树棠	德召	23	儋县	四分校十五期七总队	儋县那大富余记交	四分校十五期七总队同学录
41	吴世洲		22	崖县	四分校十五期七总队	崖县黄流市黄德昌号转（多二村）	四分校十五期七总队同学录
42	吴多谦			文昌	中央军校第十五期七总队		泰国华侨抗日实录
43	吴我桢		20	万宁	四分校十五期七总队	万宁县瑞云圩采芝林号转（冯家村）	四分校十五期七总队同学录
44	吴建中			崖县	七分校十五期二总队		黄埔七分校记忆
45	吴泽莲		21	定安	四分校十五期七总队	定安县黄竹市克安药房转	四分校十五期七总队同学录
46	吴清岑	泳眉	21	崖县	四分校十五期七总队	崖县民众教育馆转	四分校十五期七总队同学录
47	吴清谦	曼萍	25	文昌	四分校十五期七总队	文昌迈号市成隆号转	四分校十五期七总队同学录
48	吴盛仑	中鹏	23	琼山	四分校十五期七总队	琼山第二区烈楼市洪福利号	四分校十五期七总队同学录
49	吴维新	更生	24	崖县	四分校十五期七总队	崖县港门永益昌转	四分校十五期七总队同学录
50	吴鸿仑		21	定安	四分校十五期七总队	定安县仙沟市裕丰号转	四分校十五期七总队同学录
51	吴新民			文昌	中央军校十五期特科	文昌邮局转	中训团第九军官总队通讯录
52	宋寿吉	文英	20	文昌	四分校十五期七总队	文昌公坡市裕昌号转（新潮村）	四分校十五期七总队同学录
53	张启文	林榕		崖县	四分校十五期七总队	三亚市崖城镇	海南黄埔同学通讯录

续表

序列	姓名	别号	年龄	籍贯	期数	通信地址/说明	备注/资料来源
54	张运环		20	琼山	中央陆军军官学校六分校十五期六总队	南洋华侨	六分校十五期六总队通讯录
55	张修讲	志平	22	文昌	四分校十五期七总队	文昌县翁田市第四号文牌	四分校十五期七总队同学录
56	张裕烽			文昌	四分校十五期七总队	文昌头苑新上村	海南黄埔同学通讯录
57	李之荫			文昌	中央军校十五期	文昌县高上园村	海南黄埔同学通讯录
58	李延和		21	琼山	四分校十五期七总队	琼山三江市琼和安交	四分校十五期七总队同学录
59	李忠武		25	琼山	四分校十五期七总队	琼山第二区那流市谭三村交	四分校十五期七总队同学录
60	李咸松		25	崖县	四分校十五期七总队	崖县港门新市永益昌号转	四分校十五期七总队同学录
61	李复唐	志亮	22	琼山	四分校十五期七总队	琼山县烈楼市转大堂村	四分校十五期七总队同学录
62	李琼福		19	琼东	中央陆军军官学校六分校十五期六总队	南洋华侨	六分校十五期六总队通讯录
63	李新民		26	崖县	四分校十五期七总队	崖县临高市嘉祥号转	四分校十五期七总队同学录
64	李藻铭	京平	22	琼山	四分校十五期七总队	琼山府城大井巷门牌第三号	四分校十五期七总队同学录
65	杜斯文	宗舜	25	定安	四分校十五期七总队	琼崖嘉积新成兴祥服店转	四分校十五期七总队同学录
66	杨运晨	卓军		文昌	中央军校十五期/军校高教班一期	文昌便民市美盛号	中训团第九军官总队通讯录
67	杨叔泉		23	万宁	四分校十五期七总队	万宁县富裕号	四分校十五期七总队同学录
68	杨学海	仲江	23	万宁	四分校十五期七总队	万宁县富新号	四分校十五期七总队同学录
69	沈育超	崇民	22	陵水	四分校十五期七总队	陵水县华生街保和齐药房	四分校十五期七总队同学录

续表

序列	姓名	别号	年龄	籍贯	期数	通信地址/说明	备注/资料来源
70	苏永清		23	崖县	四分校十五期七总队	崖县临高市嘉祥号	四分校十五期七总队同学录
71	苏羽		22	崖县	四分校十五期七总队	崖县新崖书局转	四分校十五期七总队同学录
72	陈卫生			文昌	中央军校十五期步科	文昌冠南市冠美南乡永嘉园村	中训团第九军官总队通讯录
73	陈子林	华春	24	崖县	四分校十五期七总队	崖县县立中学校	四分校十五期七总队同学录
74	陈升烈	微生		文昌	六分校十五期六总队	文昌永加园村	海南黄埔同学通讯录
75	陈业锦		21	文昌	中央陆军军官学校六分校十五期六总队	文昌道岸村	六分校十五期六总队通讯录
76	陈玉川	子昆	25	文昌	中央陆军军官学校六分校十五期六总队	南洋华侨	六分校十五期六总队通讯录
77	陈玉书		21	崖县	四分校十五期七总队	崖县城内乐成永利有限公司便妥	四分校十五期七总队同学录
78	陈伟民	斯民	21	文昌	四分校十五期七总队	暹罗曼谷琼岛会所	四分校十五期七总队同学录
79	陈光应	幼予	23	琼山	中央陆军军官学校六分校十五期六总队	琼山会文市圮沙港村	六分校十五期六总队通讯录
80	陈阳	醇民	25	文昌	四分校十五期七总队	文昌县烟墩市邮局转	四分校十五期七总队同学录
81	陈君实	信之	25	崖县	四分校十五期七总队	崖县港门新街永友号转	四分校十五期七总队同学录
82	陈国元		23	崖县	四分校十五期七总队	崖县港门乡立式补级转	四分校十五期七总队同学录
83	陈国声	固本	21	文昌	四分校十五期七总队	文昌县清澜市坑头村	四分校十五期七总队同学录

续表

序列	姓名	别号	年龄	籍贯	期数	通信地址/说明	备注/资料来源
84	陈昌汉	集川	25	万宁	中央军校十五期	万宁县天和号转	四分校十五期七总队同学录;中训团第九军官总队通讯录
85	陈英壮	健夫	21	崖县	四分校十五期七总队	崖县港门新市永益昌宝号转	四分校十五期七总队同学录
86	陈柏良	光琴	21	琼山	中央陆军军官学校六分校十五期六总队	琼山会文市	六分校十五期六总队通讯录
87	陈钟勤	学仕	22	崖县	四分校十五期七总队	崖县礼让乡麦安昌宝号	四分校十五期七总队同学录
88	陈家盛	衍茂	20	文昌	中央陆军军官学校六分校十五期六总队	南洋华侨	六分校十五期六总队通讯录
89	陈家魁	觉民	24	崖县	四分校十五期七总队	崖县临高市嘉祥宝号转	四分校十五期七总队同学录
90	陈恩伍	桂馨	22	崖县	四分校十五期七总队	崖县乐罗乡美昌号	四分校十五期七总队同学录
91	陈烈超		22	万宁	四分校十五期七总队	万宁县北坡市义隆号转	四分校十五期七总队同学录
92	陈鸿珍	玉善	22	崖县	四分校十五期七总队	崖县临高市嘉祥号转	四分校十五期七总队同学录
93	陈惠中	德荣	22	崖县	四分校十五期七总队	崖县港门新市协兴昌宝号	四分校十五期七总队同学录
94	陈微生	中武		文昌	中央军校十五期步科/陆军步兵学校西南分校二期	文昌冠南市永嘉园村	中训团第九军官总队通讯录
95	陈献瑞	敬初	20	文昌	中央陆军军官学校六分校十五期六总队	南洋华侨	六分校十五期六总队通讯录
96	陈德宜		20	崖县	四分校十五期七总队	崖县县立中学转	四分校十五期七总队同学录
97	陈德泮	芹菲	25	文昌	四分校十五期七总队	文昌县迈号市邮局转蔡村	四分校十五期七总队同学录

续表

序列	姓名	别号	年龄	籍贯	期数	通信地址/说明	备注/资料来源
98	陈骥	锡骥		崖县	四分校十五期七总队	三亚市崖城乡	海南黄埔同学通讯录
99	麦永璋	济卿	23	崖县	四分校十五期七总队	崖县第一区礼让市麦安昌号转	四分校十五期七总队同学录
100	麦涌浩	孤鹤	20	崖县	四分校十五期七总队	崖县港门新街麦安昌号转	四分校十五期七总队同学录
101	周子亭	运振	21	琼山	四分校十五期七总队	琼山第七区道崇市永治生号	四分校十五期七总队同学录
102	周互中	斌池	20	琼山	四分校十五期七总队	琼山县政府或定安县党部转塘猛村国民学校	四分校十五期七总队同学录
103	周今柏	长春	20	陵水	四分校十五期七总队	陵水县文明街刘天德宝号交	四分校十五期七总队同学录
104	周发春	裕饶	25	乐会	四分校十五期七总队	琼崖嘉积市南门会兴昌转	四分校十五期七总队同学录
105	周兴华	骏英	21	崖县	四分校十五期七总队	崖县港门乡新市振兴昌转	四分校十五期七总队同学录
106	周廷英			乐会	中央陆军军官学校第十五期	乐会县中原市上洋村	海南近代人物志
107	周运南	兴宏	23	崖县	四分校十五期七总队	崖县港门乡立第一初级小学校转(港二乡)	四分校十五期七总队同学录
108	周家侯		24	琼山	四分校十五期七总队	琼山县龙塘市邮局转(富道村)	四分校十五期七总队同学录
109	周润章	子云	23	琼山	四分校十五期七总队	琼州海口打铁巷新华布厂	四分校十五期七总队同学录
110	周竞平	定福	20	崖县	四分校十五期七总队	崖县新崖书局转	四分校十五期七总队同学录

续表

序列	姓名	别号	年龄	籍贯	期数	通信地址/说明	备注/资料来源
111	周载翰		20	琼山	四分校十五期七总队	琼州府城忠介路琼和安宝号	四分校十五期七总队同学录
112	孟述善		24	崖县	四分校十五期七总队	崖县第四区十所村	四分校十五期七总队同学录
113	林士贤	选廷	24	崖县	四分校十五期七总队	崖县第一区拱北乡小学校转	四分校十五期七总队同学录
114	林日华	植昌	25	文昌	中央陆军军官学校六分校十五期六总队	文昌白延市文林信柜	六分校十五期六总队通讯录
115	林华		21	琼山	四分校十五期七总队	琼山县第六区三江市恒泰号	四分校十五期七总队同学录
116	林廷华	景文	24	文昌	中央陆军军官学校六分校十五期六总队	文昌白延市万生药房	六分校十五期六总队通讯录
117	林怀万	任臣	20	文昌	中央陆军军官学校六分校十五期六总队	文昌文教市邮政局	六分校十五期六总队通讯录
118	林学统	承先	23	崖县	四分校十五期七总队	崖县第一区拱北乡初小学校	四分校十五期七总队同学录
119	林拔英		20	文昌	四分校十五期七总队	文昌县龙楼市邮局转	四分校十五期七总队同学录
120	林明玙	鸣雨	24	文昌	四分校十五期七总队	文昌县便民市怡丰隆号（白沙坑村）	四分校十五期七总队同学录
121	林明河		19	文昌	中央陆军军官学校六分校十五期六总队	文昌昌洒市圯榜头村	六分校十五期六总队通讯录
122	林绍藩	翰周	25	琼山	中央陆军军官学校六分校十五期六总队	琼山塔市坊道立村交	六分校十五期六总队通讯录
123	林咸松		25	崖县	四分校十五期七总队	崖县港门新市永益昌号转	四分校十五期七总队同学录
124	林柱	陆超	20	文昌	中央陆军军官学校六分校十五期六总队	南洋华侨	六分校十五期六总队通讯录
125	林树桃			文昌	四分校十五期七总队	文昌县横山村	海南黄埔同学通讯录

续表

序列	姓名	别号	年龄	籍贯	期数	通信地址/说明	备注/资料来源
126	林健雄	林华		琼山	四分校十五期七总队	琼山县三江市厚坎村	泰国华侨抗日实录
127	林振焜	峰	22	崖县	四分校十五期七总队	崖县城内遵道私立小学校交	存照/四分校十五期七总队同学录
128	欧秀雄		26	文昌	中央陆军军官学校六分校十五期六总队	南洋华侨	六分校十五期六总队通讯录
129	郑成玉		22	崖县	四分校十五期七总队	崖县望楼市协利号转	四分校十五期七总队同学录
130	郑应新		21	崖县	四分校十五期七总队	崖县港门新市裕生堂转交	四分校十五期七总队同学录
131	郑忠介	邦玺	24	崖县	四分校十五期七总队	崖县第四区老郑村	四分校十五期七总队同学录
132	郑澜文			文昌	七分校十五期五总队		黄埔七分校记忆
133	金廷桂		24	崖县	四分校十五期七总队	崖县城东关镇万利号	四分校十五期七总队同学录;中训团第九军官总队通讯录
134	骆书猷	鸿武		琼山	四分校十五期七总队	琼山府城绣衣坊	海南黄埔同学通讯录
135	殷崇琛	献廷	26	文昌	中央陆军军官学校六分校十五期六总队	南洋华侨	六分校十五期六总队通讯录
136	秦耻		26	崖县	四分校十五期七总队	崖县城起晨乡查交	四分校十五期七总队同学录
137	莫家道	艺华	23	定安	四分校十五期七总队	定安县居丁市广德堂转	四分校十五期七总队同学录
138	钱开椿		19	琼山	中央陆军军官学校六分校十五期六总队	南洋华侨	六分校十五期六总队通讯录
139	梁尚英	适英	21	文昌	四分校十五期七总队	文昌县文教市南安大宝号转（柳村）	四分校十五期七总队同学录
140	符气志	毓萍	21	文昌	中央陆军军官学校六分校十五期六总队	文昌烟墩市福园村	六分校十五期六总队通讯录

续表

序列	姓名	别号	年龄	籍贯	期数	通信地址/说明	备注/资料来源
141	符汉超	吉甫	23	万宁	四分校十五期七总队	万宁县后安市合隆号	四分校十五期七总队同学录
142	符尚群	剑民	19	文昌	四分校十五期七总队	文昌县抱芳市养和堂转	四分校十五期七总队同学录
143	符树绵	延卿	24	文昌	四分校十五期七总队	文昌县文教市万和药房交	四分校十五期七总队同学录
144	符鸿吾	孟铿	23	文昌	中央陆军军官学校六分校十五期六总队	文昌抱罗市林五村	六分校十五期六总队通讯录
145	符博渊	祥文	24	文昌	中央陆军军官学校六分校十五期六总队	文昌迈号市坑村	六分校十五期六总队通讯录
146	萧柏松		24	文昌	中央陆军军官学校六分校十五期六总队	文昌西区高山乡夏泉村	六分校十五期六总队通讯录
147	黄光勋	炳山	20	陵水	四分校十五期七总队	陵水县中山路怡香号	四分校十五期七总队同学录
148	黄世俊		24	文昌	四分校十五期七总队	文昌县公坡市泰顺号转（后坡村）	四分校十五期七总队同学录
149	黄剑雄		23	文昌	四分校十五期七总队	文昌东郊市昌记号或复兴乡第五保	四分校十五期七总队同学录
150	黄循梓	佐材	21	琼山	中央陆军军官校六分校十五期六总队	琼山县会文市沙港村	六分校十五期六总队通讯录
151	曾祥和	颜群	20	澄迈	四分校十五期七总队	澄迈县瑞溪镇邮局转仙儒村	四分校十五期七总队同学录
152	谢龙	季忠	19	万宁	中央陆军军官学校六分校十五期六总队	南洋华侨	六分校十五期六总队通讯录
153	谢向明			文昌	七分校十五期二总队	文昌放梅村	海南近代人物志；黄埔七分校记忆
154	谢自灼	明轩	21	文昌	四分校十五期七总队	文昌县城内协利号	四分校十五期七总队同学录

续表

序列	姓名	别号	年龄	籍贯	期数	通信地址/说明	备注/资料来源
155	谢镇国		21	琼州	四分校十五期七总队	临高县邮政转多琏村	四分校十五期七总队同学录
156	韩书元			文昌	中央陆军军官学校六分校十五期六总队	文昌冯家市香山村	六分校十五期六总队通讯录
157	韩向军	文光	23	文昌	中央陆军军官学校六分校十五期六总队	文昌锦山市厚家村	六分校十五期六总队通讯录
158	韩国英		24	文昌	四分校十五期七总队	文昌县锦山市新兴街祥发大宝号代交龙田村	四分校十五期七总队同学录
159	韩宗琚			文昌	四分校十五期七总队	文昌水北村	海南黄埔同学通讯录
160	韩宗璩		22	文昌	四分校十五期七总队	文昌迈号市合和隆号	四分校十五期七总队同学录
161	韩振光	玉香	19		中央陆军军官学校六分校十五期六总队	南洋华侨	六分校十五期六总队通讯录
162	韩竞秦	子适	24	文昌	中央陆军军官学校六分校十五期六总队	文昌迈号市欧村	六分校十五期六总队通讯录
163	韩登民		23	万宁	四分校十五期七总队	万宁县城水昌号	四分校十五期七总队同学录
164	蒙大京			澄迈	中央军校（分校）十五期七总队工科	澄迈县金江市邮局转	中训团第九军官总队通讯录
165	蔡明		21	琼山	中央陆军军官学校六分校十五期六总队		六分校十五期六总队通讯录
166	蔡笃成	世民	20	澄迈	四分校十五期七总队	澄迈县加乐市聚丰堂转效古村	四分校十五期七总队同学录
167	蔡琼	笃润		琼山	六分校第十五期	琼山县新宅坡	海南近代人物志
168	谭雄	景发	25	澄迈	四分校十五期七总队	澄迈县金江市三民路谭金龙转	四分校十五期七总队同学录

续表

序列	姓名	别号	年龄	籍贯	期数	通信地址/说明	备注/资料来源
169	潘先汾		24	文昌	中央陆军军官学校六分校十五期六总队	文昌便民市南亚村	六分校十五期六总队通讯录
170	潘先浏	季豪	20	文昌	四分校十五期七总队	香港深水埗福荣街六十一号	四分校十五期七总队同学录
171	潘唐封			文昌	六分校十五期步科	文昌一区南亚村	中训团第九军官总队通讯录
172	颜大豪	碧城	19	乐会	四分校十五期七总队	琼崖嘉积市加祥街恒裕兴号/温泉乡霞洞村	四分校十五期七总队同学录;海南近代人物志
173	颜俊		23	崖县	四分校十五期七总队	崖县乐罗乡美昌号	四分校十五期七总队同学录
174	黎昂	光愿		琼东	中央陆军军官学校第十五期步科	琼东居仁乡大礼村	海南近代人物志;黄埔七分校记忆
175	黎明		22	崖县	四分校十五期七总队	崖县起晨乡立初级小学校	四分校十五期七总队同学录

中央陆军军官学校四分校第十六期第九总队

【本期说明】因天时、地利、人和等,在黄埔各分校就读的海南籍学生,90%以上在四分校各总队入学。找到四分校各总队同学录,才能揭开海南黄埔生人数之谜团。本表统计的同学,主要在四分校第十六期第九总队毕业,由于其他各分校第十六期琼籍同学较少,搜得名字资料的亦一概录入。四分校第十六期计1个总队即第九总队,分半年班和一年班学生,分别于1939年10月和12月在宜山毕业。今寻得《中央陆军军官学校四分校第十六期第九总队同学录》,经整理,海南籍学生人数为148人,惜原同学录未见照片录入。本表另有20多位同学,资料来自海南省黄埔同学会于1991年编印的《海南省黄埔军校同学会会员通讯录》和1975年台湾方面编印的同学纪念册以及湖南黄埔军校同学会1988年编印的《中央陆军军官学校第二分校同学录》等。未知何故,《海南省黄埔军校同学会会员通讯录》里标明的四分校十六期九总队同学,有的名字并未在原版第九总队同学录里发现。经对照,九总队同学在1991年前健在者是47人,相比原同学录里的148人,已缺少了百余人。这百余人中,除了新中国成立后因各种原因死亡及少部分移居国外,更多的琼籍黄埔学子,他们或已战死沙场,为国捐躯。我们不能因为种种原因,而让他们成了无名英雄。

序列	姓名	籍贯	年龄	别号/字	期数/通信地址	备注/资料来源
1	云昌宙	文昌			文昌石盘村	海南黄埔同学通讯录
2	云昌荫	文昌	23	维钧	文昌抱罗市三盛号	九总队同学录
3	云杰	文昌	20	卓群	文昌抱罗市万安大宝号转	九总队同学录
4	云剑峰	文昌	26	昌统	文昌菠萝市万安堂转	九总队同学录
5	云哲民	文昌	24		文昌县公坡圩石盘村	九总队同学录
6	云逢禧	文昌	22	吉卿	文昌□尾市君陂村	九总队同学录
7	文国干	文昌	22	克	文昌公坡市邮局转	九总队同学录
8	王白泉	文昌			文昌唐敖村	海南黄埔同学通讯录
9	王仲豪	文昌	32		琼州罗豆市兴盛号转	九总队同学录
10	王孙民	文昌	21	柄光	文昌抱罗市泰兴盛号	九总队同学录
11	王安英	文昌	25	坚儒	文昌东郊市毓春堂转	九总队同学录

续表

序列	姓名	籍贯	年龄	别号/字	期数/通信地址	备注/资料来源
12	王克	澄迈	20	德坚	澄迈第二区加乐市邮柜转北雁村	九总队同学录
13	王杰	澄迈	23	光云	澄迈金江市戏台后门牌二六八号	九总队同学录
14	王莆全	文昌	20	华多	文昌宝芳市万福药材	九总队同学录
15	王莆机	文昌	20		文昌宝茅市万福号	九总队同学录
16	王莆瀛	文昌	20	锐华	文昌龙马市人和堂转	九总队同学录
17	王贤	文昌	21		文昌昌洒市	九总队同学录
18	王俊勋	定安			二分校十六期八总队	第二分校同学录
19	王铭儒	琼山	22		陆军步兵学校研究处王梦云转/琼山海口市信隆号交	九总队同学录
20	王禄晋	文昌	21		文昌昌洒市唐教村	九总队同学录
21	邓文美	文昌	21		文昌铺前市东兴号转	九总队同学录
22	韦穗	崖县			崖县望楼村	海南近代人物志
23	冯尔颙	文昌			文昌县里隆村	海南近代人物志
24	冯先	万宁	24	廷标	万宁分界市永丰号转	九总队同学录
25	冯运标	琼山	21	华民	琼山金墩乡美义村	九总队同学录
26	冯毅夫	万宁	32		万宁分界市永丰号转	九总队同学录
27	卢朝江	文昌	24	一夫	文昌昌洒市美珍号	九总队同学录
28	叶干刚	琼山	23	重琼	琼州海口中山路梁安记	九总队同学录
29	伍书益	文昌			文昌下东村	海南黄埔同学通讯录
30	伍谦山	文昌	21		文昌清润马头埠东村	九总队同学录
31	刘凤池	万宁	21		万宁县博济药房转交	九总队同学录
32	华山	文昌	22	干材	文昌清澜市和安药房	九总队同学录
33	华景颜	琼山	21	凤丹	琼山第五区毓英乡公所	九总队同学录
34	朱执竞	万宁			万宁保定村	海南黄埔同学通讯录
35	汤凌空	文昌	22	振桥	文昌县城霞洞村	九总队同学录
36	纪以诰	万宁	23	敬业	万宁县砚田村	九总队同学录

续表

序列	姓名	籍贯	年龄	别号/字	期数/通信地址	备注/资料来源
37	许合	文昌	24		法属安南高棉唝𠺘土城市许书凤先生交	九总队同学录
38	许居广	琼山			琼山县东山乡大坡村	海南近代人物志
39	邢东	文昌			文昌福田村	海南黄埔同学通讯录
40	邢巨榜	文昌	23		文昌县蛟塘市芦芦村	九总队同学录
41	邢诒栋	文昌	23	干英	文昌昌洒市成合兴转	九总队同学录
42	邢诒桑	文昌	21	敬熙	文昌宝芳市食和号转	九总队同学录
43	邢益强	文昌	20	夏夫	文昌县西园学校	九总队同学录
44	邢福斌	文昌	22		文昌县城万源号转	九总队同学录
45	何少炎	乐会	25		乐会中原市恒发昌号转	九总队同学录
46	何冰若	琼山			二分校十六期步科/海口市长安酒家	中训团第九军官总队通讯录
47	何经营	文昌	21	子谋	文昌县南十里李山村	九总队同学录
48	吴升业	琼山	20		琼山演丰市邮局转	九总队同学录
49	吴少华	文昌	25		文昌锦山市鉴山乡	九总队同学录
50	吴永贵	琼山	25	德星	琼山县烈楼市传桂村	九总队同学录
51	吴刚	琼山	22		琼山海口源兴铺	九总队同学录
52	吴多佩	琼山	26	环如	文昌白延琼昌柜转	九总队同学录
53	吴伯东	定安	25	荣森	定安龙塘邮局	九总队同学录
54	吴灼辉	文昌	21	更生	文昌抱罗市三盛号	九总队同学录
55	吴治隆	定安	25	泽民	定安雷鸣市济安堂	九总队同学录
56	吴深清	澄迈	21		澄迈县金江市白合洋村	九总队同学录
57	吴清智	琼山		德明	琼山县三江乡对耳村	海南近代人物志
58	张希儒	文昌	26		文昌县城泰兴公司	九总队同学录
59	张帮福	琼山	21		琼山海口市源兴铺转	九总队同学录
60	张家儒	文昌	22	翼	文昌县泰兴号转	九总队同学录
61	李有惠	万宁			万宁扶峰村	海南黄埔同学通讯录；黄埔七分校记忆

续表

序列	姓名	籍贯	年龄	别号/字	期数/通信地址	备注/资料来源
62	李昌珍	琼山	21		琼山演丰市金丰号	九总队同学录
63	李柱寰	琼山	27	定五	琼山第二区镇南乡道群村	九总队同学录
64	李惠	琼东	22	澄风	琼东烟墩市礼昌村	九总队同学录
65	李肇英	文昌	21		文昌锦山市万春堂转	九总队同学录
66	陈元善	乐会	29	书亭	琼州嘉积市邮局转	九总队同学录
67	陈世师	琼山	20	强	琼山会文新市新沙港村	九总队同学录
68	陈玉章	文昌	20	公羽	琼崖海口市博爱路益泰药房转	九总队同学录
69	陈自宜	琼山	20	民天	琼山海口市东门内四十三号	九总队同学录
70	陈牧	琼山	23	功卜	琼山大致坡市邮局转	九总队同学录
71	陈钦梓	定安	26		定安县百门华大宝号	九总队同学录
72	陈烈	万宁			万宁南坡村	海南黄埔同学通讯录
73	陈铁民	定安	24	会凰	定安文曲市茂记转	九总队同学录
74	陈啸夫	崖县			七分校十六期步科/乐东县抱·乡	海南黄埔同学通讯录
75	陈崇正	文昌	21	家涧	文昌文教市福田村	九总队同学录
76	陈崇福	文昌	21	一峰	文昌昌洒市抱才村	九总队同学录
77	陈维华	文昌	20	远波	文昌抱罗市三盛号	九总队同学录
78	陈超民	万宁	22		万宁南台村	九总队同学录
79	卓树礼	万宁	20	晧然	万宁天和商店交	九总队同学录
80	周光林	定安	24		定安岭口市信昌记转	九总队同学录
81	周成武	文昌	27	觉新	文昌迈号市顺成隆号	九总队同学录
82	周重阳	文昌	20	泾易	文昌抱罗市昌江村	九总队同学录
83	周栽发	琼山				海南近代人物志
84	林中民	文昌			中央军校二分校十六期	存照/泰国华侨抗日实录

续表

序列	姓名	籍贯	年龄	别号/字	期数/通信地址	备注/资料来源
85	林中兴	琼山	21	华浓	文昌蛟塘市下洋仔村	九总队同学录
86	林书峤	琼山	22	北冷	琼山县塔市廷祥药房转高由村	九总队同学录
87	林乐天	琼山	26	特智	琼山县三江市后坎村	九总队同学录
88	林仲	文昌	20		琼州菠萝市源昌号	九总队同学录
89	林华池	临高	23	圣统	临高县邮政局转多琏村	九总队同学录
90	林廷凤	文昌	23		文昌白延市裕南昌号转	九总队同学录
91	林廷鸿	文昌	24	序实	文昌白延市文林信柜	九总队同学录
92	林成章	文昌			文昌县抱罗镇	海南黄埔同学通讯录
93	林建中	文昌			文昌抱罗市裕兴号	九总队同学录
94	林玮	琼山			中央陆军军官学校十六期十八总队	第十六期第十八总队同学录
95	林海乔	文昌	23	猷鹤	文昌文教市合盛号	九总队同学录
96	林海峰	文昌	20	兴华		九总队同学录
97	林密	琼山	22	诗麟	琼州海口市振东街义丰兴	九总队同学录
98	林鸿元	琼山	22	克哉	文昌蛟塘市下洋仔村	九总队同学录
99	林道洲	文昌	20	焕芳	文昌白延市福山村	九总队同学录
100	林鹏	文昌	21	清波	文昌白延市湖峰乡	九总队同学录
101	林熙辉	文昌	20	焕光	文昌白延市厚岭村	九总队同学录
102	欧泽秀	万宁	21	天骄	万宁县城天和商店转	九总队同学录
103	欧剑飞	文昌			二分校十六期八总队	第二分校同学录
104	罗才藻	崖县	26	芹香	崖县抱旺乡陈济利转	九总队同学录
105	罗圣球	琼山	21	星垣	琼州大致坡市泰安堂	九总队同学录
106	罗立三	琼山	22	舜华	琼山县大致坡市陈合盛邮局	九总队同学录
107	罗崇桓	文昌	20	中桓	文昌昌洒市昌田村	九总队同学录
108	符登堡	文昌	20	众垒	文昌东郊市邮局转	九总队同学录

续表

序列	姓名	籍贯	年龄	别号/字	期数/通信地址	备注/资料来源
109	郑为礼	琼山	23		琼山烈楼市合成号转	九总队同学录
110	郑公弼	文昌	28		文昌东郊市庆昌隆号转	九总队同学录
111	郑岳	文昌	22	训民	文昌文教市忠宝田村	九总队同学录
112	郑绍娟	崖县			三亚临高乡	海南黄埔同学通讯录
113	施亦雄	琼东			琼东县里文市共和治药房	九总队同学录
114	洪文潮	儋县	21	浩白	儋县光村民生药房	九总队同学录
115	钟佐才	临高	23		琼州和舍市邮政局转迥龙村	九总队同学录
116	钟前震	文昌	23		文昌铺前市广德药房转	九总队同学录
117	饶建志	万宁				四分校十六期九总队在台同学录
118	翁仲雄	文昌	22	激焰	文昌冠南镇	九总队同学录
119	莫超	万宁			七分校十六期四总队	黄埔七分校记忆
120	梁崇山	琼山	22	济川	琼山县大林乡公所转	九总队同学录
121	符丁保	文昌			文昌中南村	海南黄埔同学通讯录
122	符名诚	文昌	21	真如	文昌公坡市坦沧海村交符功胜	九总队同学录
123	符卓群	文昌	24	少松	文昌昌洒市保生号转	九总队同学录
124	符和润	文昌	22	俊雄	文昌抱罗市抱罗乡	存照/九总队同学录
125	符和铃	文昌	24	毅夫	文昌龙马市邮局转宝藏村	九总队同学录
126	符和铨	文昌	20		文昌昌洒市昌田村	九总队同学录
127	符树恒	文昌	20	子雄	文昌龙马市人和堂	九总队同学录
128	符祥顺	文昌	21	义山	文昌昌洒市下垠村	九总队同学录
129	符致林	文昌	22		文昌抱罗市长山村	九总队同学录
130	符致雯	文昌	24	格特	文昌蛟塘墟	九总队同学录
131	符韵声	文昌	21	子卫	文昌公坡市山梅村	九总队同学录
132	萧杰何	万宁	23	俊雄	万宁博济堂转	九总队同学录

续表

序列	姓名	籍贯	年龄	别号/字	期数/通信地址	备注/资料来源
133	黄汉声	万宁			万宁北坡市	中训团第九军官总队通讯录
134	黄英杰	琼山			第十六期通信兵科/琼山三江农场	海南黄埔同学通讯录
135	黄得民	文昌	20	循儒	文昌重兴市广安堂	九总队同学录
136	傅仲簾	文昌	22		文昌井头路博字宅	九总队同学录
137	傅佑芹	文昌	23	敬武	文昌文教市永合利号	九总队同学录
138	傅楫光	文昌	20	耀庭	文昌文教市合利号	九总队同学录
139	傅楫茂	文昌	22		文昌龙楼市春桃村	九总队同学录
140	曾纪昌	文昌	25	蕃三	文昌抱罗市三盛号	九总队同学录
141	温仲谦	琼山	23		琼州海口市博爱路全胜金铺	九总队同学录
142	谢子荣	文昌	28	克威	文昌县城五十三号转	九总队同学录
143	谢景吾	文昌	29	子基	文昌县城五十三号转	九总队同学录
144	韩龙光	文昌	20		文昌罗豆市昌梅村	九总队同学录
145	韩芩光	文昌	21	黄华	文昌罗豆市昌梅村	九总队同学录
146	韩忠	文昌	25	裕厚	琼州海口得胜沙泰安栈转	九总队同学录
147	韩明畴	文昌	21		文昌湖山市湖塘村	九总队同学录
148	韩质丹	文昌	20		文昌水北镇邮局转	九总队同学录
149	韩剑飞	文昌	21	汉书	文昌水北市荣盛号转	九总队同学录
150	韩珊丰	文昌	21	鹄志	文昌锦山市大盛号转	九总队同学录
151	韩桐新	文昌	22	莲光	文昌昌洒市昌述村	九总队同学录
152	韩桐溪	文昌	25		文昌昌洒市昌述村文潮小学校	九总队同学录
153	韩焕光	文昌	27		文昌昌洒市凤鸣村	九总队同学录
154	韩湖	文昌	20	授民	文昌迈号市飞鱼岭府	九总队同学录
155	韩焜光	文昌	25		文昌昌洒市凤鸣村	九总队同学录

续表

序列	姓名	籍贯	年龄	别号/字	期数/通信地址	备注/资料来源
156	韩超	文昌	27		文昌昌洒市凤鸣村	九总队同学录
157	韩铿锵	文昌	22	辅英	文昌昌洒市昌述村	九总队同学录
158	韩源畴	文昌	22	子澄	文昌罗豆市昌梅村	九总队同学录
159	韩耀光	文昌	23		文昌湖山市	九总队同学录
160	鲁权	琼山	23		广州湾西营海南旅店陈自恒转	九总队同学录
161	詹孝章	文昌	21	龙云	文昌烟墩市惠元大药房	九总队同学录
162	詹孝景	文昌	20		文昌烟墩市惠元号	九总队同学录
163	詹尊菁	文昌	22	华川	文昌岭头苑市	九总队同学录
164	赖劲民	万宁	21	我	万宁德安盛号转思林村	九总队同学录
165	蔡国纲	儋县	25		琼州儋县光村市积成铺转蔡坊村	九总队同学录
166	蔡笃炳	文昌	21	劲民		九总队同学录
167	潘正湘	文昌	24		文昌第八区罗豆市放花村	九总队同学录
168	潘汉雄	文昌	22	正禧	文昌抱罗市南顺号	九总队同学录
169	潘茂良	文昌	21		文昌铺前市东生药房转	九总队同学录
170	潘家敬	文昌	21	子敬	新加坡小坡四马路	九总队同学录
171	潘家谟	文昌	22		文昌抱罗市碧村	九总队同学录
172	潘琼	文昌	22	展岳	文昌东坡市广济号	九总队同学录
173	颜章甫	琼山	22		琼州海口中山路泰源行	九总队同学录

中央陆军军官学校（二/四/六/七分校）第十七期

【本期说明】中央军校第四分校第十七期有第五、第八、第二十三、第二十四、第二十六共5个总队。上述总队于1941年6月至1942年10月陆续毕业，教育时间均为1年，地点贵州独山。黄埔军校海南籍人数之最，非四分校第十七期莫属。又因四分校第十七期第二十四、第二十六总队海南学生人数甚多而另外制表。本表名单来自多种资料，均在表格"备注/资料来源"栏中显示。此外，第十七期资料繁多，部分内容保留原表述，一并放在此处，尚待进一步考证。这里特别感谢广州分校第一期符会云之曾孙符策忠先生，他精心收藏的《中央陆军军官学校（六分校）第十七期学生十七总队同学录》提供了宝贵信息。从同学录里笔者寻出18位琼籍同学及3位教官的资料，可谓弥足珍贵。第十七期学生，毕业即面临抗战最艰难岁月。他们立志报国，毕业后毅然奔赴战场，狙击日本侵略者，表现出天涯热血男儿的救国忠义，有的至今未留英名。搜集海南黄埔人名录，意义非凡。

序列	姓名	籍贯	别号/字	出生年	期数	通信地址	备注/资料来源
1	云大晶	文昌		1914	四分校十七期八总队		广州黄埔同学通讯录
2	云少雄	文昌	绍雄	1917	四分校十七期八总队		海南黄埔同学通讯录
3	云逢皓	文昌		1924	中央军校十七期		泰国华侨抗日实录
4	云程	文昌		1915	四分校十七期八总队工科	乐东县抱由镇大桥南路	海南黄埔同学通讯录
5	孔庆俊	琼山	民章		四分校十七期五总队步科	琼山那流市邮局转防潭村	第四分校十七期五总队毕业同学录
6	王中坚	澄迈	江汉		四分校十七期步科	澄迈金江市山口村	中训团第九军官总队通讯录
7	王元范	澄迈			中央陆军军官学校十七期步兵科	澄迈县太平乡北潭村	海南近代人物志

续表

序列	姓名	籍贯	别号/字	出生年	期数	通信地址	备注/资料来源
8	王见	定安	锡珍		四分校十七期五总队步科	定安县岭口市邮政代	第四分校十七期五总队毕业同学录
9	王弗谦	文昌			四分校十七期五总队步科	文昌县冠南市邮局转南滨园村	第四分校十七期五总队毕业同学录
10	王会蓉	定安	锐芙		四分校十七期五总队步科	琼州定安县居丁市大丰号转	第四分校十七期五总队毕业同学录
11	王廷翼	琼山	峰		四分校十七期五总队步科	琼州琼山那流市邮局转美德村	第四分校十七期五总队毕业同学录
12	王国宝	乐会			四分校十七期五总队步科	广州湾西营琼森益转	第四分校十七期五总队毕业同学录
13	王岳	文昌			四分校十七期五总队步科	广东文昌县第一区头苑乡后塘村	第四分校十七期五总队毕业同学录
14	王明燊	琼山	克波		四分校十七期五总队步科	琼州海口市博爱路胡生记收转永郎村	第四分校十七期五总队毕业同学录
15	王养泰	琼山		1915	四分校十七期步科	琼山县东山区环湖乡	海南黄埔同学通讯录
16	王冠中	琼山			六分校十七期十七总队	琼山烈楼市棠善村交	存照/第十七期学生十七总队同学录
17	王绥德	文昌		1921	四分校十七期八总队	文昌县白延区冠南乡汉园村	海南黄埔同学通讯录
18	王琼川	文昌		1916	四分校十七期八总队	海口市塘边路	海南黄埔同学通讯录
19	王献章	琼山	振武	1916	四分校十七期八总队	琼山石山和平文甲村	海南黄埔同学通讯录
20	韦生勋	乐会			六分校十七期十七总队	乐会县中原市龙山村	存照/第十七期学生十七总队同学录

续表

序列	姓名	籍贯	别号/字	出生年	期数	通信地址	备注/资料来源
21	冯云新	琼山	素科	1920	四分校十七期工科	儋县那大镇人民大道一五九号	海南黄埔同学通讯录
22	冯日培	琼山			四分校十七期五总队步科	广州湾西营贝丁街九十四号	第四分校十七期五总队毕业同学录
23	冯仲颐	文昌		1918	四分校十七期八总队	海口市解放路	海南黄埔同学通讯录
24	冯高攀	定安	儒尔		四分校十七期五总队步科	定安县领口市积兴号转文坡村	第四分校十七期五总队毕业同学录
25	冯增耀	琼海		1919	四分校十七期步科	琼海县九曲江乡沙美村	海南黄埔同学通讯录（原同学录未见其名）
26	冯刁	琼山	逢禧	1915	中央军校十七期工科/陆军大学参谋班特五期	琼山大致坡美训村	存照/中央警官学校甲级警官训练班第一期同学录
27	卢朝炎	崖县			四分校十七期步科	崖县黄流市顺昌号转茅坡村	中训团第九军官总队通讯录
28	叶巩基	陵水			四分校十七期五总队步科	陵水县永安街生裕号转港尾坡村	第四分校十七期五总队毕业同学录
29	叶能珊	文昌		1919	中央军校十七期步科	文昌县铺前区林梧乡胡石村	海南黄埔同学通讯录
30	甘必祯	琼山			六分校十七期十七总队	琼山东山坪源新号	第十七期学生十七总队同学录
31	龙兴岳	文昌		1919	四分校十七期八总队工兵科	文昌县会文镇寨头村	海南黄埔同学通讯录
32	龙朝栋	文昌		1916	四分校十七期步科	文昌县会文市圯后岭村	海南黄埔同学通讯录（原同学录未见其名）
33	伍世昭	文昌	浩然	1918	四分校十七期工科	文昌县树子岭村	海南近代人物志

续表

序列	姓名	籍贯	别号/字	出生年	期数	通信地址	备注/资料来源
34	刘占炎	陵水	俊才		四分校十七期五总队步科	广东陵水永安镇观潮居	第四分校十七期五总队毕业同学录
35	刘美福	乐会			四分校十七期五总队步科	乐会□笃乡迈领村	第四分校十七期五总队毕业同学录
36	华　迪	文昌	景佳	1913	四分校十七期八总队工科	文昌县清澜乡下东生产队	海南黄埔同学通讯录
37	孙文庄	琼海		1916	七分校十七期通信科	琼海县长坡区椰林乡竹岭村	海南黄埔同学通讯录
38	汤盘铭	万宁			六分校十七期十七总队	琼州万宁县礼纪市邮局转许登怀收交分界水村	第十七期学生十七总队同学录
39	许成	文昌	生文		四分校十七期五总队步科	广东文昌锦山市保寿号	第四分校十七期五总队毕业同学录
40	许声照	文昌	正江		四分校十七期五总队步科	广东文昌县东阁市邮政代办所	第四分校十七期五总队毕业同学录
41	许志明	琼山	滋琉	1914	中央陆军军官学校第十七期通讯科	琼山县树德乡下昌村	海南近代人物志
42	许昌怡	澄迈	向山		四分校十七期五总队步科	广东澄迈县丰盈市邮局转拔南庄	第四分校十七期五总队毕业同学录
43	邢本国	文昌	立人		中央军校第十七期步科	文昌文教市三加村	中训团第九军官总队通讯录
44	邢谷本	文昌		1919	四分校十七期八总队	文昌县文教镇三加村	海南黄埔同学通讯录
45	邢国苑	文昌	艺声		四分校十七期五总队步科	广东文昌蛟塘市覃霸村	第四分校十七期五总队毕业同学录
46	邢国颖	文昌		1922	四分校十七期步科	文昌县宝芳镇坑村	海南黄埔同学通讯录（原同学录未见其名）
47	邢定标	文昌		1917	四分校十七期八总队	文昌县文教镇培龙乡一队	海南黄埔同学通讯录

续表

序列	姓名	籍贯	别号/字	出生年	期数	通信地址	备注/资料来源
48	邢保德	文昌	则吾	1918	中央军校十七期	文昌县宝芳市后坡村	海南近代人物志
49	邢济霖	文昌		1907	四分校十七期八总队	文昌县文教镇三加村	海南黄埔同学通讯录
50	邢裔	文昌		1921	四分校十七期八总队	文昌县东郊区良梅乡大垅村	海南黄埔同学通讯录
51	何修祥	文昌		1920	四分校十七期八总队	文昌县湖山乡溪尾圩东坡村	海南黄埔同学通讯录
52	何逸民	文昌		1914	四分校十七期八总队	文昌县城郊区联群乡水涯村	海南黄埔同学通讯录
53	余德辉	琼山	德威		四分校十七期五总队步科	广东海口市博爱路七十二号	第四分校十七期五总队毕业同学录
54	余德藩	文昌		1916	四分校十七期八总队工科	文昌县东阁市侠夫乡	海南黄埔同学通讯录
55	吴升勋	琼山			六分校十七期十七总队	琼山烈楼乡	存照/第十七期学生十七总队同学录
56	吴开进	文昌	少文	1915	成都军校十七期步科	文昌县头苑区造福乡坑尾村	海南黄埔同学通讯录;南侨之光
57	吴文骥	琼东			四分校十七期五总队步科	琼州琼东县长坡市邮局转文屯村	第四分校十七期五总队毕业同学录
58	吴多裕	澄迈			六分校十七期十七总队	澄迈县白莲市邮局转荣棠村	存照/第十七期学生十七总队同学录
59	吴执中	万宁	赞汤	1917	七分校十七期	万宁县礼纪镇冯家村	海南黄埔同学通讯录
60	吴劲武	万宁	开峻		四分校十七期五总队步科	广东万宁县盛记宝号	第四分校十七期五总队毕业同学录

续表

序列	姓名	籍贯	别号/字	出生年	期数	通信地址	备注/资料来源
61	吴志明	文昌			中央军校第十七期通信兵科	文昌罗豆市万兴号交	存照/泰国华侨抗日实录
62	吴我愚	万宁	我元	1920	六分校十七期十七总队	万宁县礼纪镇合兴冯家村	第十七期学生十七总队同学录
63	吴国城	万宁	振武		四分校十七期五总队步科	琼州万宁县城裕丰号禄益村吴宅	第四分校十七期五总队毕业同学录
64	吴剑武	琼山	坤统	1914	四分校十七期八总队	海口市长流区永桂村	海南黄埔同学通讯录
65	吴威勋	琼山	震海		六分校十七期十七总队	琼山县烈楼市邮局转传桂村	存照/第十七期学生十七总队同学录
66	吴将	崖县	吴强	1916	四分校十七期八总队	乐东县黄流区新荣乡铺村	海南黄埔同学通讯录
67	吴济中	琼山			六分校十七期十七总队	琼山县城西门街吴胜兴号转	第十七期学生十七总队同学录
68	吴钟标	琼海	惠民	1922	四川本校十七期二十总队步科	琼海县九曲江书斋乡	海南黄埔同学通讯录;南侨之光
69	吴爱众	定安	照光		四分校十七期五总队步科	琼州定安领口市邮局转楼坡村	第四分校十七期五总队毕业同学录
70	吴清柏	文昌		1925	合川分校十七期步科	文昌县城文南路86号	海南黄埔同学通讯录
71	吴瑜	文昌	乾桥	1920	四分校十七期八总队	文昌锦山市南来村	泰国华侨抗日实录
72	张业江	文昌		1917	四分校十七期		
73	张汉枢	文昌	良策		四分校十七期五总队步科	广东文昌抱罗市万丰隆转或南洋	第四分校十七期五总队毕业同学录
74	张伟志	文昌			四分校十七期五总队步科	琼州文昌土苑市广来安宝号转	第四分校十七期五总队毕业同学录

续表

序列	姓名	籍贯	别号/字	出生年	期数	通信地址	备注/资料来源
75	张国兴	儋县			六分校十七期十七总队	儋县长坡市振兴号交	第十七期学生十七总队同学录
76	张治平	文昌		1917	四分校十七期二十三总队步科	文昌罗豆谭罗村	海南黄埔同学通讯录
77	李中星	琼山			六分校十七期十七总队	琼山旧州市元昌号交(西江村)	存照/第十七期学生十七总队同学录
78	李长杏	文昌			中央军校十七期	文昌铺前田良尾村	中训团第九军官总队通讯录
79	李长贵	文昌			六分校十七期十七总队	文昌锦山市坡头	存照/第十七期学生十七总队同学录
80	李世钧	琼山		1913	四分校十七期步科	琼山县演丰区芳园村	海南黄埔同学通讯录
81	李汉才	琼山			六分校十七期十七总队	琼山县龙塘墟新街闸门外裕昌隆木厂转周合利宝号收	第十七期学生十七总队同学录
82	李启浚	琼山	哲民	1911	四分校十七期步科	琼山县美仁坡五一乡太儒村	海南黄埔同学通讯录
83	李崇梅	琼山	亮南		四分校十七期五总队步科	琼山烈楼市美昌号转大堂村	第四分校十七期五总队毕业同学录
84	李琪香	琼海		1909	四川本校十七期步科	琼海县福田北埇乡才园村	海南黄埔同学通讯录
85	杨昭枫	文昌	李瑶		四分校十七期五总队步科	广东文昌县翁田市公安乡排山村	第四分校十七期五总队毕业同学录
86	陈大道	定安	陈杰	1920	七分校十七期步科	定安县龙州区罗温乡三队	海南黄埔同学通讯录
87	陈世雄	文昌	卓布	1921	六分校十七期十七总队	文昌东关市邮局转	中训团第九军官总队通讯录

续表

序列	姓名	籍贯	别号/字	出生年	期数	通信地址	备注/资料来源
88	陈兆英	万宁			中央军校十七期步科	万宁第三区东文乡公所	中训团第九军官总队通讯录
89	陈华耀	文昌		1915	四分校十七期八总队	文昌县抱罗乡新村	海南黄埔同学通讯录
90	陈行瑾	文昌	玉昆		四分校十七期五总队步科	广东文昌冠南市致和堂转	第四分校十七期五总队毕业同学录
91	陈佐才	琼山			中央军校十七期步科	琼山城西门	中训团第九军官总队通讯录
92	陈志远	文昌			四分校十七期五总队步科	广东文昌县南阳市锦兴号	第四分校十七期五总队毕业同学录
93	陈抗生	定安	才华		四分校十七期五总队步科	琼州定安县富文市济安堂号	第四分校十七期五总队毕业同学录
94	陈其阗	文昌		1913	四分校十七期步科	文昌县白延区会文乡福坑村	海南黄埔同学通讯录（原同学录未见其名）
95	陈育红	文昌	学修	1914	四分校十七期步科	文昌县清澜区新井乡南昌邨	海南黄埔同学通讯录（原同学录未见其名）
96	陈冠英	文昌	育才	1917	四分校十七期炮科	文昌县文教市福田村	海南近代人物志
97	陈秋禄	文昌	克非		四分校十七期五总队步科	琼州文昌县迈号市邮局转地平村	第四分校十七期五总队毕业同学录
98	陈钦	文昌			中央军校十七期步科	文昌白延市龙眼园村	中训团第九军官总队通讯录
99	陈秦	文昌		1920	中央军校合川分校第十七期二十总队		泰国华侨；泰国华侨抗日实录
100	陈起智	琼海		1918	四分校十七期八总队	琼海县中原镇华侨中学	海南黄埔同学通讯录

续表

序列	姓名	籍贯	别号/字	出生年	期数	通信地址	备注/资料来源
101	陈理之	儋县	剑雄	1916	中央军校第十七期工科	儋县中和镇	海南近代人物志
102	陈敬先	澄迈	垂光	1919	二分校十七期六总队步科	澄迈县白莲镇荣友作业区荣拔村	海南黄埔同学通讯录
103	陈雄亚	文昌		1919	四分校十七期八总队工科	文昌县东郊区上坡乡锦坡村	海南黄埔同学通讯录
104	陈瑞辉	琼山	丕绩	1921	四分校十七期八总队		海南黄埔同学通讯录
105	周才才	文昌		1918	四分校十七期步科	文昌抱罗	海南黄埔同学通讯录（原同学录未见其名）
106	周成玉	琼山			四分校十七期五总队步科	琼山马陵沟市源丰号转山头脊村	第四分校十七期五总队毕业同学录
107	周成深	文昌	中平		四分校十七期五总队步科	安南堤岸美荻街蒸蒸号转	第四分校十七期五总队毕业同学录
108	周君平	文昌		1919	四分校十七期特科大队	文昌县公坡镇长福村	海南黄埔同学通讯录
109	周学明	琼东	师亮		四分校十七期五总队步科	安南西贡潮州街琼文居号转	第四分校十七期五总队毕业同学录
110	周裁发	琼山			四分校十七期五总队步科	广州湾赤坎南兴街十五号华南书庄	第四分校十七期五总队毕业同学录
111	林中天	琼海			二分校十七期七总队步科	琼海嘉积	海南黄埔同学通讯录
112	林公侠	文昌			六分校十七期十七总队	文昌县文教市邮政代办所转	存照/第十七期学生十七总队同学录
113	林平夫	崖县	建中		四分校十七期五总队步科	琼州崖县东门城内林吉兴宝号收	第四分校十七期五总队毕业同学录
114	林永春	琼山			四分校第十七期独立第八大队		第十七期独立第八大队同学录

续表

序列	姓名	籍贯	别号/字	出生年	期数	通信地址	备注/资料来源
115	林永泰	琼山			六分校十七期十七总队	琼山县三江市王恒春号转潭门村	第十七期学生十七总队同学录
116	林廷栋	文昌	林栋	1921	第四分校十七期	文昌龙楼乡	泰国华侨抗日实录
117	林犹柱	文昌			中央军校十七期步科	文昌昌洒市襄兴村	中训团第九军官总队通讯录
118	林明存	文昌			中央军校十七期	文昌文钦市头仔村	中训团第九军官总队通讯录
119	林明玮	文昌			二分校十七期二十七总队		第二分校同学录
120	林明春	文昌		1920	六分校十七期十七总队	文昌县罗豆市道坡村	存照/第十七期学生十七总队同学录
121	林明锦	文昌			四分校十七期五总队步科	广东文昌昌沛市永合号	第四分校十七期五总队毕业同学录
122	林驹	文昌	松风		四分校十七期五总队步科	广东文昌县第二区白延乡迈洲村	第四分校十七期五总队毕业同学录
123	林荫	临高			六分校十七期十七总队	临高新兴市邮局代办所转隆安村	第十七期学生十七总队同学录
124	林健生	文昌			中央军校十七期步科	文昌横山村	中训团第九军官总队通讯录
125	林振华	儋县			四分校十七期五总队步科	琼州儋县中和镇州前横街四号	第四分校十七期五总队毕业同学录
126	林益民	文昌		1919	六分校十七期十七总队	文昌县昌洒区庆龄乡榜头村	存照/第十七期学生十七总队同学录
127	林超云	文昌			四分校十七期五总队步科	琼州文昌罗豆市广盛号转	第四分校十七期五总队毕业同学录

续表

序列	姓名	籍贯	别号/字	出生年	期数	通信地址	备注/资料来源
128	林道本	文昌			六分校十七期十七总队	文昌县冠南市西园村	存照/第十七期学生十七总队同学录
129	林猷英	文昌	一虎		陆军军官学校十七期华侨大队	文昌县东阁市林村	海南近代人物志;泰国华侨抗日实录
130	林猷谟	文昌		1921	四分校十七期八总队	文昌县潭牛镇高春村	海南黄埔同学通讯录
131	林猷鹤	文昌		1920	四分校十七期八总队	文昌县潭牛镇二公堆乡密桃村	海南黄埔同学通讯录
132	林熙治	文昌		1922	七分校十七期十二总队步科	文昌县重兴区养成乡凤岐村	海南黄埔同学通讯录
133	林德	文昌		1919	四分校十七期工科	文昌县东路区下山良村	海南黄埔同学通讯录
134	欧正	文昌		1916	四分校十七期八总队	文昌县白延区红城村	海南黄埔同学通讯录
135	罗人辅	崖县		1912	中央军校十七期工兵科	崖县抱旺村	自传
136	罗耀勋	澄迈			二分校十七期七总队		第二分校同学录
137	郑行健	琼山	采南		四分校十七期步科	琼山那流乡博生村	中训团第九军官总队通讯录
138	郑剑武	琼山			六分校十七期十七总队	琼山东山墟合兴号	第十七期学生十七总队同学录
139	郑鹤松	文昌		1920	四分校十七期炮科	文昌县建华乡南坡村	海南黄埔同学通讯录
140	郑膺	文昌		1921	中央军校合川分校十七期二十总队		泰国华侨;泰国华侨抗日实录
141	洪善球	琼山			六分校十七期十七总队	琼山六新区兴镇公所	第十七期学生十七总队同学录

续表

序列	姓名	籍贯	别号/字	出生年	期数	通信地址	备注/资料来源
142	钟开春	文昌	澹如		四分校十七期五总队步科	广东文昌县三合街东南兴号	第四分校十七期五总队毕业同学录
143	唐国璧	万宁			四分校十七期五总队步科	广东琼州万宁县北坡市信柜转	第四分校十七期五总队毕业同学录
144	唐隆世	文昌		1916	四分校十七期通信科	文昌县龙马区宝榜村	海南黄埔同学通讯录
145	徐雄	定安	杰英		四分校十七期五总队步科	琼州定安县枫木市得生堂	第四分校十七期五总队毕业同学录
146	翁源浦	文昌		1916	四分校十七期七总队步科	文昌县清澜区新园乡	海南黄埔同学通讯录
147	郭开	琼山		1918	四分校十七期炮科	琼山县大致坡高魁村	海南近代人物志
148	郭尧阶	琼山		1919	四分校十七期八总队	琼山县大致坡大东乡高魁村	海南黄埔同学通讯录
149	曹声骏	文昌		1921	四分校十七期八总队	文昌县东郊区马头乡青头村	海南黄埔同学通讯录
150	梁日新	文昌	其正		四分校十七期五总队步科	琼州文昌县烟墩市长岐村	第四分校十七期五总队毕业同学录
151	梁安芷	琼山			二分校十七期二十七总队		第二分校同学录
152	梁安精	文昌			四分校十七期		陈家鉴回忆录
153	梁应贵	崖县	鹏飞		四分校十七期/军委会滇干训团一期	崖县莺歌海宝兴隆转	中训团第九军官总队通讯录
154	梁应裁（哉）	琼山		1924	六分校十七期十七总队	琼州海口中山马路张利和转	海南黄埔同学通讯录;十七期十七总队同学录
155	章光侠			1922	四分校十七期八总队工科	琼山县府城福地后街十一号	海南黄埔同学通讯录

续表

序列	姓名	籍贯	别号/字	出生年	期数	通信地址	备注/资料来源
156	符孔文	儋县			六分校十七期十七总队	儋县第四区大成市天和堂转美杨村	第十七期学生十七总队同学录
157	符气美	文昌			六分校十七期十七总队	文昌凤尾邮局转王堂村	存照/第十七期学生十七总队同学录
158	符功瀛	文昌		1918	四分校十七期八总队	文昌县公坡沧海村	海南黄埔同学通讯录
159	符自觉	文昌	卓熙		四分校十七期五总队步科	广东文昌县文教市齐明乡东田村	第四分校十七期五总队毕业同学录
160	符和惠	文昌		1921	四分校十七期八总队	文昌县东郊中海村	海南黄埔同学通讯录
161	符国宇	文昌			六分校十七期十七总队	文昌□昌大宝号转	存照/第十七期学生十七总队同学录
162	符国壁	文昌		1911	四分校十七期	文昌重兴乡东坡村	存照/南侨之光
163	符拔	文昌	铁铮		六分校十七期十七总队	文昌抱芳市人和堂转	存照/第十七期学生十七总队同学录
164	符勉吾	文昌			六分校十七期十七总队	文昌迈号市邮局转霞水村	存照/第十七期学生十七总队同学录
165	符载光	文昌			四分校十七期五总队步科	琼州抱罗市符南兴号转	第四分校十七期五总队毕业同学录
166	符瑞儒	文昌		1920	中央军校十七期	文昌石壁市田地园村	海南近代人物志
167	符瑞麟	琼山	文檀	1922		琼山县三民乡玉符村	海南近代人物志;黄埔七分校记忆

续表

序列	姓名	籍贯	别号/字	出生年	期数	通信地址	备注/资料来源
168	符福东	文昌			六分校十七期十七总队	文昌大德乡四信柜送东边田村	存照/第十七期学生十七总队同学录
169	符福荫	文昌		1922	六分校十七期十七总队	文昌大德乡信柜转交东边田村	存照/第十七期学生十七总队同学录
170	黄世椿	文昌		1919	七分校十七期十总队	文昌县潭牛市敦诗村	泰国华侨抗日实录
171	黄华侨	文昌	侠夫		四分校十七期五总队步科	广东文昌冠南市益隆号	第四分校十七期五总队毕业同学录
172	黄彦	文昌			四分校第十七期		泰国华侨抗日实录
173	曾祥兴	万宁			六分校十七期十七总队	琼州万宁县礼纪市天生药房	第十七期学生十七总队同学录
174	曾毓忠	琼山			六分校十七期十七总队	琼山三江市邮局转道崇市坭龙云村	存照/第十七期学生十七总队同学录
175	谢金铭	文昌	佩斐		四分校十七期五总队步科	广东文昌县重兴市邮局转	第四分校十七期五总队毕业同学录
176	韩百元	文昌	杰程	1915	四分校十七期八总队	文昌锦山区榜春乡銮坡村	海南黄埔同学通讯录
177	韩运光	文昌	国坚	1917	四分校十七期八总队	文昌县抱罗区白石坡村	海南黄埔同学通讯录
178	韩卓环	文昌	球		四分校十七期五总队步科	广东文昌县水北市龙脉村	第四分校十七期五总队毕业同学录
179	韩定丰	文昌		1920	四分校十七期步科	文昌县锦山区禄家乡下园村	海南黄埔同学通讯录
180	韩宝丰	文昌	善师	1921	四分校十七期八总队	文昌县公坡区石盘村	海南黄埔同学通讯录
181	韩杰	文昌	伟畴	1921	四分校十七期八总队	文昌铺前林梧乡六坡村	海南黄埔同学通讯录

续表

序列	姓名	籍贯	别号/字	出生年	期数	通信地址	备注/资料来源
182	韩振元	文昌			四分校第十七期		新加坡华侨/海南近代人物志
183	韩效元	文昌		1916	四分校十七期八总队	文昌县锦山区榜春乡銮坡村	海南黄埔同学通讯录
184	韩海山	文昌			四分校十七期八总队		泰国华侨抗日实录
185	韩鉴元	文昌		1921	四分校十七期步科	文昌县昌洒镇凤鸣村	海南黄埔同学通讯录（原同学录未见其名）
186	韩蕴光	文昌	翊中		四分校十七期五总队步科	香港九龙弥敦道226号	第四分校十七期五总队毕业同学录
187	韩耀光	文昌	汝明		第十七期独立第八大队	文昌湖山市湖塘村	第十七期独立第八大队同学录
188	詹开万	文昌	鸿基		四分校十七期五总队步科	琼州文昌烟墩市惠元堂	第四分校十七期五总队毕业同学录
189	詹行浩	文昌			四分校十七期八总队	移居香港	海南黄埔同学通讯录
190	詹孝德	文昌		1916	四分校十七期八总队	文昌烟墩市昌郎村	海南黄埔同学通讯录
191	詹忠华	文昌			四分校十七期五总队步科	文昌县烟墩市邮政代	第四分校十七期五总队毕业同学录
192	蔡志汉	琼山			六分校十七期十七总队	琼山海口市中山县蔡升记	第十七期学生十七总队同学录
193	潘文涧	文昌	铁中		四分校十七期五总队步科	广州湾赤坎埠新街尾卢尊园医务所	第四分校十七期五总队毕业同学录
194	潘正洲	文昌		1921	四分校十七期八总队	文昌县抱罗区抱功乡统里村	海南黄埔同学通讯录
195	潘吉三	文昌	劲中		四分校十七期五总队步科	广东文昌抱罗市邮局转统理村	第四分校十七期五总队毕业同学录

中央陆军军官学校第十七期第二十四总队

【本总队说明】黄埔军校多次迁址,易地办学,条件甚是艰苦。广州分校、四分校时期招收第十二期至第十九期各总队学生,贵州办学期间招收第十七至第十九期学生,其中第十七期达到黄埔军校的学员高峰期,总队合计达26个。第十七期第二十四总队于抗战期间入校受训,教育时间为1年余,1942年10月在贵州独山毕业,人数为1354人,其中琼籍115人。同年11月,第十七期第二十三、第二十四、第二十六总队举行隆重的毕业典礼,同学们在拿到毕业证书、佩剑及同学录后被分配到各部队充任基层军官。他们投身于抗日的洪流,为国尽忠。本总队同学录,得之不易。资料之收集,这份感谢应归于广州分校第一期符会云之曾孙符策忠先生。笔者从他收藏的同学录里共录出113位琼籍同学(陈家鉴、赵仕科同学未见其名,另注),十分珍贵。因战时财力、物力维艰,该期同学录制作简单,仅有名录而没有照片,稍感遗憾。

序列	姓名	籍贯	毕业年龄	通信地址/说明	备注
1	王正	琼东	27	琼州嘉积市福裕隆号转	
2	王廷清	琼山	20	琼山那流市美德村	
3	王机	澄迈	23	澄迈县加乐市杨仝昌号转坡尾市发利号收	
4	王国榜	琼山	27	琼山咸凉市	
5	王承先	定安	23	定安县邮局转雷鸣市安当堂交	
6	王衍铨	定安	21	定安县邮局转春内村	
7	王衍强	定安	21	定安县邮局转春内村	
8	王殿清	乐会	22	南洋怡保埠烈治街/琼海县温泉镇下寨乡	
9	王福佳	琼山	23	新兴邮局转蕴奥村交	
10	王福昌	琼山	24	定安县沙竹新市邮箱转蕴奥村	
11	王锡龙	定安	25	定安县雷鸣市耽古村	
12	甘远才	琼山	23	海口市少史街宝盛号转	

续表

序列	姓名	籍贯	毕业年龄	通信地址/说明	备注
13	关迈众	琼山	25	琼山县屯昌市邮局转	
14	华运荣	文昌	23	石壁乡连春村交	
15	吉承侠	崖县	22	崖县冲坡村（注：本校十五期亦见其名）	
16	朱良	文昌	23	英属南洋星嘉坡小坡大马路朱氏社内转	
17	朱运发	文昌	21	第一区头勋乡大园村	
18	朱家琼	定安	21	定安县雷鸣市邮局转高贵村交	
19	严崇良	文昌	23	文昌冠南市致和堂转	
20	何声雄	乐会	22	乐会县上寨村卢江小学交	
21	余昭盛	文昌	22	文昌便民路和丰隆交	
22	吴乃理	琼山	21	琼山烈楼市邮政代办所转传桂村	
23	吴干刚	琼山	20	广州湾西营埠	
24	吴汉杰	琼山	24	海口市少史街吴吉记转	
25	吴多恩	文昌	26	文昌东阁市南明山村	
26	吴均	琼山	26	琼山府城尚书坊门牌六号	
27	吴钟礼	琼山	22	斗市丰村交	
28	吴钟明	文昌	21	文昌白延市韩园村转/文昌县白延区翰园村	
29	吴耀勋	琼山	23	烈楼市邮局转传桂村	
30	张家财	文昌	26	文昌第一区头勋乡公所转	
31	张鼎新	文昌	21	文昌行头市展华乡交	
32	张新程	文昌	20	文昌头苑市邮局转	
33	张瑞津	琼山	26	琼山谭文市嘉乐湖村	
34	张燕书	文昌	23	白延后田村张运伸收交	
35	李庆仲	琼山	26		

续表

序列	姓名	籍贯	毕业年龄	通信地址/说明	备注
36	李劲岛	文昌	23	文昌县美兴号	
37	李学林	乐会	22	乐会县东门外街德就号/琼海县朝阳乡莫村	
38	李学耀	琼山	22	琼山郡县流市邮局转潭新村	
39	李定球	琼山	21	广东澳门仔官也街	
40	李重辉	琼山	23	琼山东山市协成宝号转潭清林交	
41	李家文	乐会	20	琼州嘉积市加祥街南通号转	
42	李继唐	万宁	24	万宁县天德大宝号转下埠村	
43	杜挺昆	琼山	22	琼山烈楼市宏利号转	
44	杨开智	琼山	24	琼山灵山市邮局转鸟山村	
45	苏大开	文昌	20	文昌县迈号市美珍金铺转	
46	陆荣	文昌	22	重兴市陶墩村	
47	陈文镜	文昌	22	文昌锦山市合发号转龙吉村	
48	陈永贵	文昌	25	文昌宝昌市边沟村	
49	陈工中	文昌	21	文昌锦山市合发号	
50	陈昌喜	文昌	22	文昌东郊市邮局	
51	陈雨田	陵水	22	琼崖万宁县里记市邮局转贡举市保和堂	
52	陈家鉴	乐会		琼海上埇乡	海南黄埔同学通讯录
53	陈锦云	琼山	23	香港文咸西街	
54	陈麟章	琼山	21	海口中山路十八号卫兴记	
55	周济光	琼山	28	琼山潭口西浮渡公司转	
56	林日庄	文昌	26	文昌县白延市文林信箱转	
57	林光华	文昌	27	文昌白延市升昌号转百福村	
58	林明山	文昌	21	广州湾西营埠贝丁街	

续表

序列	姓名	籍贯	毕业年龄	通信地址/说明	备注
59	林诗昌	文昌	21	文昌抱罗市邮局转栋材坡村	
60	林诗荣	文昌	22	文昌抱罗市栋材坡村交	
61	林树棉	文昌	21	文昌土苑市横山村/头苑区横山乡港尾村	
62	林鸿渊	文昌	20	文昌白延市文林信箱转龙眼酉村交	
63	林敬鸿	文昌	23	文昌白延市龙眼园村交	
64	林猷东	文昌	22	文昌县罗豆市	
65	林猷瑞	文昌	27	高隆市圯美里村交	
66	林毅强	文昌	23	文昌白延市文林信箱交福田园村	
67	郑心裕	文昌	24	文昌新桥乡公所福田村	
68	郑有书	澄迈	24	澄迈县志城市龙吉村	
69	郑雄	崖县	23	崖县第一区临乡邮局交/三亚保港区临高乡	
70	侯耀东	文昌	23	文昌便民乡公所转	
71	赵仕科	文昌		文昌县头苑区横山乡横山村	海南黄埔同学通讯录
72	钟瑜	儋县	24	琼州那大邮局转	
73	唐焕南	琼山	22	海口市南门外中山路一号	
74	莫灰	定安	24	定安永丰市	
75	郭子恺	琼山	23	泰国西势初具埠博济药房	
76	梁平生	万宁	24	万宁县龙滚市凤尾村/龙滚文渊坡尾村	
77	梁应贵	崖县	23	崖县莺歌海宝兴隆交	
78	梁基	琼山	25	琼山十字路市美璋邮局转	
79	梁碧	文昌	24	文昌蛟塘市草岘村	
80	符气东	文昌	22	文昌中山区齐民乡公所转	
81	符气鸿	文昌	23	文昌中山市齐明乡	

续表

序列	姓名	籍贯	毕业年龄	通信地址/说明	备注
82	符世英	文昌	22	罗豆市广华号转安园村	
83	符业天	琼山	25	琼山新兴市邮局转蕴奥村	
84	符仲	文昌	24	文昌龙马邮局转育英学校	
85	符苡莪	文昌	24	文昌新桥市圯	
86	符治民	文昌	22	文昌东郊市复兴乡南港村	
87	符复	文昌	21	东郊市复兴乡南港村	
88	符昭铃	文昌	22	文昌县南竹林市邮箱交甘村乡	
89	符致仁	文昌	23	文昌东郊市荣昌宝号转	
90	符福梧	文昌	22	水白市赤土蓝田村	
91	黄少雄	文昌	28	文昌大昌乡公所转三加村交	
92	黄华	琼山	20	琼山烈楼市北合街	
93	黄明琼	文昌	21	清澜港邮局转福城村	
94	黄烈	琼山	24	琼山树德市悦香号转	
95	傅若中	文昌	22	文昌大德乡第四乡信箱	
96	谢兆麟	临高	25	临高南门外多琏村	
97	韩汉准	文昌	20	文昌县昌洒市邮局转昌闹村	
98	韩伟坚	文昌	22	文昌迈号市飞岭村	
99	韩进光	文昌	27	文昌锦山市文考村	
100	韩国元	文昌	22	罗豆市安园村交	
101	韩奋	文昌	23	琼州海口市锦源昌宝号	
102	韩昆	文昌	24	文昌抱罗市广兴号	
103	韩桐民	文昌	23	昌洒市邮局转昌述村	
104	韩喜元	文昌	21	文昌翁田市东嘉山村交	
105	韩辉元	文昌	25	文昌水北市地灵村	
106	韩慕中	文昌	23	文昌县赤坎坡村	

续表

序列	姓名	籍贯	毕业年龄	通信地址/说明	备注
107	韩德存	文昌	20	文昌铺会市晋昌号转	
108	潘文海	文昌	21	抱罗市白石村交	
109	黎民光	琼山	25	琼山县谭文市邮局转	
110	黎民望	琼山	22	琼山旧州市同春药房	
111	黎汉雄	文昌	24	文昌头苑市苑宫村	
112	黎克民	琼东	27	琼东嘉积市隆庄号水背村	
113	黎敬汉	定安	25	定安县岑腰乡信箱交	
114	薛上池	儋县	27	儋县木棠市邮局转薛屋村交	
115	魏邦万	定安	24	定安龙塘市信箱转大山村交	

中央陆军军官学校四分校
第十七期第二十六总队(华侨生总队)

【**本总队说明**】本总队由前华侨入伍生团改编而成。而华侨入伍生团由前华侨学生大队改编而成。1940年,为拓展学生来源,鼓励有志青年回国受训参加抗战,第四分校请侨务委员会及战时驻东南亚各国使领馆负责招生推荐入校,分校据归国学生人数奉命扩充华侨入伍团。起初,侨生归国者因交通梗阻,一时人数不多,故编为华侨学生大队。其后华侨青年陆续回国请予入校受训者众,四分校主任韩汉英(文昌籍)赞赏青年跋涉重洋回国杀敌之壮志,乃呈请扩充为华侨入伍生团,分编一、二、三营,黄百强(琼山籍)任团长。1941年元旦,乃改编为华侨总队,各营按次改为一、二、三大队。第一大队同学入学较早,毕业较前,仅有名录没有照片。第二、第三大队于1941年秋毕业,均有照片。临毕业,因战时维艰,日寇封锁沿海交通,纸张来源匮乏,经同学录筹备会历次商讨,本同学录乃决定除官长与同学必要相片及通讯录之外,其余概为不用。在式样方面,为求节省印刷费用,决定用小型手本而粗略制作《中央陆军军官学校第十七期二十六总队华侨生毕业同学录》一册,并由四分校中将主任韩汉英、副主任陈联璧、政治部主任余拯、总队长黄百强分别撰写了序言。

第十七期二十六总队毕业同学共计837人,其中海南籍440人。这是海南黄埔学子人数最多的一个总队,占据当期半壁江山。他们大部分是来自新加坡、马来西亚、泰国等地的南洋华侨青年。他们认为事关抗日救国大业,都义不容辞归国报考军校。他们离父母、别亲友,远涉重洋不辞劳苦回国为国效力,毕业后战死、病亡、失踪者难计其数。如此热爱祖国、深爱人民者,却鲜为人知,实属憾事。

序号	姓名	别号/字	年龄	籍贯	通信地址	备注
1	云山	壁光	20	文昌	文昌波罗市邮局转茂山村	存照
2	云刚	昌钺	22	文昌	文昌第八区锦宗青云村	
3	云步青	大珍	24	文昌	文昌县锦山市排港村	存照
4	云昌炽	慰亭	27	文昌	泰京新城门大马路云中和隆云位候君转	存照
5	云昌健		20	文昌	文昌县会文市朝圭村	存照
6	云峻	大骝	22	文昌	文昌县冯家坡市圯官堆村云昌瀛转	存照

续表

序号	姓名	别号/字	年龄	籍贯	通信地址	备注
7	云逢成	鹏程	24	文昌	文昌锦山市南拔村	
8	云逢珍	美斋	24	文昌	文昌龙马邮政代办所转	存照
9	云培军	大球	21	文昌	文昌县抱罗市湖心乡才□坡村	存照
10	云培英	岳钟	22	文昌	文昌县溪尾市邮政箱代转湖心黄土坡村交	存照
11	云惟峻	百岭	19	文昌	文昌县凤尾市湖淡村	存照
12	云萃廷	逢玪	22	文昌	文昌溪梅市湖心乡湖心小学校转	存照
13	云鸿透	弼良	22	文昌	文昌县冯家坡市邮政箱代转官堆村交	存照
14	文庆雄		26	万宁	马来亚新加坡海南街汇安号转吉昔加埠新德记	存照
15	方天中	振光	24	琼山	琼山县纯昌市信箱转圣村	存照
16	王乃川		22	定安	定安李世乡公所转卜优村	存照
17	王刁屯	禄侠	20	文昌	文昌县宝芳市昌享村	存照
18	王大护	少觉	23	琼东	琼东嘉积市圮木皇村	存照
19	王才方	达政	25	琼山	琼山烈楼市邮局转堂善村	存照
20	王书庆		20	琼东	琼东嘉积市山塘村	存照
21	王友标		23	乐会	乐会县中原乡黄思村转	存照
22	王东雄	汝汉	25	文昌	文昌中一区伍松乡	
23	王央	剑雄	23	文昌	文昌新桥市信箱	存照
24	王正英	奋夫	21	琼东	琼崖嘉积市王益盛号转	存照
25	王永仁		21	乐会	马来亚雪兰峨吉隆坡孤琼同兴	存照
26	王传和	维寰	25	文昌	文昌县东郊市良梅村	存照
27	王兴孝	东	20	澄迈	澄迈第二区架乐信箱转石浮乡公所转栖雁岭村	存照
28	王刚峰	烈	21	琼东	琼东县嘉积市圮志忠乡排田村	存照

续表

序号	姓名	别号/字	年龄	籍贯	通信地址	备注
29	王安澜	清云	20	文昌	文昌县东郊市邮局转交或豹山村邮局转交	存照
30	王庆蒲	振初	23	澄迈	澄迈县金江市邮局转博潭村	存照
31	王达忠	磊	22	澄迈	澄迈县第三区智美乡转交大美村	存照
32	王齐奇	荣亚	23	乐会	琼州嘉积市昌盛大宝转南正村交	存照
33	王固雄	爱民	25	乐会	乐会中原市邮政代办所转黄思村	存照
34	王昌椒	蕃衍	29	乐会	乐会中原市王顺泰	存照
35	王昌榜	正平	21	乐会	乐会迈汤范藉园村	
36	王泽润	中雄	20	乐会	乐会县城王益隆号转西门村	存照
37	王范	次纲	20	澄迈	香港旺角导群中学黄直生转	存照
38	王济民	颜	27	文昌	文昌东郊市良梅村	存照
39	王祚蕃	涛	24	琼东	琼州嘉积市嘉祥街一九九号	存照
40	王家贤	德行	19	乐会	乐会第三区共济乡黄思村(中原市王钰记)	存照
41	王康定		22	文昌	文昌文教市邮政代办所转三港村	
42	王康寰	中平	20	文昌	文昌县抱罗乡抱罗市圮林绿村父	存照
43	王维国	乐海	22	文昌	文昌昌洒市临高村	存照
44	王鸿	惠良	24	文昌	文昌东郊市怡盛号良梅村	
45	王鸿梁	奋	24	琼山	琼山县演丰市旧墟村	
46	王禄珍	克夫	21	文昌	文昌文教市鳌头村	
47	王禄镇		18	文昌	马来亚槟城椰脚街门牌三十八号	存照
48	王裕芳	涌潮	23	乐会	乐会中原市(王瑞记)圮仙窟村	存照
49	王槐荫	健民	20	乐会	乐会嘉积市邮局转田头村	存照
50	邓文晟	竞光	21	文昌	文昌县铺前市转汕头村交	存照
51	邓美轮	英才	26	定安	定安龙塘市民生药房转平塘村	存照
52	邓焕东		21	文昌	文昌铺前市东兴号	

续表

序号	姓名	别号/字	年龄	籍贯	通信地址	备注
53	韦经华	克伦	19	乐会	新加坡小坡美芝律二三三号	存照
54	丘裕民	顺成	20	澄迈	澄迈长安市邮政局代转内阁堂村	存照
55	冯文修		21	琼山	琼山县甲子市长昌乡青云村	存照
56	冯汉东	岳丐	21	文昌	文昌菠萝市福宝村	存照
57	冯光第		20	文昌	文昌抱罗市里隆村	存照
58	冯百英	增耀	22	乐会	乐会县领南乡沙美村	存照
59	冯利清		20	定安	定安宾文市大里村	存照
60	冯所益		19	琼山	琼山三江市罗梧村	存照
61	冯家谟	承	23	文昌	文昌县文教乡山海村	存照
62	冯泰来	世勇	22	琼山	琼山大林市冯昌号	
63	冯渊	尔逸	21	文昌	文昌县潭牛市邮政代办转墩头村	存照
64	冯森	松筠	22	琼山	琼山大致坡泰安堂	
65	冯裕丰	建白	27	文昌	文昌铺前市美兰村	
66	冯裕孟		22	琼山	琼山三江市乌石村	存照
67	卢业华	耀川	24	乐会	乐会县博鳌市邮局转	存照
68	卢成旭	磊	20	崖县	崖县城新崖书局	存照
69	卢焕春		20	文昌	泰国初昊岛排南埠卢南昌号	存照
70	卢磊		23	乐会	乐会第三区万石乡石排村	
71	史思宁	定平	24	文昌	文昌县公坡市石头街	
72	叶文	能就	21	文昌	越南蓬山叶河记号	存照
73	叶扶中	能鸾	23	文昌	文昌铺前市聚隆兴号转交谈文村	存照
74	叶奋平	纪南	23	文昌	文昌林梧乡高峰村	存照
75	叶能昌	德明	20	文昌	文昌县铺前市铺西乡西坡村	存照
76	叶能澄	柏忍	24	文昌	文昌县林梧乡东坡村	存照
77	左大鹏	举云	28	文昌	文昌城内署前北路一二六号左家宅	存照

续表

序号	姓名	别号/字	年龄	籍贯	通信地址	备注
78	甘正雨	地福	24	琼山	琼山县海口市博爱路富记号高国智转	存照
79	邝文帜	志云	21	澄迈	澄迈丰盈市邮局	存照
80	邝雄亚	家林	21	文昌	文昌县潭牛市中山乡美孝村	
81	龙文广	俊秀	24	万宁	万宁县城天德号转交排溪村	存照
82	龙仕栋	云飞	25	琼山	琼山县会文市厚岭村	存照
83	龙兴辉	德良	26	琼山	文昌白延市邮局转仙昌市信柜交西坡村	存照
84	龙庆星	冠东	23	琼山	琼山县会文市龙家乡东昌村	存照
85	龙佳		23	琼山	琼山县会文市寨头村	存照
86	龙莆瑞	中英	20	文昌	新加坡米芝律娱乐室门牌三十三号	存照
87	龙莆蕃		24	琼山	琼山县会文市发里洲村	存照
88	龙朝佳	灵水	21	琼山	琼山县会文市坵寨头村	存照
89	龙朝珍		24	琼山	琼山县会文市寨头村交	存照
90	龙源华	诚	20	琼山	文昌县冠南市坵龙家岭后村交	存照
91	龙源簪	潜	20	琼山	琼山仙昌市东兴隆转宝田村	存照
92	龙鹏球		20	文昌	新加坡东冷谷律八号	存照
93	龙鹏福		24	琼山	文昌市重兴镇富春村（现址）	存照
94	全运锦	漂萍	20	乐会	乐会县第一区敬群乡中爽村	存照
95	刘凤飞	建强	22	万宁	万宁博济堂转溪边村	存照
96	华策吾	枕戈	21	琼山	文昌县白延西昌市邮政转大长村	存照
97	吕智杏		25	儋县	儋县中和镇十字街木铺转	存照
98	庄运随	干群	20	文昌	南洋马来亚新加坡小坡巴味士街门牌二十三号	存照
99	庄迪栋		20	琼东	文昌烟墩市大有村	存照
100	庄迪槐		20	琼东	琼东烟墩市大有村	存照
101	朱世保	保全	18	乐会	英属马来亚柔佛属拉美仕埠	存照

续表

序号	姓名	别号/字	年龄	籍贯	通信地址	备注
102	朱家瑞		22	乐会	马来亚柔佛巫罗加什源源宝号	存照
103	江隆云	汉章	25	文昌	文昌迈号市官仓村	
104	纪炎英		22	万宁	万宁博济堂代转调殷村	存照
105	许会廷	之	23	文昌	文昌锦山市土宝村	存照
106	许声发	萍	24	文昌	文昌迈号市三亭村	存照
107	许定国	惠良	23	琼山	文昌再新市广南生转下昌村	
108	许健		21	文昌	文昌白延市邮局转	存照
109	许寰琼	崇侠	21	文昌	文昌县凤尾市邮局代办转田界村	存照
110	邢诒初	美泉	21	文昌	文昌东阁乡美柳村	存照
111	邢谷礼	敬民	20	文昌	文昌昌洒镇昌达乡长春村	存照
112	邢国咏		19	文昌	文昌县东阁市流坑村交	存照
113	邢国淡	正崇	23	文昌	文昌文教邮政所转乐效乡三加村	存照
114	邢国雄	兆英	22	文昌	文昌文教市三加村交	存照
115	邢定东	仰山	22	文昌	文昌宝昌市南兴乡	
116	邢特伟	作正	25	文昌	文昌东阁市紫微山村	存照
117	邢益森	许生	21	文昌	文昌县蛟塘邮局交三才村	存照
118	邢啸克	艾之	24	文昌	文昌公泰烟魁	存照
119	邢增雄	心奋	18	文昌	文昌公坡市公道乡后坡村	存照
120	邢德明	冠亚	29	文昌	文昌昌洒市昌达宝敦小学校	
121	何一亚	达鑫	23	乐会	新加坡小坡大马路永利华商号转	存照
122	何书雅	哲川	25	乐会	乐会县归仁乡锦文村	存照
123	何天荣	经武	19	澄迈	澄迈县新吴市龙楼村	存照
124	何达振		24	乐会	乐会县乐美乡科解村	存照
125	何和南	竞群	20	文昌	文昌县便民市瑞瀛村	存照
126	何定国	天介	28	文昌	文昌便民市水汇村	

续表

序号	姓名	别号/字	年龄	籍贯	通信地址	备注
127	何荣		22	文昌	文昌龙马市圯上苑村	存照
128	何荣光	和宛	22	文昌	文昌县龙马市邮政箱代转上苑村	存照
129	何敦川	子之	21	文昌	文昌县迈号市水龙坑村	存照
130	何端华	文照	22	文昌	马来亚新加坡小坡六马路五号振群补习学校	存照
131	何瑞海	展川	21	文昌	文昌县便民市何基公祠	存照
132	何题泰	绣山	23	文昌	文昌锦山市大街广和隆	存照
133	何壁山	执一	24	文昌	文昌头勋乡军城村	
134	吴天日	白青	25	文昌	新加坡大马路水仙门一零五号	存照
135	吴冬	友兰	25	琼山	琼山烈楼市文盛坊交	存照
136	吴多瑢	泽光	27	琼山	文昌白延仙昌市东兴隆号墨文村	存照
137	吴志伯		27	定安	定安龙塘市济安堂转坡上园村	存照
138	吴运英	杰甫	24	琼东	琼东长安市文屯村	存照
139	吴坤统	继华	22	文昌	文昌锦山市昌塘乡后山村	
140	吴昌半	杰	22	定安	定安居丁市广德堂转石锦堂村	存照
141	吴昌信	史才	20	定安	定安黄竹市天生堂转红带村	存照
142	吴挺拔	萃南	24	定安	定安成合宝号转南山村	存照
143	吴美景	韶光	21	乐会	马来亚吉隆坡古路口信生号门牌	存照
144	吴钧	儒金	18	文昌	文昌龙楼市嘉乐村	存照
145	吴家芝		22	琼山	琼山县海口市博爱路德源药房转	存照
146	吴谈锦		22	定安	定安居丁市广德堂转石锦堂村	存照
147	吴乾芳	昭炯	21	琼山	琼山大同市乡公所转大乐坡村	存照
148	吴乾健		21	文昌	文昌县东坡市美宝村交	存照
149	吴清深		22	琼山	泰国曼谷越色局林公记火锯内交	存照
150	吴景平	俊	23	定安	定安居丁市广德堂转石锦堂村	存照

续表

序号	姓名	别号/字	年龄	籍贯	通信地址	备注
151	吴静南	坤翕	21	琼山	文昌县罗豆市发利号交	存照
152	吴耀明	运谦	20	乐会	马来亚吉隆坡谐街门牌一三九号南兴宝号	存照
153	宋星辉	照煌	24	文昌	文昌县东郊市悦丰号转	存照
154	岑新亭	新汉	24	澄迈	澄迈老城市美盛号交	存照
155	张一飞	因春	20	琼山	海口市博爱路张利和药行	存照
156	张大江	济远	22	琼山	琼山第三区塔市大塘村	存照
157	张从洞		26	文昌	文昌土苑市上僚村	
158	张业英	觉先	23	文昌	文昌翁田市坑梅村	
159	张业恩		22	文昌	文昌锦山市禄家村	存照
160	张成庆	钧	26	琼山	琼山大林市官厅村	
161	张进爵	封	25	琼山	琼山大林乡赤苇村	存照
162	张岳	诗富	24	琼山	琼山县第三区演丰乡龙里村	存照
163	张诗衍	超	25	文昌	文昌第一区南阳乡美德坑村	存照
164	张敏之	中民	24	文昌	文昌县城协昌号转	存照
165	李日芳	兰阶	20	澄迈	澄迈瑞溪市藩侯村	存照
166	李业浓	圣岳	20	乐会	乐会县区立归仁高级小学校	存照
167	李光中		23	文昌	文昌县迈号市名门村	存照
168	李多蔚	秀深	19	琼东	琼东福田市天生堂药房	存照
169	李尧封		27	乐会	乐会椰子寨邮箱转作述村	
170	李达雄	世泰	21	万宁	万宁第三区南山乡端熙市金满材	存照
171	李伯衡	昌权	20	琼山	琼山县演丰乡方园村交	存照
172	李荣	子实	25	乐会	乐会集美乡南面村	
173	李家球	大祺	23	万宁	万宁龙滚市符仁发号转交	存照
174	李琼球	槟浓	20	万宁	万宁县龙滚市荣达兴宝号	存照

续表

序号	姓名	别号/字	年龄	籍贯	通信地址	备注
175	李鹏志	鸿恩	22	琼山	琼州海口塔市乡群上村	存照
176	李毅民	强	22	文昌	文昌铺前市城后村	
177	杨庆珍	任之	23	琼东	琼东第三区福田镇邮局转坡村	
178	杨兹隆		21	琼山	琼山县三江区马陵沟乡秀生村	存照
179	杨善焘	昭宇	21	琼东	琼东县福田市圯大水岭村	存照
180	苏文杰	汉军	22	文昌	文昌县凤尾市圯(田界村)	存照
181	苏堤	中武	22	琼山	琼山县中瑞市圯厦墩村交	存照
182	陈一介	觉群	20	琼东	南洋吉隆坡茨厂街——五号涵煦庐药坊	存照
183	陈川积		28	文昌	文昌第六区五美乡白石村	
184	陈仁吾	沈诚	21	文昌	文昌龙马市人和堂转坡头村	存照
185	陈升龄	懋	20	文昌	文昌县迈号市邮局转蔡村村	存照
186	陈尤杰		20	文昌	文昌县东郊市福绵村转	存照
187	陈文交	剑英	21	文昌	文昌抱罗市西山村	存照
188	陈文波	岛	22	文昌	文昌县锦山市邮局代转曾室坡村	存照
189	陈文津		22	文昌	文昌锦山市桥坡村	
190	陈文钧	一平	21	文昌	文昌罗豆市丰民村	存照
191	陈文镇		21	文昌	文昌第一区头勋乡陈村	
192	陈丕蕃	勇维	21	文昌	文昌南阳市圩盘玩村	
193	陈丙材	献苏	19	文昌	文昌县文教市新泰昌号福寿山村	存照
194	陈业雅		18	万宁	万宁县第三区芎北乡岭后村	存照
195	陈仕吾	虹	24	万宁	万宁县龙滚市符仁发号	存照
196	陈正雄	文标	23	文昌	文昌锦山市王兰村	存照
197	陈民	志扬	24	文昌	文昌东阁市边田村	存照
198	陈立轩		21	文昌	文昌县水北市圯芬芳村	存照
199	陈传智	礼门	26	乐会	乐会集美乡江水村旧□里	存照

续表

序号	姓名	别号/字	年龄	籍贯	通信地址	备注
200	陈在善	励我	20	琼山	泰国万慕埠锦源丰金店	存照
201	陈如安	圣雄	18	琼山	琼山县第三区铺前市南北行宝号转儒林村	存照
202	陈如清	道川	22	文昌	文昌昌洒市坝凤凰村	
203	陈行文		20	文昌	文昌迈号市下山村	存照
204	陈行良		21	文昌	文昌迈号市迈德乡名山村	存照
205	陈克东	子彬	23	琼山	琼山塔市陈家村学校	
206	陈灼良	励吾	25	琼山	琼山县第三区演丰市桃园村	存照
207	陈运桂	剑英	27	文昌	文昌东郊市溪边村	存照
208	陈进环		20	琼山	琼山塔市邮政代办所转福首村	存照
209	陈侠雄	冲里	22	文昌	文昌县坝大潭村	存照
210	陈其秋	平东	25	文昌	文昌县第一区私立象德小学校转	存照
211	陈奋	一中	21	万宁	万宁龙滚市仁发邮局代转多格村	存照
212	陈学养	涵良	25	文昌	文昌冠南市新井村	
213	陈建华		24	文昌	文昌冠南市永安堂	存照
214	陈明鸾	伯约	19	琼山	云南省昆明市正义路一百零三号广商源店	存照
215	陈治书		18	文昌	马来亚吉宁丹道北埠美兴号	存照
216	陈绍熊	云	20	琼东	琼东嘉积市东门柯益记	
217	陈育仁	博夫	27	文昌	文昌冠南市南昌村	存照
218	陈青山	香逢	21	文昌	文昌县东郊市锦坡村	存照
219	陈威	劲节	20	乐会	广东琼崖嘉积市坝南掘信柜	存照
220	陈济光	碧川	23	琼山	琼山会文乡义隆号转	存照
221	陈家林	良臣	24	文昌	文昌县溪梅市赤泉村	存照
222	陈家法	克	21	文昌	文昌新桥市山拍脚村	存照

续表

序号	姓名	别号/字	年龄	籍贯	通信地址	备注
223	陈家亮	子明	23	文昌	文昌会文市文丰利号交西边园村	存照
224	陈家勇	独奋	24	文昌	泰国京城万望街发盛号	
225	陈家琇	尤清	21	文昌	文昌东郊市毓春堂转	存照
226	陈家惠	格英	21	文昌	文昌县溪尾市转溪梅村交	存照
227	陈振甫		21	文昌	文昌县松马白石头村	存照
228	陈晏海		22	文昌	文昌东郊市锦坡村	存照
229	陈桂影		20	万宁	英属马来亚吡叻仕林埠广成发	存照
230	陈祯年	冠宏	23	乐会	琼崖嘉积汤江邮局转	存照
231	陈继汉		26	文昌	马来亚文德申里啊纳路十五号	
232	陈继凭	侠	25	文昌	文昌县龙马市堆湖村	存照
233	陈继胜		20	乐会	乐会县中原市圯逢公雅寨村初级小学校转	存照
234	陈善汉	蟠泉	20	琼山	琼山新兴市蕴奥村	存照
235	陈弼	佐才	22	琼山	琼山县城西门街忠介路长春盛号收	存照
236	陈智民	卫华	25	琼山	琼山大致坡市公昌号	存照
237	陈瑞	德□	20	文昌	文昌县冠南市邮局转交龙朝村	存照
238	陈蕃		25	定安	定安新竹市世滩村	存照
239	周正	正文	24	琼山	琼山龙塘信柜转富道村	存照
240	周正如	长熙	26	琼东	琼东大路市其盛号转竹湖村	存照
241	周廷泽	凡夫	22	乐会	乐会中原市新昌村	存照
242	周成才		23	文昌	文昌抱罗市圯昌锦村	存照
243	周成孔	达仁	19	文昌	文昌县公坡市圯山梅村	存照
244	周怀仲	威	24	琼山	琼山迈号市下坡市	存照
245	周奇	长忠	28	琼东	琼东邮局转福寨村	存照
246	周松亭	石坚	25	琼东	琼东县长坡市(长安市)山心村	存照
247	周经芳		21	文昌	文昌再新市信柜石马头村	存照

续表

序号	姓名	别号/字	年龄	籍贯	通信地址	备注
248	周经治	建中	20	琼山	琼山县演丰市邮政局转三山村	存照
249	周革	中杰	21	文昌	文昌公坡市名山村	
250	周家谟	则鲁	20	澄迈	澄迈县瑞溪市瑞南乡永耀村交	存照
251	周恩平	德光	22	文昌	文昌昌洒市昌华乡宝兴村	存照
252	庞业保	甲雄	23	乐会	乐会阳江市永寿堂转	存照
253	林子才		23	琼山	琼山大林市洋上村	存照
254	林开江	绕霞	27	琼山	琼山第六区马陵沟乡上村里	存照
255	林方安	子恒	22	文昌	文昌白延市湖峰村	
256	林日仕	华英	21	文昌	文昌白延市会兴号	
257	林艺仲		23	乐会	乐会第四区新翰乡翰苑村	存照
258	林仲祥	汉良	23	文昌	文昌白延市凤会村	存照
259	林庆麟		22	琼山	琼山大林市邮局转	存照
260	林廷昌		20	文昌	文昌白延市福田园村	存照
261	林廷芯	荫霭	24	文昌	文昌白延市圯湖峰村	存照
262	林廷郎		19	文昌	文昌白延市文林信箱福田园村	存照
263	林廷械	铁城	23	文昌	文昌白延市湖村	
264	林克焕		23	文昌	文昌凤尾市水堆村	存照
265	林志行		25	琼山	琼山县演丰市邮局转山尾村	存照
266	林志澄	健	25	琼山	琼山大林市绿松村	存照
267	林犹桂	望	24	文昌	文昌昌洒市昌华乡宝兴村	
268	林明时	养甫	21	文昌	文昌龙楼市岭仔村	存照
269	林明煌	巴丁	22	文昌	文昌文教市溪西村	
270	林泽群		23	琼山	琼山演丰市云路村	存照
271	林诗光	泽森	27	琼山	琼山第三区新埠乡后坎村	
272	林树盛	树南	20	琼山	暹京四枋厂亚伦叻相行	存照

续表

序号	姓名	别号/字	年龄	籍贯	通信地址	备注
273	林胡		28	文昌	文昌白延市西园村	存照
274	林唐千	猷业	20	文昌	泰京三板喃马路自来水池工厂林福兴茶家	存照
275	林预	天瑞	20	文昌	文昌文教市乌土村	存照
276	林鸿存	心全	20	文昌	文昌县苑头市横山村交	存照
277	林鸿尧		22	文昌	文昌公坡市科第村	
278	林鸿秀		21	文昌	文昌东阁市官建村	
279	林鸿容	戈	24	文昌	文昌县文教市嘉美村	
280	林鸿栻	胜筠	19	文昌	文昌县文教市邮政局转宝典村	
281	林喜元	鹏飞	21	文昌	文昌第六区铺北乡铺前市	
282	林强		20	文昌	广东文昌县东郊邮局玉石村交	
283	林谦	剑峰	23	文昌	泰国素可泰埠源记号交	
284	林猷河	一适	25	文昌	文昌迈崇乡迈荳村	
285	林猷裕	卓如	22	文昌	文昌文教市溪西村	
286	林猷雄	拔青	24	文昌	文昌县龙楼市岭仔村	
287	林猷集		20	文昌	文昌县东阁市良墩村交	
288	林猷鹏	岳武	25	文昌	文昌文教市溪西村	
289	林锦泉	百流	24	乐会	乐会田昌村林斯瑶转	
290	林锦鸿		25	乐会	乐会县城广济号	
291	林镜英	琪华	22	文昌	文昌白延市养成乡信箱交百福村	
292	林瓒荣	碧	27	乐会	乐会县石头村	
293	范商煌	高煌	22	文昌	文昌文教市田墩村	存照
294	郑伟	壮夫	25	文昌	文昌县东郊市调炳村	存照
295	郑名澧	介杰	23	琼山	琼州海口市中山路五号广祺昌药行郑名熙先生转	存照
296	郑昌隆	德雄	20	万宁	万宁和乐市问塘乡赤坡山村	存照
297	侯元松		21	文昌	文昌白延市圯后元峰村	存照

续表

序号	姓名	别号/字	年龄	籍贯	通信地址	备注
298	洪流	辅辉	21	文昌	文昌锦山市王兰村	存照
299	赵士坛	兆金	26	文昌	文昌第一区头湖乡蓬山村	
300	赵耀东	宝春	21	文昌	文昌县龙按市龙按乡春桃村	存照
301	钟鸿	震亚	22	文昌	文昌翁田市上良村	存照
302	饶宪	同金	21	文昌	湖北仙桃镇新里仁口饶兴盛宝号	存照
303	凌声扬	荣典	21	文昌	泰国青鸦峰扶□埠振兴号	存照
304	唐冠球	伯钦	20	文昌	泰国益拉埠成安堂	存照
305	唐敏清			万宁		
306	翁裔楠	忠勇	21	万宁	英属马来亚吉隆坡十五碑一二二号	存照
307	莫文泽		20	乐会	乐会博鳌市南强村	存照
308	莫如凤		25	定安	定安第一区永丰乡裕后村	存照
309	莫定英	冠群	22	定安	定安永丰市瑞云小学校	存照
310	郭远铠	光宇	18	万宁	万宁县南山乡旧旧村	存照
311	郭泽钧	腾达	20	文昌	文昌潭牛市邮局转龙墩村	存照
312	钱开格	志增	22	文昌	文昌县烟墩市联安乡宝峙村	存照
313	钱翰琥		22	琼山	琼山会文市沙港村交	存照
314	高日宣	三德	27	文昌	文昌白延市龙所园村	存照
315	曹显学	觉哲	23	文昌	文昌东郊乡青头村东门小学校交	存照
316	梁启安		20	乐会	乐会牛宿坡村	存照
317	梁冠民		22	万宁	万宁分界市万兴隆转凤尾村	
318	梁振安	栋	26	琼山	琼山钟瑞市大宾村	
319	梁振春	良	24	琼山	琼山钟瑞市大宾村	
320	符一武	敦铭	21	文昌	文昌文教市坡柳村	存照
321	符气璜	克伦	20	文昌	文昌烟墩市邮局转南兴村	存照
322	符世鸾	勒军	24	琼山	琼山县第二区茄芮乡紫泥村	存照

续表

序号	姓名	别号/字	年龄	籍贯	通信地址	备注
323	符永新	永志	23	文昌	文昌公坡市茗山村	
324	符汉洲	毅	24	文昌	文昌县公坡市沧海村	存照
325	符兴佳	灯	24	文昌	文昌县新桥市新村村交	存照
326	符坚城		21	万宁	万宁第三区和乐市邮局转马容村	存照
327	符和梗	奇明	20	文昌	文昌抱罗邮局转乌石村	存照
328	符国仟	鄂夷	21	文昌	文昌文教市大昌政村	存照
329	符国贞		20	文昌	文山县烟墩市邮政局转岐山村交	存照
330	符国昌		17	文昌	文昌烟墩市岐山村	存照
331	符国辉		23	文昌	文昌昌洒市昌明乡宝贡村	存照
332	符国镇	一虎	21	文昌	文昌重兴市南昌村	存照
333	符建逢		21	文昌	文昌宝茅市邮局转	存照
334	符环山	儒毓	23	文昌	文昌抱罗市翁家村	存照
335	符显佩		24	文昌	文昌公坡市附近沧海村	
336	符树绵	少山	22	文昌	文昌昌洒市宝贡村	存照
337	符树琼	硕	25	文昌	文昌昌洒市昌吉村	
338	符荣		23	文昌	文昌文教市邮局转溪头村	存照
339	符家瑞		20	琼东	琼东千秋市邮局转	存照
340	符峰	元亮	23	文昌	文昌水北市邮局转赤土边田村	存照
341	符浩然	菊园	26	文昌	安南高棉国顺怀省逢咋叻埠瑞应大宝号转哒盛社交	存照
342	符祥祺	勒政	18	文昌	文昌县东郊市正德乡下东村	存照
343	符祥勤	伟雄	21	文昌	文昌县文教市齐明乡长春村	存照
344	符继奋	恒之	26	文昌	文昌公坡市沧海村	
345	符能		23	文昌	文昌蛟塘邮局转根竹村	
346	符淇		25	文昌	文昌县烟墩市邮局转南兴村	存照

续表

序号	姓名	别号/字	年龄	籍贯	通信地址	备注
347	符强		27	文昌	文昌潭牛市邮局转春桃坡村	存照
348	符敦成	维特	21	文昌	文昌县东郊市红莲村符家俊转	存照
349	符德	博伦	22	文昌	文昌县达民乡下洋村	存照
350	符德春	裕民	24	文昌	越南顺化埠哳街万益大宝号	存照
351	萧步何	趋庭	22	万宁	万宁县博济药房转宾王村	存照
352	黄干	澄宇	23	文昌	文昌县东郊市昌明村	存照
353	黄云飞		21	万宁	万宁龙滚市邮局转仁造村	存照
354	黄云波	业广	21	琼东	琼东县第一区双发岭村	存照
355	黄文山		27	琼山	文昌再新市广南生转南田村	
356	黄龙霖	雨汝	22	定安	定安居丁市广德堂转牧万村	存照
357	黄守东	美南	27	文昌	文昌冯家坡市邮局转蚊龙田村	存照
358	黄守兴	奋夫	23	文昌	文昌文教市培龙乡松杵村	
359	黄有巇	景魂	22	琼山	琼山县第三区演丰乡调岐村交	存照
360	黄志雄	子舟	26	琼山	海口市得胜沙路黄安记车衣店	存照
361	黄运珍		21	琼东	琼东嘉积市兴昌号转交	存照
362	黄建夫	勉之	21	文昌	文昌昌洒市昌洪村	
363	黄昌贵	石坚	21	琼山	琼山会文市顺昌号	
364	黄经田	锐	21	琼东	琼东烟塘市悦芳号转道东村	存照
365	黄兹秀	干武	22	文昌	文昌高龙市山景村信箱转美里村	存照
366	黄家浩		20	定安	定安黄竹乡公所转白塘村	存照
367	黄循程	坚直	26	文昌	文昌东郊市源隆兴号转	存照
368	傅杰	子光	21	文昌	文昌大德乡德清村	存照
369	彭一峰	剑飞	26	文昌	文昌铺前市成发号转交正纪村	存照
370	彭业创		20	文昌	文昌县铺前市第六区白泉村	存照

续表

序号	姓名	别号/字	年龄	籍贯	通信地址	备注
371	曾长	庆长	28	万宁	万宁县南山乡三品桶村	存照
372	曾令裕	宽宏	22	澄迈	广东澄迈瑞溪市信箱代转仙圩村	存照
373	曾全悦	子超	22	琼山	琼山塔市迈德村	
374	曾祥荫	铁军	20	澄迈	澄迈县新吴市益来宝号转岭下村	存照
375	曾祥卿	华雄	22	澄迈	澄迈瑞溪市信箱转交	存照
376	曾毓同	健夫	23	文昌	琼崖海口长沙坡十七号曾家发交	存照
377	植开福	海如	21	琼东	琼东长坡市海珠田村	存照
378	植德英	华才	23	琼东	琼东县长坡市广福安转海边田村	存照
379	覃学翔		20	乐会	乐会集美乡南面信箱转维礼村	存照
380	谢一贵	炳□	23	定安	南洋荷属苏岛巨港柏格亚蓝南利公司交	存照
381	谢中川	凌航	21	琼东	琼东长坡市信箱转文子村	存照
382	谢汉华	镜湖	23	文昌	文昌罗豆市原禄村	存照
383	谢伦昌	隆施	26	定安	广东定安龙塘市济安堂	存照
384	谢自朝		20	文昌	泰国曼谷三昇哒叻永春堂药材转	存照
385	谢建国	渊瑀	19	文昌	文昌县湖山市茶园村	存照
386	谢南川	云海	22	万宁	万宁分界市四区福康村	
387	韩汉文		24	文昌	中央军校第四分校韩汉英转	存照
388	韩汉东	拔丰	24	文昌	文昌溪尾市邮局代办所转才村村	存照
389	韩玉麟	冠东	24	文昌	文昌县翁田市秋山村	存照
390	韩立宪	瑞元	29	文昌	香港九龙弥敦道二二六号德乐利无线电公司	存照
391	韩光宗	坚	22	文昌	文昌县迈号市邮局转堪嘉村	存照
392	韩庆元	景云	22	文昌	文昌湖山市邮局转湖塘村或泰国乌淀埠哇火车站广安客栈	存照
393	韩有元	余庆	24	文昌	文昌墨坑信箱	存照
394	韩伯	之柱	20	文昌	文昌抱罗市哥村	存照

续表

序号	姓名	别号/字	年龄	籍贯	通信地址	备注
395	韩克亚		21	文昌	文昌林梧市青龙乡	存照
396	韩志秋	膺	24	文昌	文昌锦山市峰上村	
397	韩陆良	毅夫	21	文昌	文昌湖山市福坡村	存照
398	韩泗元	世英	22	文昌	泰国程逸府迈敬埠源丰号	
399	韩绋光	维新	24	文昌	安南广义省秋槎埠广安号	存照
400	韩鸣翼		18	文昌	文昌县昌洒市昌图村	存照
401	韩勋	冠英	20	文昌	文昌抱罗市石盘村	
402	韩星光		20	文昌	文昌锦山市坭峰村	
403	韩春丰	勉正	18	文昌	英属马来亚登加楼怗马仕巴士汽车公司	存照
404	韩洛丰	韩孔	25	文昌	文昌昌洒市凤鸣村	存照
405	韩珉元		21	文昌	文昌锦山市峰上村	
406	韩荣丰	定中	20	文昌	文昌抱罗市敦宝村	存照
407	韩海	什元	19	文昌	文昌东坡市白石村	存照
408	韩竞雄	琳元	22	文昌	文昌县东坡市西坡村交	存照
409	韩铁	鉴元	19	文昌	文昌县昌洒市凤鸣村	存照
410	韩康元	钧	20	文昌	文昌县昌洒市凤鸣村	存照
411	韩铭丰		20	文昌	文昌水北市官园村五号	
412	韩惠丹		21	文昌	文昌水北德安堂转南董村	存照
413	韩惠群	桐丰	26	文昌	泰国大城埠元兴利火锯转	存照
414	韩联东	惠农	25	文昌	文昌水北市天赐村	
415	韩雄		22	文昌	文昌湖山市昌罗乡罗吴村	存照
416	韩瑞丰		21	文昌	石叻密驼律道锦泰隆	存照
417	韩瑞元	建英	21	文昌	文昌锦山市坭峰上村	
418	韩瑞英	广元	23	文昌	文昌抱罗排成村	存照
419	韩鑫召	应鳞	26	文昌	文昌第四区公坡乡广济安号转	存照

续表

序号	姓名	别号/字	年龄	籍贯	通信地址	备注
420	蒙上勋	放洲	29	定安	琼州文曲市邮局代办处转溪口村	存照
421	蒙盛绩		22	琼山	琼山海口市振兴街九十二号	存照
422	詹达人	敬亭	27	文昌	文昌县迈号市麻坑村	存照
423	雷大钧	百举	25	琼东	琼东千秋市邮局	存照
424	雷轰	大洲	21	琼东	琼东县牛角市修智乡科甲罗村	存照
425	雷鸣	永久	22	琼东	琼东县长坡市良久村	存照
426	蔡开信	鄂农	20	文昌	文昌县铺前市云楼村交	存照
427	蔡华民	涌	21	乐会	乐会县第三区龙江市邮政局转	存照
428	蔡英州		28	文昌	文昌东郊市恒裕号	
429	蔡英谋	劲雄	24	琼山	琼山县十字路市邮局转	
430	蔡亲猷	镇江	28	文昌	文昌东郊市敏生堂	
431	蔡镇华		18	万宁	万宁保定市李家园号	存照
432	蔡镇华	德昌	26	琼山	海康县杨家圩转村港遂隆号	存照
433	潘止澄	鹏飞	19	文昌	安南广义秋槎同益号	存照
434	潘净之	先东	21	文昌	新加坡小坡罗郎西兰街二十三号	存照
435	潘松年	辉仁	25	文昌	文昌县公坡市岐山村	存照
436	潘家森	子武	24	文昌	文昌公坡市泰顺宝号交岐山村	存照
437	黎民	汉雄	25	定安	定安县龙塘市民生药房转南引村	存照
438	黎光质	子西	22	琼东	琼东县嘉积市圯大礼黄日岭村	存照
439	黎明东	鸿华	25	琼山	琼州忠介路一三四门牌	存照
440	魏凤瑞		27	定安	定安县龙塘市邮柜转交大山村	存照

中央陆军军官学校(二/三/四/五/六/七分校)第十八期

【本期说明】本表主要是二分校(1938 年 3 月迁址武冈)第十八期第七总队学生,教育时间为 1942 年 3 月至 1943 年 12 月,毕业地点为武冈。本书二分校琼籍同学名录主要来自湖南黄埔军校同学会于 1988 年编印的《中央陆军军官学校第二分校同学录》一书,未见照片。海南籍学生集中的四分校,第十八期计 1 个独立四大队,于 1943 年春在贵州独山毕业,学制 1 年,毕业人数 680 人。很幸运,黄埔后代符策忠先生为笔者提供了《中央陆军军官学校第十八期通信兵科学生独立第三队同学录》,录得王昭秀、吴坤祯和符致泰三位同学,其中王昭秀、吴坤祯有照片。本期琼籍学生资料尚有缺失,但预计不会太多。

序列	姓名	籍贯	别号/字	出生年	期数	通信地址	备注/资料来源
1	王亿浓	乐会			二分校十八期七总队		中央陆军军官学校第二分校同学录
2	王正	澄迈			七分校十八期十五总队		黄埔七分校记忆
3	王克铭	澄迈			二分校十八期七总队		中央陆军军官学校第二分校同学录
4	王国谋	澄迈	应职	1919	二分校十八期七总队		中央陆军军官学校第二分校同学录
5	王建政	临高			二分校十八期七总队		中央陆军军官学校第二分校同学录
6	王保哲	澄迈		1909	二分校十八期七总队步科	澄迈县加乐镇加志村	海南黄埔同学通讯录
7	王昭秀	琼山	更夫		中央陆军军官学校第十八期通信兵科学生独立第三队	琼山东山市广济药房	存照/中央陆军军官学校第十八期通信兵科学生独立第三队同学录

续表

序列	姓名	籍贯	别号/字	出生年	期数	通信地址	备注/资料来源
8	王敬林	琼东			七分校十八期独立特科第十三大队		黄埔七分校记忆
9	冯尔荫	琼山			七分校十八期独立特科第十三大队		黄埔七分校记忆
10	冯行中	琼山			七分校十八期独立特科第十三大队		黄埔七分校记忆
11	卢天寿	崖县			二分校十八期七总队		中央陆军军官学校第二分校同学录
12	卢文龙	崖县	芝秀	1916	二分校十八期十二总队步科	三亚市崖城镇拱北乡	海南黄埔同学通讯录
13	叶用明	文昌		1921	七分校十八期十五总队	文昌县铺前区林梧乡良田村	海南黄埔同学通讯录;黄埔七分校记忆
14	刘德	崖县	明道		中央军校十八期学生总队	崖县鸣亚乡回辉村教堂	中训团第九车官总队通讯录
15	纪文亮	万宁			二分校十八期七总队		中央陆军军官学校第二分校同学录
16	许朝宗	琼山		1916	二分校十八期十二总队	海口市南航路	海南黄埔同学通讯录
17	邢诒汉	文昌	震东	1920	五分校十八期五总队步科	海口市龙华路	海南黄埔同学通讯录
18	邢谷禳	文昌			二分校十八期七总队		中央陆军军官学校第二分校同学录
19	邢诒顺	文昌			七分校十八期十五总队		黄埔七分校记忆

续表

序列	姓名	籍贯	别号/字	出生年	期数	通信地址	备注/资料来源
20	严业超	琼海	兴起	1924	二分校十八期七总队步科	琼海县中原镇第一小学	海南黄埔同学通讯录
21	何正儒	文昌			七分校十八期十五总队		黄埔七分校记忆
22	何光贵	定安			二分校十八期十二总队		中央陆军军官学校第二分校同学录
23	何荫薪	万宁			二分校十八期七总队		中央陆军军官学校第二分校同学录
24	吴坤祯	文昌	瑞云		中央陆军军官学校第十八期通信兵科学生独立第三队	文昌溪尾市北五里铜	存照/中央陆军军官学校第十八期通信兵科学生独立第三队同学录
25	吴海波	琼山			第十八期二总队		海南黄埔同学通讯录
26	吴萝麟	文昌			二分校十八期十二总队		中央陆军军官学校第二分校同学录
27	李遴闿	琼东		1923	四分校十八期	福田市山兰围村	海南近代人物志
28	陈文	文昌			七分校十八期十五总队		黄埔七分校记忆
29	陈世成	崖县	有竹	1919	三分校十八期步科	乐东县冲坡赤塘乡	海南黄埔会员通讯录
30	周雄	琼海	学而	1923	二分校十八期七总队步科	琼海县赤坡北1-15号	附1964年照/中央陆军军官学校第二分校同学录
31	林伟	文昌		1918	七分校十八期独立特科第十三大队	文昌县冯坡区西宅村	海南黄埔同学通讯录;黄埔七分校记忆

续表

序列	姓名	籍贯	别号/字	出生年	期数	通信地址	备注/资料来源
32	林希明	琼山			二分校十八期七总队		中央陆军军官学校第二分校同学录
33	林明合	文昌			七分校十八期十五总队		黄埔七分校记忆
34	范志峰	文昌			二分校十八期十三总队		中央陆军军官学校第二分校同学录
35	范高山	文昌		1918	二分校十八期十三总队步科	文昌县文教市田堆村	海南黄埔同学通讯录
36	郑发裕	定安			七分校十八期十五总队		黄埔七分校记忆
37	胡赞朝	琼海		1920	二分校十八期七总队步科	琼海县嘉积镇侨头乡	海南黄埔同学通讯录
38	钟开景	文昌	钟英	1918	二分校十八期七总队步科	文昌头苑横山乡横山村	海南黄埔会员通讯录
39	符气运	文昌			七分校十八期独立特科第十三大队		黄埔七分校记忆
40	符剔瑕	儋县			二分校十八期十二总队		中央陆军军官学校第二分校同学录
41	符致泰	文昌	民华		中央陆军军官学校第十八期通信兵科学生独立第三队	文昌锦山市广福记交	中央陆军军官学校第十八期通信兵科学生独立第三队同学录
42	符鸿光	文昌		1914	二分校十八期步科	文昌龙楼全美乡全美村	海南黄埔同学通讯录
43	符鸿尧	文昌			二分校十八期七总队		中央陆军军官学校第二分校同学录

续表

序列	姓名	籍贯	别号/字	出生年	期数	通信地址	备注/资料来源
44	黄和节	琼山		1913	二分校军官训练班总队第四期	琼山县东山乡卜答村	海南近代人物志
45	黄和轩	琼山			二分校十八期十二总队	琼山县东山乡上夏村	中央陆军军官学校第二分校同学录
46	黄建英	临高			二分校十八期七总队		中央陆军军官学校第二分校同学录
47	黄保晋	琼山			二分校十八期十二总队		中央陆军军官学校第二分校同学录
48	黄浩	文昌			七分校十八期十五总队		黄埔七分校记忆
49	韩谦益	文昌			七分校十八期二十二总队		黄埔七分校记忆
50	赖善德	琼山		1922	二分校十八期七总队	琼山县云龙镇东田村	海南黄埔同学通讯录
51	蔡子俊	琼山		1920	二分校十八期七总队步科	海口市岭下村	海南黄埔同学通讯录
52	潘先铤	文昌		1920	六分校十八期三总队步科	文昌县铺前区书图村	海南黄埔同学通讯录

中央陆军军官学校(四/六/七分校)第十九期

【本期说明】四分校第十九期计有 2 个总队,即第八、第九总队,均有海南学生入读,人数不少。第八总队毕业生共计 2016 人,于 1943 年 9 月毕业,黄百强(琼山籍)为总队长;第九总队毕业生共计 896 人,于 1945 年 10 月毕业,邢定陶(文昌籍)为总队长,教育时间 1 年余,地点均在独山。1945 年 8 月 15 日,日本投降。同年底,四分校同其他分校一样奉命裁撤。余未毕业学生拨归成都本校,未完成课程学生或分转送各专科学校继续代训。至此,黄埔各分校历史基本结束。本期名单和照片,主要来自 1996 年台湾版《军校十九期九总队校友简讯》(毕业五十周年纪念特刊)、《中央陆军军官学校第十九期学生第八大队毕业同学录》等多种资料,其中第十九期第八大队同学照片由符策忠先生无偿提供。

序列	姓名	籍贯	别号/字	年龄	期数	通信地址	备注/资料来源
1	云大进	文昌			四分校第十九期工兵科学生第一大队		存照/第十九期工兵科学生通讯簿
2	云仲登	文昌	大杏	22	四分校第十九期学生第八大队	文昌凤尾市治坡村	存照/第十九期第八大队同学录
3	云国华	文昌			四分校第十九期工兵科学生第一大队		第十九期工兵科学生通讯簿
4	云渊	文昌	博川	24	四分校第十九期学生第八大队	文昌抱罗市茂山村	第十九期第八大队同学录
5	云逢任	文昌	君如	23	四分校第十九期学生第八大队	文昌龙马市史官村	存照/第十九期第八大队同学录
6	云惟宪	文昌			四分校第十九期通信兵科(通校代训)		中训团第九军官总队通讯录
7	文华武	昌江	国珍	24	四分校第十九期炮科(炮兵学校代训)	昌江新街镇文悦成号	第十九期炮科学生第四大队通讯簿
8	王飞雄	文昌	克中	26	四分校第十九期学生第八大队	文昌石壁市古竹村	第十九期第八大队同学录

续表

序列	姓名	籍贯	别号/字	年龄	期数	通信地址	备注/资料来源
9	王国伍	乐会		24	四分校第十九期炮科学生第四大队	乐会县第一区教群乡田头村	存照/第十九期炮科学生第四大队通讯簿
10	王祚吉	文昌	天任	22	四分校第十九期炮科学生第四大队	广东文昌新桥市蛟龙凤村	第十九期炮科学生第四大队通讯簿
11	王绥钿	文昌		22	四分校第十九期学生第八大队	文昌会文市洋边村	第十九期第八大队同学录
12	王绥锡				四分校第十九期通信兵科(通校代训)		中训团第九军官总队通讯录
13	王淀	琼山	朝端	24	四分校第十九期学生第八大队	琼山县新兴石浮市口坡园村	第十九期第八大队同学录
14	王强	文昌	沙威	24	四分校第十九期学生第八大队	文昌新桥市屺来财村	第十九期第八大队同学录
15	王禄宦	文昌		25	四分校第十九期炮科	文昌县文教市三港村	第十九期炮科学生第四大队通讯簿
16	王禄楠	文昌	会川	23	四分校第十九期炮科	粤文昌文教三港村	存照/第十九期炮科学生第四大队通讯簿
17	王殿丰	乐会		23	四分校第十九期学生第八大队	琼崖嘉积市新民街同泰号	第十九期第八大队同学录
18	王德征	文昌			四分校十九期九总队通信科	文昌县白延区冠南乡泰家村	海南黄埔同学通讯录
19	王德徽	文昌	坚志	24	四分校第十九期学生第八大队	文昌冠仍乡邮局转泰家村	第十九期第八大队同学录
20	冯兆泉	文昌			四分校第十九期工兵科学生第一大队		中训团第九军官总队通讯录/存照

续表

序列	姓名	籍贯	别号/字	年龄	期数	通信地址	备注/资料来源
21	冯庆之	澄迈			四分校十九期九总队炮科	澄迈县老城石联乡磊村	海南黄埔同学通讯录
22	冯利清	定安			四分校第十九期学生第八总队		存照/第十九期学生第八总队同学录
23	冯育华	琼山		23	四分校第十九期学生第八大队	琼山县三江市茄芮乡溪头村	存照/第十九期第八大队同学录
24	冯德锦	乐会	超民	27	四分校第十九期学生第八大队	乐会县邮局转深沟岭村	第十九期第八大队同学录
25	卢耀东	琼海			四分校十九期九总队	琼海县卜敖镇东屿	存照/军校十九期九总队校友简讯
26	史东升（星）	文昌	恢光	23	四分校第十九期学生第八大队	文昌罗豆市美典村	第十九期第八大队同学录
27	关贻训	昌江	勇	23	四分校第十九期学生第八大队	昌江新街镇墩头村	存照/第十九期第八大队同学录
28	关家良	琼山			四分校第十九期工兵科学生第一大队		中训团第九军官总队通讯录
29	关锡崧	昌江	昌平	25	四分校第十九期学生第八大队	昌江县新街镇墩头（北黎）港	存照/第十九期第八大队同学录
30	吕先东	文昌			四分校十九期九总队	海口市红坎坡车站	存照/军校十九期九总队校友简讯
31	吕俊英	文昌		24	四分校第十九期学生第八大队	文昌锦山市榜春村	存照/第十九期第八大队同学录
32	孙述武	崖县	恢祖	26	四分校第十九期炮科学生第四大队	崖县第五区黄流市永顺昌号	第十九期炮科学生第四大队通讯簿

续表

序列	姓名	籍贯	别号/字	年龄	期数	通信地址	备注/资料来源
33	许乃斌	儋县	国章	23	四分校第十九期学生第八大队	儋县峨蔓乡湳湖村	存照/第十九期第八大队同学录
34	许国英	文昌	翰芳	27	四分校第十九期学生第八大队	文昌县冯坡下宝乡	存照/第十九期第八大队同学录
35	邢义华	文昌			四分校第十九期通信兵科(通校代训)		中训团第九军官总队通讯录
36	邢定浩	文昌			四分校第十九期工兵科学生第一大队		中训团第九军官总队通讯录
37	邢培坚	文昌			四分校第十九期工兵科学生第一大队		中训团第九军官总队通讯录
38	何光	澄迈		28	四分校第十九期学生第八大队	澄迈瑞溪区新吴乡公所转	存照/第十九期第八大队同学录
39	何家銮	琼山	铸美		四分校中央陆军军官学校十九期通讯科	琼山县永安镇东门	海南近代人物志
40	吴卓英	定安			四分校第十九期工兵科学生第一大队		中训团第九军官总队通讯录
41	吴奋	文昌	坤通	23	四分校第十九期学生第八大队	文昌罗豆市大坡村	第十九期第八大队同学录
42	吴益群	定安	照明	23	四分校第十九期学生第八大队	定安县岭口市楼坡村	第十九期第八大队同学录
43	吴谈锦	定安		24	四分校第十九期学生第八大队	定安县石锦堂村	存照/第十九期第八大队同学录
44	吴乾芳	屯昌	昭炯	23	四分校第十九期学生第八大队	屯昌县大同市大乐坡村	存照;原同学录记录是琼山籍,档案是屯昌籍/第十九期第八大队同学录

续表

序列	姓名	籍贯	别号/字	年龄	期数	通信地址	备注/资料来源
45	吴超	琼山			四分校第十九期工兵科学生第一大队		中训团第九军官总队通讯录
46	张子政	文昌		24	四分校第十九期炮科学生第四大队	文昌县土苑市上僚村	第十九期炮科学生第四大队通讯簿
47	张运怀	文昌	山	26	四分校第十九期炮科学生第四大队	文昌县石璧市南昌村	第十九期炮科学生第四大队通讯簿
48	张运松	文昌	德仪	23	四分校第十九期学生第八大队	文昌县白延市蓝田村	第十九期第八大队同学录
49	张运茂	文昌			四分校十九期九总队	文昌县文昌食品厂	存照/军校十九期九总队校友简讯
50	张运晖	文昌			四分校第十九期工兵科学生第一大队		中训团第九军官总队通讯录
51	张学浓	文昌	润清	21	四分校第十九期学生第八大队	文昌县翁田市汕头村	存照/第十九期第八大队同学录
52	张学稷	文昌			四分校第十九期通信兵科(通校代训)		中训团第九军官总队通讯录
53	张明珍	文昌	聘三		四分校十九期九总队	文昌县头宛市蓝田村	存照/军校十九期九总队校友简讯
54	张琼	文昌	新权	25	四分校第十九期学生第八大队	文昌县苑头市上僚村	存照/第十九期第八大队同学录
55	张锦明	文昌			七分校十九期十二总队		黄埔七分校记忆
56	李之鹤	文昌			四分校十九期九总队	文昌南阳区高隆乡上园村	海南黄埔同学通讯录

续表

序列	姓名	籍贯	别号/字	年龄	期数	通信地址	备注/资料来源
57	李传恩	澄迈	子良	24	四分校第十九期学生第八大队	澄迈县白莲市罗易村	存照/第十九期第八大队同学录
58	李华奇	琼山	天功	27	四分校第十九期学生第八大队	琼山烈楼市邮政所转美李村	存照/第十九期第八大队同学录
59	李芳仪	文昌			四分校十九期步科	文昌一区便民乡合坑村	中训团第九军官总队通讯录
60	李诗芙	文昌	石秩		四分校十九期九总队	文昌锦山南毕乡坡头村	存照/军校十九期九总队校友简讯
61	李诗英	文昌	右稷	23	四分校第十九期炮科学生第四大队	锦山万春堂转坡头村	第十九期炮科学生第四大队通讯簿
62	李爱民	文昌			四分校第十九期通信兵科(通校代训)		中训团第九军官总队通讯录
63	李培尧	琼州			七分校十九期十二总队		黄埔七分校记忆
64	李傅思	澄迈			四分校第十九期通信兵科(通校代训)		中训团第九军官总队通讯录
65	李鹤	文昌	迈群	22	四分校第十九期炮科学生第四大队	文昌高隆市山景村	存照/第十九期炮科学生第四大队通讯簿
66	杜芹滋	琼山		23	四分校第十九期学生第八大队	琼山烈楼市大宝号	存照/第十九期第八大队同学录
67	杨春林	琼东	全杏	23	四分校第十九期学生第八大队	琼东县福田镇坡村	存照/第十九期第八大队同学录
68	杨柳青	定安			七分校十九期十三总队	定安县居丁乡公所	存照/七分校十九期第十三总队通讯簿

续表

序列	姓名	籍贯	别号/字	年龄	期数	通信地址	备注/资料来源
69	陈大俊	万宁			四分校第十九期工兵科学生第一大队		中训团第九军官总队通讯录
70	陈世民	文昌	力均	23	四分校第十九期炮科学生第四大队	文昌第一区大德乡衙前村	第十九期炮科学生第四大队通讯簿
71	陈汉火	昌江			四分校第十九期工兵科学生第一大队		中训团第九军官总队通讯录
72	陈传栋	文昌	锐	22	四分校第十九期学生第八大队	文昌白延市龙眼园村	第十九期第八大队同学录
73	陈庆章	崖县	陈岱		四分校十九期九总队	乐东县九所中灶村	海南黄埔同学通讯录
74	陈成学	琼山		22	四分校第十九期学生第八大队	琼山县大致坡市赤土坡村	第十九期第八大队同学录
75	陈成鲁	琼山	智行	23	四分校第十九期学生第八大队	琼山县大致坡市赤土坡村	存照/第十九期第八大队同学录
76	陈邦泮	文昌	智民	27	四分校第十九期学生第八总队	文昌公坡市蛟东村	存照/第十九期八总队同学录
77	陈季平	万宁		23	四分校第十九期炮科学生第四大队	广东万宁县城天和号	存照/第十九期炮科学生第四大队通讯录
78	陈学德	乐会	毅中	24	四分校第十九期学生第八大队	琼州嘉积市圯南大坡村	第十九期第八大队同学录
79	陈昌柄	琼山	剑军		七分校十九期通信科	琼山县大致坡农场二十四队	海南黄埔同学通讯录
80	陈绍罗	万宁			四分校第十九期通信兵科(通校代训)		中训团第九军官总队通讯录
81	陈经华	文昌		23	四分校第十九期炮科学生第四大队	文昌便民市大德乡大潭村	存照/第十九期炮科学生第四大队通讯簿

续表

序列	姓名	籍贯	别号/字	年龄	期数	通信地址	备注/资料来源
82	陈英	文昌	义英	23	四分校第十九期炮科学生第四大队	文昌头苑市邮局转下田村	存照/第十九期炮科学生第四大队通讯簿
83	陈俊儒	崖县	子林	27	四分校第十九期学生第八大队	崖县港门乡新市陈德记	第十九期第八大队同学录
84	陈昭耀	万宁		24	四分校第十九期学生第八大队	万宁县礼纪合山冯家村	存照/军校十九期九总队校友简讯
85	陈钊驷	澄迈	志虞	24	四分校第十九期学生第八大队	澄迈瑞溪市卜桥村	第十九期第八大队同学录
86	陈家苑	文昌			四分校中央陆军军官校第十九期	文昌县文教市福田村	海南近代人物志
87	陈峰	乐会		22	四分校第十九期学生第八大队	乐会县集美乡中举村	存照/第十九期第八大队同学录
88	陈振标	琼东		21	四分校第十九期学生第八大队	琼东嘉积市加祥街陈明记转	第十九期第八大队同学录
89	陈鸿政	崖县			四分校第十九期工兵科学生第一大队		中训团第九军官总队通讯录
90	陈善汉	琼山		22	四分校第十九期学生第八总队	琼山县新兴乡公所	存照/第十九期第八大队同学录
91	陈箕善	琼海	陈峰		四分校十九期九总队通信科	琼海县朝阳中南乡	存照/军校十九期九总队校友简讯
92	陈德助	文昌			四分校第十九期通信兵科(通校代训)		存照/中训团第九军官总队通讯录
93	陈耀磊	文昌	升佩		四分校十九期工科	文昌清澜市南海乡龙朝村	存照/军校十九期九总队校友简讯

续表

序列	姓名	籍贯	别号/字	年龄	期数	通信地址	备注/资料来源
94	周光中	琼东	学材	23	四分校第十九期学生第八大队	琼东县福田市上园村	存照/第十九期第八大队同学录
95	周成骏	文昌	正民	21	四分校十九期九总队	文昌罗豆塘尾下村	存照/军校十九期九总队校友简讯
96	周宗洛	琼山			四分校第十九期通信兵科(通校代训)		存照/中训团第九军官总队通讯录
97	周宝岐	琼海			四分校中央军校十九期	琼海县长坡镇	海南黄埔同学通讯录
98	周家良				四分校十九期九总队	海口市彰兴街三六号	存照/军校十九期九总队校友简讯
99	周铁	文昌			四分校第十九期工兵科学生第一大队		中训团第九军官总队通讯录
100	周德浓	文昌			四分校十九期九总队	文昌县抱罗镇先锋乡大土村	存照/军校十九期九总队校友简讯
101	周毅贞	万宁			中央军校十九期通讯科		中训团第九军官总队通讯录
102	林干材	定安	中坚	26	四分校第十九期炮科学生第四大队	定安第一区彬文乡石门村	存照/第十九期炮科学生第四大队通讯簿
103	林日权	文昌		21	四分校第十九期学生第八大队	文昌白延市春桃村	第十九期第八大队同学录
104	林日楠	文昌			四分校第十九期通信兵科(通校代训)		中训团第九军官总队通讯录
105	林全	文昌			四分校第十九期工兵科学生第一大队		存照/中训团第九军官总队通讯录

续表

序列	姓名	籍贯	别号/字	年龄	期数	通信地址	备注/资料来源
106	林昌	文昌			四分校第十九期通信兵科（通校代训）		中训团第九军官总队通讯录
107	林明谦	文昌	受益	23	四分校第十九期炮科学生第四大队	琼崖文昌县公坡市龙飞头村	第十九期炮科学生第四大队通讯簿
108	林诗燕	文昌	伟	20	四分校第十九期炮科学生第四大队	文昌翁田市水沟村	存照/第十九期炮科学生第四大队通讯簿
109	林显兴	昌江	潮	22	四分校第十九期炮科学生第四大队	广东昌江墩头港	第十九期炮科学生第四大队通讯簿
110	林泰	文昌	兆可	27	四分校第十九期学生第八大队	文昌文教市宝典村	第十九期第八大队同学录
111	林密	崖县	中雨		四分校十九期九总队	三亚市第一小学	存照/军校十九期九总队校友简讯
112	林强	琼山			四分校第十九期炮兵大队第二总队		中训团第九军官总队通讯录
113	林道炯	文昌	大光	23	四分校第十九期学生第八大队	文昌铺前市潭搅村	第十九期第八大队同学录
114	林猷铨	文昌	建中	24	四分校第十九期学生第八大队	文昌高隆市山景村	第十九期第八大队同学录
115	罗长安	文昌	鼐	20	四分校第十九期炮科学生第四大队	文昌东阁市玉山村	存照/第十九期炮科学生第四大队通讯簿
116	范基崇	文昌			四分校第十九期通信兵科（通校代训）		中训团第九军官总队通讯录
117	郑伟俊	文昌	庭新	22	四分校第十九期炮科学生第四大队	广东文昌文教市昌后村	存照/第十九期炮科学生第四大队通讯簿

续表

序列	姓名	籍贯	别号/字	年龄	期数	通信地址	备注/资料来源
118	邝庆长	琼山	士坚	20	四分校第十九期学生第八大队	海口义兴街	存照/第十九期第八大队同学录
119	郑庭理	文昌		22	四分校第十九期炮科学生第四大队	文昌头苑市邮局转宝田村	存照/第十九期炮科学生第四大队通讯簿
120	胡家模	崖县			四分校中央陆军军官学校第十九期		海南近代人物志
121	凌绪德	文昌		23	四分校第十九期学生第八大队	文昌南阳市福田村	第十九期第八大队同学录
122	钱有书	琼山	子才	24	四分校第十九期学生第八大队	琼山县会文市陈园村	存照/第十九期第八大队同学录
123	梁大颖	乐会		24	四分校第十九期学生第八大队	乐会县城南门菁莪村	存照/第十九期第八大队同学录
124	梁武英	文昌			四分校第十九期通信兵科(通校代训)		中训团第九军官总队通讯录
125	梁治	文昌	安镇		四分校中央军校十九期十一总队步科	文昌烟墩市国民村	中训团第九军官总队通讯录
126	梁振桂	文昌			四分校第十九期炮兵大队第2总队		中训团第九军官总队通讯录
127	符气浮	文昌	卓廉	23	四分校第十九期学生第八大队	文昌头苑市青山村	存照/第十九期第八大队同学录
128	符仕淮	文昌	山	20	四分校第十九期学生第八大队	文昌昌洒市长安村	第十九期第八大队同学录
129	符和礼	文昌	平	22	四分校第十九期学生第八大队	文昌烟墩市甘村罗甲尾	第十九期第八大队同学录
130	符昌柏	文昌	会雄	26	四分校第十九期炮科学生第四大队	文昌昌洒市东泰山村	第十九期炮科学生第四大队通讯簿
131	符树海	文昌			四分校第十九期通信兵科(通校代训)		中训团第九军官总队通讯录

续表

序列	姓名	籍贯	别号/字	年龄	期数	通信地址	备注/资料来源
132	符致山	文昌	纬华	22	四分校第十九期学生第八大队	文昌清澜市吾能村	第十九期第八大队同学录
133	黄世雄	琼山			四分校第十九期工兵科学生第一大队		存照/中训团第九军官总队通讯录
134	黄守德	文昌		23	四分校第十九期炮科学生第四大队	文昌东阁市宝土村	第十九期炮科学生第四大队通讯簿
135	黄泽铿	澄迈	黄铿		四分校十九期九总队	澄迈县仁兴农场九队	海南黄埔同学通讯录
136	黄循炯	文昌			四分校第十九期通信兵科(通校代训)		中训团第九军官总队通讯录
137	傅林海	文昌	楣浚	22	四分校第十九期炮科学生第四大队	广东文昌文教市下田村	第十九期炮科学生第四大队通讯簿
138	曾寒操	琼山	昭圣	26	四分校第十九期学生第八大队	琼山县东山市高山村	第十九期第八大队同学录
139	湛希聚	琼东			四分校第十九期工兵科学生第一大队		中训团第九军官总队通讯录
140	覃英达	琼山	子良	26	四分校第十九期学生第八大队	定安县福兴号转下下村	存照/第十九期第八大队同学录
141	覃祖谋	琼山	英达		四分校十九期九总队	琼山县东山区玉下村	存照/军校十九期九总队校友简讯
142	覃祖藩	琼山	桂芳		四分校十九期工科	琼山县东山区玉下村	海南黄埔同学通讯录
143	韩光华	文昌	冠中	20	四分校第十九期学生第八大队	文昌锦山市大宅村	第十九期第八大队同学录
144	韩威武	文昌		20	四分校第十九期炮科学生第四大队	文昌昌洒市昌图村交	第十九期炮科学生第四大队通讯簿

续表

序列	姓名	籍贯	别号/字	年龄	期数	通信地址	备注/资料来源
145	韩惠丹	文昌		24	四分校十九期学生第八总队	文昌水北市南董村	存照/第十九期八大队同学录
146	韩辉	文昌		22	四分校第十九期炮科学生第四大队	海南岛文昌迈号市堪坑村	存照/第十九期炮科学生第四大队通讯簿
147	韩鼎	文昌		23	四分校第十九期学生第八大队	文昌迈号市水北村	存照/第十九期第八大队同学录
148	詹开梁	文昌			四分校十九期九总队		海南黄埔同学通讯录
149	詹衍汶	文昌	健民	26	四分校第十九期学生第八大队	文昌头苑市黑石村	第十九期第八大队同学录
150	詹尊梁	文昌		20	四分校第十九期学生第八大队	文昌头宛市堆头村	第十九期第八大队同学录
151	蔡桂文	万宁			四分校第十九期工兵科学生第一大队		中训团第九军官总队通讯录
152	裴保宏	文昌			四分校第十九期工兵科学生第一大队		中训团第九军官总队通讯录
153	谭群凤	琼山	建群	24	四分校第十九期炮科学生第四大队	琼山县演丰市柱南村	第十九期炮科学生第四大队通讯簿
154	潘仲	文昌	侠仁		四分校第十九期工兵科学生第一大队	文昌县翁田镇下田村	存照/中训团第九军官总队通讯录
155	潘先侨	文昌	毅鹏	22	四分校第十九期炮科学生第四大队	文昌抱罗市	第十九期炮科学生第四大队通讯簿
156	黎德火	琼东			四分校第十九期工兵科学生第一大队		中训团第九军官总队通讯录
157	黎德劻	琼海			四分校十九期九总队工科	琼海县嘉积镇丁仙岑村	存照/军校十九期九总队校友简讯

潮州分校、武汉分校、广东军事政治学校、中央军校特训班、中央军校高教班及其他

【本表说明】探索历史,永无止境。本表名单205人,有名有姓。历经历史翻云覆雨,这已是一串串无声无息的名字。这些我们并不熟悉的名字,他们的一生,尝尽人间冷暖,更多或许已在滚滚硝烟中被焚烧成灰烬。本表资料经精心搜集整理而成,期数、通信地址及资料来源等多作说明。同时,同学录里未出现而又在各种资料里发现的琼籍黄埔人名字也列入本表,以待继续考证、甄别和确认。本表还特别添加了黄埔后代们好不容易发现的《国民政府公报》资料。其中林振焜、曾玉川、李劲三位同学的资料和照片由军史学者、现居北京的黄埔后代单补生先生提供,在此特别致谢。

序列	姓名	籍贯	别号/字	出生年	期数	通信地址/《国民政府公报》资料	资料来源/备注
1	云大年	文昌	桩南		中央陆军军官学校第四期(湖南档案馆《黄埔军校同学录》未见其名)	文昌头苑村	海南近代人物志
2	云大宝	文昌		1902	中央军校广西分校一期炮科	1935年9月10日国民政府公报颁令叙任陆军炮兵中尉	陆海空军军官佐任官名簿
3	云昌材	文昌	万之		中央陆军军官学校军官高等教育班第三期	文昌便民市永吉安转	高等教育班第三期同学录;黄埔军校将帅录/存照
4	云昌瀛	文昌	右群		广东军事政治学校政治深造班第一期	文昌头苑上村	海南近代人物志
5	云茂钵	文昌	冠嵘		广东军事政治学校政治深造班第一期	广州市榨粉街云氏试馆	广东军事政治学校第一期毕业同学录/存照

续表

序列	姓名	籍贯	别号/字	出生年	期数	通信地址/《国民政府公报》资料	资料来源/备注
6	云逢位	文昌			广东军事政治学校经理科	文昌抱罗市邮局转	中训团第九军官总队通讯录
7	云翔英	文昌			中央军校第十二期	广州市惠爱东榨粉街六十九号	中训团第九军官总队官佐通讯录
8	孔宪议	琼东			广东军事政治学校	琼东存信长辉村	海南近代人物志
9	孔昭仁	琼海		1905	广东军校八期政治讲习所	琼海县长坡镇文子乡	海南黄埔同学通讯录
10	尤崧	文昌			中央陆军军官学校军官高等教育班第三期	文昌县城内县署南路四十号	高等教育班第三期同学录/存照
11	方是英	文昌			第二分校补训第二总队		中央陆军军官学校第二分校同学录
12	王中	澄迈	宏章	1914	中央军校第十二期	澄迈县金江镇大塘乡黄龙村	海南黄埔同学通讯录
13	王仿伊	文昌		1901	燕塘四分校学员总队兵科	文昌县宝芳乡昌享村	海南黄埔同学通讯录
14	王春和	琼东			中央陆军军官学校第十一期	琼东县美果村	海南近代人物志
15	王祖绶	琼山		1909	中央军校军训班	1935年8月16日叙任陆军步兵上尉	陆海空军军官佐任官名簿
16	王统昌	澄迈		1907	中央军校五期工科(湖南档案馆《黄埔军校同学录》未见其名)	1935年叙任陆军工兵中尉	陆海空军军官佐任官名簿

续表

序列	姓名	籍贯	别号/字	出生年	期数/其他经历	通信地址/《国民政府公报》资料	资料来源/备注
17	王统益	琼山			广东军事政治学校政治深造班第一期	琼山演丰道学村	广东军事政治学校第一期毕业同学录/存照
18	王斌	澄迈			中央军校第十二期	澄迈二区仁村	中训团第九军官总队官佐通讯录
19	王槐芝	琼山			第二分校军官训练班总队第四期		中央陆军军官学校第二分校同学录
20	王锡燔	琼州			潮州分校第二期步科（比叙黄埔四期）		潮州分校同学录
21	王端	澄迈			中央军校特训班/南京文化大学军委会政训研究员	海南金江市丽丰号转加乐市/1936年5月20日叙任陆军步兵少校	
22	邓泽民	文昌			广东燕塘学校经理班；中央训练团党政班十三期	文昌铺前市永成号	中训团第九军官总队通讯录
23	韦一特	崖县		1907	中央军校六期骑科（湖南档案馆《黄埔军校同学录》未见其名）	1936年4月9日授陆军骑兵中尉	陆海空军军官佐任官名簿
24	韦强	琼山	勉之		四分校第一期学员总队	琼山第三区演西乡公所转	中训团第九军官总队通讯录
25	丘卓然	澄迈			武汉分校第一期		中央陆军军官学校第二分校同学录
26	丘家深	澄迈			中央军校特别训练班六期	澄迈县金江市邮局转	存照

续表

序列	姓名	籍贯	别号/字	出生年	期数/其他经历	通信地址/《国民政府公报》资料	资料来源/备注
27	冯云飞	文昌			潮州分校第一期步科(比叙黄埔三期)		潮州分校同学录
28	冯尔颖	文昌		1907	中央军校第十期政训班	文昌县抱罗市里隆村	黄埔军校将帅录
29	冯汝梁	琼山			中央陆军军官学校第十一期	琼山三江市罗梧村	海南近代人物志
30	冯毅夫	万宁			中央军校军官训练班第九期	万宁分界市永丰号转	中训团第九军官总队通讯录
31	卢润生	文昌		1900	中央军校高等教育班	文昌县公坡市邮局转/1943年12月29日叙任甘肃保安处总务科上校科长	陆海空军军官佐任官名簿》;高等教育班第三期同学录/存照
32	卢德林	崖县		1912	黄埔军校	崖县西里茅坡村	黄埔资料未详,遗黄埔剑/存照
33	史式南	文昌		1914	本校驻赣特训班一期	海口市龙华二横街	海南黄埔同学通讯录
34	叶芬	文昌			第二分校军官训练班总队第四期	1935年10月30日授陆军通信兵上尉	中央陆军军官学校第二分校同学录
35	叶重琼	琼山			军校十六期步科	广东琼山那流美德村/青年军二〇七师前上尉连长	存照
36	龙兴贤	琼山			武汉分校第一期		中央陆军军官学校第二分校同学录

续表

序列	姓名	籍贯	别号/字	出生年	期数/其他经历	通信地址/《国民政府公报》资料	资料来源/备注
37	伍烈	文昌		1904	潮州分校第二期步科(比叙黄埔四期)	1935年7月3日叙任陆军步兵少校;1935年10月9日授陆军第六十一师步兵第三百六十三团第二营营长	潮州分校同学录;陆海空军军官佐任官名簿
38	伍铁夫	琼山			第二分校军官训练班总队第四期		中央陆军军官学校第二分校同学录
39	伍醒群	琼山	雄东		广东军事政治学校军官班	琼山那流乡博养村	中训团第九军官总队通讯录
40	刘前文	琼州			第二分校军官训练班总队第四期		中央陆军军官学校第二分校同学录
41	刘美瑶		刘志	1916	中央军校第十二期	儋县西联农场东方红分场东方大队	海南黄埔同学通讯录
42	刘振汉	万宁		1913	中央军校第十二期		海南近代人物志
43	吉承灏	崖县		1917	中央军校高教班第十期	乐东县利国镇冲坡村	海南黄埔同学通讯录
44	吕烈曦	文昌		1914	燕塘军校第一期	文昌锦山昌家村	海南黄埔同学通讯录
45	孙光如	琼东			广州燕塘军校学兵队	琼东县城外琼兴安转厚丰村	中训团第九军官总队通讯录
46	庄谋	陵水		1912	燕塘军校十期一总队步科	陵水县长坡乡桐海村	海南黄埔同学通讯录

续表

序列	姓名	籍贯	别号/字	出生年	期数/其他经历	通信地址/《国民政府公报》资料	资料来源/备注
47	朱世尊	乐会			中央军校特别训练班六期		存照
48	汤敬文	文昌			中央军校特别训练班六期	文昌县迈号市邮局	存照
49	许达光	琼山			广东军事政治学校	琼山下昌里	中训团第九军官总队通讯录
50	许翊华	琼州			中央军校特别训练班六期	琼州较塘恒源转	
51	邢诒升	文昌	进三		四分校经理人员训练班	文昌潭牛市士头村	中训团第九军官总队通讯录
52	邢诒桑	文昌			第二分校补训第二总队		中央陆军军官学校第二分校同学录
53	邢雄	文昌	定奇	1911	燕塘军校第一期第一大队兵科	文昌县东路镇塘村	海南黄埔同学通讯录
54	邢锡章	义昌			广东军校军官训练班	文昌文教市三加村	中训团第九军官总队通讯录
55	何绍禹	崖县			第二分校军官训练班第十一期第二总队		中央陆军军官学校第二分校同学录
56	何康	琼州			第二分校军官训练班总队第四期		中央陆军军官学校第二分校同学录
57	吴川义	琼山			广东燕塘军官训练班	琼州海口长堤万蛋栏转	中训团第九军官总队通讯录
58	吴允明	定安	诚齐		中央军校特训班第一期	桂林六分校政治部	中训团党政训练班教职学员通讯录
59	吴克之	琼山	钟华	1911	广东军事政治学校	琼山演丰塘内村	黄埔军校将帅录

续表

序列	姓名	籍贯	别号/字	出生年	期数/其他经历	通信地址/《国民政府公报》资料	资料来源/备注
60	吴均美	崖县			黄埔军校六期肄业；广州燕塘军校毕业	崖县第四区乐罗村	据吉承灏、罗才藻遗稿
61	吴秀山	琼州	志乐		黄埔七期；中央军校高等教育班四期	海口中山路同春药房转龙塘南安里	存照
62	吴继汉	琼山			中央军校特别训练班六期	琼山灵山市云大乡公所转芙蓉村	存照
63	吴敬群	定安			潮州分校第一期步科（比叙黄埔三期）	定安岭口	潮州分校同学录/存照
64	吴镜海	文昌			潮州分校第二期步科（比叙黄埔四期）		潮州分校同学录
65	张宁	文昌	仲勋		黄埔二期；中央军校高等教育班四期	琼州罗豆市锦丰隆号转	存照
66	张俊民	文昌	岸崖		广东军事政治学校政治深造班第一期	文昌锦山市德利号	广东军事政治学校第一期毕业同学录/存照
67	张剑锋	琼山	干兴	1908	广东军事政治学校	琼山苍原村	海南近代人物志
68	张济川	文昌			黄埔军校四期步科（湖南档案馆《黄埔军校同学录》未见其名）	文昌潭牛市成昌号	中训团第九军官总队通讯录
69	张涛	文昌			军政部军需学校需训二期；中央训练团党政班十三期/上海大夏大学	琼州罗豆市潭龙村	中训团第九军官总队通讯录

续表

序列	姓名	籍贯	别号/字	出生年	期数/其他经历	通信地址/《国民政府公报》资料	资料来源/备注
70	张璘骏	儋县	君岳	1909	广东军事政治学校/陆军大学正则班第十七期	儋县王五市	陆军大学将帅录/存照
71	李汉璧	琼山	珍元		广东军事政治学校炮科	广东琼山	中训团第九军官总队通讯录
72	李劲	万宁	智		中央军校十六期步科；中央警官学校甲级警官训练班第一期	万宁龙滚镇横山村	中央警官学校甲级警官训练班第一期同学录/存照
73	李忠震	琼山			中央陆军军官学校第四分校	琼山府城西门	海南近代人物志
74	李鸿	琼东			中央军校特别训练班六期政治第四队	广州高茅路宜安里十二号	存照
75	李傅唐	定安		1906	中央军校高教班第二期；中训团二十三期	抗战时期调任广东防空司令部上校参谋	陆军步兵上校资绩簿
76	李遴河	琼东		1904	广东燕塘军校	琼东福和乡山兰园村	海南近代人物志
77	杜世珍	琼山	宝山	1910	中央训练团党政班第四期	琼山县长流乡道益村	海南近代人物志
78	杨开东	琼山	汉生		中央军校武汉分校第七期/珞珈山军官训练团	府城镇北门染衣坊大井巷人	海南近代人物志/存照
79	杨国栋	文昌			中央军校特别训练班六期	广东文昌便民镇文记号	存照
80	杨学哲	万宁	新培	1903	黄埔军校第四期步科（湖南档案馆《黄埔军校同学录》未见其名）	万宁万城镇后朗村	黄埔军校将帅录

续表

序列	姓名	籍贯	别号/字	出生年	期数/其他经历	通信地址/《国民政府公报》资料	资料来源/备注
81	杨俊	万宁		1911	中央军校特训班三期	万宁县万城镇仁群居委会后郎村	海南黄埔同学通讯录
82	邵玉廷	文昌			第二分校技术训练班第三期		中央陆军军官学校第二分校同学录
83	陈干	万宁			广东军事政治学校深造班		中训团第九军官总队通讯录
84	陈可为	文昌			中央军校七期;特别训练班六期	文昌白延市育婴堂	存照
85	陈巨悦	琼山	汉林		广东军事政治学校政治深造班第一期;中央军校特别班	海口长堤万兴号	广东军事政治学校第一期毕业同学录/存照
86	陈正山	文昌			黄埔军校七期预科班;四分校二期参谋研究队		中训团第九军官总队通讯录
87	陈玉标	文昌			潮州分校第二期步科(比叙黄埔四期)		潮州分校同学录
88	陈光生	琼山			第二分校军官训练班总队第四期		中央陆军军官学校第二分校同学录
89	陈光锐	文昌		1914	武汉分校一期学员	文昌白延会文乡沙港村	中央陆军军官学校第二分校同学录
90	陈行堂	文昌			中央军校特训班三期	广东文昌仙昌市桃园村	海南黄埔同学通讯录
91	陈观韶	琼山			广东军事政治学校政治深造班第一期	海口巷口街恒丰泰	广东军事政治学校第一期毕业同学录/存照

续表

序列	姓名	籍贯	别号/字	出生年	期数/其他经历	通信地址/《国民政府公报》资料	资料来源/备注
92	陈伯雷	万宁			广东军校	广东军管区征募处科长	中训团党政训练班教职学员通讯录
93	陈步良	琼山		1907	黄埔军校五期（湖南档案馆《黄埔军校同学录》未见其名）	1936年7月15日授陆军步兵上尉	陆海空军军官佐任官名簿
94	陈灼章	琼山	嘉谟		中央军校第十二期	琼山县演丰市山尾村	海南近代人物志
95	陈其全	文昌			中央军校特别训练班六期	广东琼州文昌会文新市	存照
96	陈卓如	琼山		1914	中央军校军需班二期	琼山龙塘中学	海南黄埔同学通讯录
97	陈国光	文昌			潮州分校第一期步科（比叙黄埔三期）		潮州分校同学录
98	陈国兴	文昌		1905	黄埔军官研究班	1935年7月6日授陆军步兵少校	陆海空军军官佐任官名簿
99	陈学才	崖县		1916	黄埔军校第十六期政治科	崖县四区罗所乡罗马村	原"战干一团"四期改叙;存照
100	陈茂功	琼山			广东军事政治学校政治深造班第一期		广东军事政治学校第一期毕业同学录/存照
101	陈亮	万宁		1911	中央军校第十二期	万宁县北坡红光村	海南黄埔同学通讯录
102	陈修吾	定安	君平		中央军校第十二期	定安大豪坡村	中训团第九军官总队通讯录
103	陈映民	澄迈	伯光		中央军校机炮干训班第二期	琼山东山市邮局转永发村	中训团第九军官总队通讯录

续表

序列	姓名	籍贯	别号/字	出生年	期数/其他经历	通信地址/《国民政府公报》资料	资料来源/备注
104	陈桢年	乐会			军校十一期步科/新二十二师教导营	广东乐会阳江市	曾任职连长;存照
105	陈嘉仪	文昌			第二分校军官训练班第十一期第二总队		中央陆军军官学校第二分校同学录
106	陈镇容	琼山	发楷		中央军校军官训练班七期	琼山博爱路合和号	中训团第九军官总队通讯录
107	麦发基	琼东	业光	1906	广东警官学校;中央军校第十一期	琼东安廉乡港门村	海南近代人物志
108	麦青	崖县			中央军校特别训练班六期	崖县港门昌记转	存照
109	麦梦山	琼山	春苔		广东军校军官队	琼山那流市美德村	中训团第九军官总队通讯录
110	周平之	澄迈	德隆	1907	广州燕塘军校工兵科	澄迈福山红光农场中学	海南黄埔同学通讯录
111	周佐武	琼山	南固		广东燕塘军校一期步科	军训部国民兵教育处中校视察员	中训团党政训练班教职学员通讯录
112	周怀璜	琼山		1908	广东军事政治学校政治深造班高级组第一期/国立中山大学法学士(1933年)	琼山县坡口村	海南近代人物志
113	周学源	乐会			中央军校特别训练班六期	琼崖嘉积市会兴昌号	存照
114	周经顺	文昌			中央军校特别训练班六期	广州市西关大同路	存照
115	周航坚	琼东			广东军事政治学校高级班	琼东第一区坡寨村	海南近代人物志

续表

序列	姓名	籍贯	别号/字	出生年	期数/其他经历	通信地址/《国民政府公报》资料	资料来源/备注
116	周维新	文昌	力生		陆军步兵学校第四期/中央训练团第九军官总队	文昌菠萝乘龙村	中训团第九军官总队通讯录/存照
117	周德润	琼州			中央军校特别训练班六期	广州西关大同路	存照
118	孟述美	崖县		1916	广东警官学校；广东军事政治学校；陆军军官学校高教班第十期；南京陆军步兵学校	崖县十所	海南近代人物志；黄埔军校将帅录
119	林义生	琼山	诗政	1903	中央军事政治学校第四期；广东军事政治学校军官班		黄埔军校将帅录
120	林尤晖	文昌			广州分校特别班第二期；四分校第十四期；中央步兵学校第四期		黄埔军校将帅录
121	林兰甫	文昌	树淑	1910	洛阳中央军官学校第三期	文昌县罗豆东溪村	海南近代人物志
122	林远伯	文昌			中央军事政治学校一分校三期		中训团第九军官总队通讯录
123	林建安	文昌			中央军校特别训练班六期	琼州文昌会文市义隆号	存照
124	林明英	文昌	华南		中央军校特训班一期	曾任第七十九师二三七团中校团指	中训团党政训练班教职学员通讯录
125	林明鸿	琼东	壮飞		广东军事政治学校政治深造班第一期	琼东县城万隆号转	广东军事政治学校第一期毕业同学录/存照

续表

序列	姓名	籍贯	别号/字	出生年	期数/其他经历	通信地址/《国民政府公报》资料	资料来源/备注
126	林枢	琼山			武汉分校第一期		中央陆军军官学校第二分校同学录
127	林英运	琼山	用五		中央军校（分校，编者注）第一期学员	琼山会文市	中训团第九军官总队通讯录
128	林诗杰	文昌		1914	南京中央军校第八期步科；中央警官学校第四期	祖籍海南文昌，生于越南海防	黄埔军校将帅录
129	林勋	文昌	赞卿		广东军事政治学校政治深造班第一期	广州市仓边路仁生里十六号二楼	广东军事政治学校第一期毕业同学录/存照
130	林彦廷	文昌	德轩		广东军事政治学校政治深造班第一期	昌江县政府；文昌翁田市南逢村	广东军事政治学校第一期毕业同学录/存照
131	林荟材	文昌		1910	广东军事政治学校军官班；第四分校战术研究班一期/上海中国公学大学	文昌锦山市排坑村	海南近代人物志；黄埔军校将帅录
132	林晟	文昌		1910	龙里辎重兵学校机械班一期	文昌县会文迈仍头村	海南黄埔同学通讯录
133	林鸿仕	文昌			中央军校特科班四期/中训团第九军官总队官佐		中训团第九军官总队通讯录
134	林鸿邵	文昌		1908	黄埔军校高级班；南京中央政治学校	文昌县文教市宝典村	海南近代人物志

续表

序列	姓名	籍贯	别号/字	出生年	期数/其他经历	通信地址/《国民政府公报》资料	资料来源/备注
135	林鸿衍	文昌	竞演		广东军事政治学校政治深造班第一期	文昌白延市益隆号转	广东军事政治学校第一期毕业同学录/存照
136	林智英	文昌			中央军校特别训练班六期	文昌文教德盛号	存照
137	林棠	文昌			中央军校特别训练班六期	海口中山路林锦兴号	存照
138	林猷位	文昌			中央军校特别训练班六期	文昌迈号市升昌号	存照
139	林熙塾	文昌			燕塘军校高级班/北平辅仁大学	文昌白延市	中训团第九军官总队通讯录
140	欧剑城	文昌	世丰	1904	中央军校高等教育班第三期	文昌县白延市红城村	陆海空军军官佐任官名簿;高等教育班第三期同学录/存照
141	罗文锦	文昌			中央军校训练班	文昌大苑市蓝田村	中训团第九军官总队通讯录
142	范会瑾	文昌		1906	黄埔军校五期（湖南档案馆《黄埔军校同学录》未见其名）	1935年8月7日授陆军步兵上尉	陆海空军军官佐任官名簿
143	郑心济	文昌	重明		中央军校特别班/广东国民大学	文昌第一区上琅村/1948年5月19日叙任陆军步兵上校	中训团第九军官总队通讯录

续表

序列	姓名	籍贯	别号/字	出生年	期数/其他经历	通信地址/《国民政府公报》资料	资料来源/备注
144	郑兰益	文昌			中央陆军军官学校高等教育班第十一期（1946年）		高等教育班十一期同学录/存照
145	郑廷俊	文昌			云南陆军讲武堂第十五期；中央陆军军官学校军官高等教育班第三期	文昌便民市广隆兴号	高等教育班第三期同学录/存照
146	侯元昌	文昌			广东军事政治学校	文昌白延市候头岭村	中训团第九军官总队通讯录
147	姚受江	定安	瑶山		广东军事政治学校政治深造班第一期	广州市惠爱中路陶公蜂园	广东军事政治学校第一期毕业同学录/存照
148	施对吾	文昌	炳坤		中央军校军官训练班	文昌罗豆市山良村/1936年4月27日官派任命陆军步兵少尉	中训团第九军官总队通讯录
149	洪世燊	文昌	炽偕		中央陆军军官学校军官高等教育班第三期	文昌县南会文新市邮局转	高等教育班第三期同学录/存照
150	洪运龙	文昌			武汉分校第一期	1936年11月10日授陆军步兵少尉	中央陆军军官学校第二分校同学录
151	胡斌	文昌	符斌	1899	黄埔军校第五期（湖南档案馆《黄埔军校同学录》未见其名）		黄埔军校将帅录

续表

序列	姓名	籍贯	别号/字	出生年	期数/其他经历	通信地址/《国民政府公报》资料	资料来源/备注
152	徐木有		穆友	1911	广东燕塘军校/中央陆军军官学校特别训练班第五期	海口市甸花新村	存照
153	徐俊	文昌	继文	1907	黄埔军校第五期(湖南档案馆《黄埔军校同学录》未见其名)		海南近代人物志
154	翁桂芳	万宁		1909	中央军校第十二期	万宁县万城镇仁群区上灶村	海南黄埔同学通讯录
155	袁芳	琼州			第二分校军官训练班第十期		中央陆军军官学校第二分校同学录
156	陶杏春	文昌		1913	中央军校第十一期步科第四队(本校第十一期未见其名,笔者考证陶应是广州分校或广东军事政治学校毕业,比叙中央军校第十一期)	文昌县宝藏村	台湾"国史馆"资料/存照
157	崔荣深	琼山			广东军校工兵学校研究班二期	海口中山路/1936年12月2日授陆军步兵少尉	中训团第九军官总队通讯录
158	梁国武	文昌		1901	中央军校高级班	1936年3月20日国民政府公报颁令叙任陆军步兵中校	陆海空军军官佐任官名簿

续表

序列	姓名	籍贯	别号/字	出生年	期数/其他经历	通信地址/《国民政府公报》资料	资料来源/备注
159	梁忠	琼山	景平		广东军校军官班一期	琼山龙塘市昌廷村	中训团第九军官总队通讯录
160	梁振河	文昌			中央军校军官班步科	文昌烟墩市歧山村	中训团第九军官总队通讯录
161	梁振陞	文昌		1911	中央军校第十二期	文昌县白延区会文乡长圯村	海南黄埔同学通讯录
162	梁博明			1913	中央军校四分校特训班	海口市食品公司	海南黄埔同学通讯录/存照
163	符世栋	琼山		1913	中央军校十一期炮科		海南黄埔同学通讯录
164	符会联	文昌			中央军校学员队一期	文昌昌洒市东边山	中央训练团第九军官总队通讯录
165	符伯良	文昌		1912	中央训练团党政班二十一期/日本早稻田大学	文昌县翁田乡厚土村	海南近代人物志
166	符和生	文昌	盛之	1909	南京本校十期三总队步科	文昌县粮食局粮油饲料公司	海南黄埔同学通讯录
167	符国实	文昌			中央军校特别训练班六期	文昌文教市邮局转	存照
168	符奇志	文昌			武汉分校第一期		中央陆军军官学校第二分校同学录
169	符贤壑	文昌			广东军事政治学校经理班		中训团第九军官总队通讯录
170	符树忠	文昌	雪农	1911	中央陆军军官学校特别训练班	文昌县文城镇吴村	海南近代人物志
171	符炳寰	文昌			中央军事政治学校	1936年授陆军步兵中尉	陆海空军军官佐任官名簿

续表

序列	姓名	籍贯	别号/字	出生年	期数/其他经历	通信地址/《国民政府公报》资料	资料来源/备注
172	符哥洛	文昌	树英	1910	广东燕塘军校	文昌昌洒镇宝兔村	黄埔军校将帅录
173	符维群	文昌	爱春		云南陆军讲武堂十二期;庐山陆军军官训练团八期;陆军步兵专门学校十二期	文昌抱芳新市钦来村	中训团第九军官总队通讯录/存照
174	符福安	文昌			中央军校宪警班	广东军管区少校教官	中训团党政训练班教职学员通讯录
175	黄开榆	文昌		1919	中央军校第十二期	文昌县师范学校	海南黄埔同学通讯录
176	黄声和	琼山			武汉分校第一期		中央陆军军官学校第二分校同学录
177	黄卷超	万宁			第二分校军官训练班第十一期第二总队		中央陆军军官学校第二分校同学录
178	黄松轩	文昌			南京金陵大学肄业;军校特科班三期毕业		中训团第九军官总队通讯录
179	黄树人	文昌	德川		中央陆军军官学校军官高等教育班第三期	文昌县迈号市福安号	高等教育班第三期同学录/存照
180	黄海秋	文昌		1916	成都本校高教班九期学员队	文昌县会文镇湖峰乡水尾村	海南黄埔同学通讯录
181	黄基范	琼山			第二分校技术训练班第一期		中央陆军军官学校第二分校同学录

续表

序列	姓名	籍贯	别号/字	出生年	期数/其他经历	通信地址/《国民政府公报》资料	资料来源/备注
182	黄德川	文昌	树人		云南陆军讲武堂第十五期;中央军校高教班	文昌迈号市四得盛号/中训团上校中队长	中训团党政训练班教职学员通讯录
183	黄德仪	文昌	位卿	1898	云南陆军讲武堂十三期;南京中央军校高级班	文昌冯坡镇田界村	黄埔军校将帅录/存照
184	黄镇中	文昌	官循	1909	中央军校政训研究班第二期/南京文化学院;日本步兵学校;日本明治大学	文昌县衙前村	中训团党政训练班教职学员通讯录/存照
185	傅克朋	文昌			中央军校军官训练班三期		中央训练团第九军官总队通讯录
186	彭正朝	文昌			潮州分校第二期步科(比叙黄埔四期)	1936年12月8日授陆军步兵中尉	潮州分校同学录
187	曾玉川	文昌	慕古		中央军校十六期步科;中央警官学校甲级警官训练班第一期	琼州文城广兴转	中央警官学校甲级警官训练班第一期同学录/存照
188	韩汉屏	文昌	煊丰	1910	中央陆军军官学校第五期(湖南档案馆《黄埔军校同学录》未见其名);陆军步兵学校三期;中央军校六分校步科专校	文昌县水北市南熏村	陆军步兵上校资绩簿
189	韩甲光	文昌	孟农		广东军事政治学校政治深造班第一期	和平县政府/海口泰安栈	广东军事政治学校第一期毕业同学录/存照

续表

序列	姓名	籍贯	别号/字	出生年	期数/其他经历	通信地址/《国民政府公报》资料	资料来源/备注
190	韩志超	文昌		1909	武汉分校第一期	文昌县罗豆市昌梅村	中央陆军军官学校第二分校同学录
191	韩杰	文昌		1906	中央军校高等教育班一期	1935年6月20日国民政府公报颁令叙任陆军步兵少校	中训团第九军官总队通讯录;陆海空军军官佐任官名簿
192	韩炳萱	文昌	建民		广东军事政治学校四期学员队	文昌昌洒市永成利号	中训团第九军官总队通讯录
193	韩哲民	万宁	干夫	1910	广东军事政治学校步兵科;陆军大学正则班第十九期	万宁长丰镇南山村	陆军大学将帅录
194	韩捷元	文昌	冠中		广东军校学员队	文昌锦山市邮局	中训团第九军官总队通讯录
195	蒙朝龄	定安			中央军校三分校第二期学员总队	琼州嘉积文曲乡	中训团第九军官总队通讯录
196	蒲开学	陵水		1917	广东军校化育班	陵水县芙州镇五合乡加卜村	海南黄埔同学通讯录
197	詹平侯	文昌			中央军校高教班三期	文昌烟墩市	中训团第九军官总队通讯录
198	詹安	文昌	仁山		中央军校高级班/中央军校军训第三期	文昌便民市中南书局转	中训团第九军官总队通讯录
199	詹忠诱	文昌		1909	洛阳分校军官训练班		陆海空军军官佐任官名簿

续表

序列	姓名	籍贯	别号/字	出生年	期数/其他经历	通信地址/《国民政府公报》资料	资料来源/备注
200	詹树旌	文昌			云南陆军讲学校第十五期/中央陆军军官学校军官高等教育班第三期	文昌县烟墩市惠元药材店	陆海空军军官佐任官名簿;高等教育班第三期同学录/存照
201	詹尊洹	文昌	静之		广东军事政治学校政治深造班第一期	文昌怡和汽水公司转	广东军事政治学校第一期毕业同学录/存照
202	潘正兰	文昌			中央陆军军官学校/上海暨南大学		海南近代人物志
203	黎卓仁	乐会	家朝	1900	军政部陆军讲武学校/珞伽山中央军官训练团	琼海市阳江镇桥坎村	黄埔军校将帅录
204	黎明炎	琼山			第二分校军官训练班总队第四期	1936年7月15日官派任命陆军步兵中尉	中央陆军军官学校第二分校同学录
205	戴始仲	文昌		1912	中央训练团新闻研究班	文昌县白延市蓝田村	海南近代人物志

中央陆军军官学校广州分校特别班

【本期说明】广州分校特别班同学多带职入学。第一期毕业学员1069人,第二期毕业学员541人,均于1937年间毕业。其中海南籍学员106人,同学录有照片可查。

序列	姓名	籍贯	别号/字	期数/出身	通信地址	备注
1	王干	文昌		第二期	文昌迈号市地平村	存照
2	王永源	澄迈		第一期/党部秘书	琼州金江市	存照
3	王会鹏	崖县		第一期/党部特派员	崖县东关镇新崖书局	存照
4	王昌颂	乐会		第一期/党部特派员		存照
5	王秉正	琼山		第一期	琼山灵山市	存照
6	王定猷	琼山		第一期/县教育局局长	琼山城西门达士巷	存照
7	王绍裕	澄迈		第一期/党务特派员	琼州金江市	存照
8	王衍祐	定安		第一期/县党部秘书	定安县城西乡西岸村	存照
9	王衍祚	定安		国立中山大学政治学士;少校训育员	定安县城西乡西岸村	存照
10	王家洲	临高		第一期/县党部特派员	临高城内	
11	王谋峰	乐会		第二期	嘉积龙江市	存照
12	王琼蔚	澄迈		第二期	琼州金江市	存照
13	王惠风	乐会		第一期	琼州嘉积市	存照
14	王诏儒	琼山		第一期	琼州海口新兴街	存照
15	王融	文昌		第一期/民政	文昌东郊市	
16	王耀球	琼山	子英	第二期	琼山县屯昌市天元堂转	存照
17	史丹	昌江	许耕	第一期/县党部特派员	昌江县墩头村	存照
18	邢咏德	崖县		第二期	崖县四区望楼市	存照
19	吉锋	崖县	绍尹	第二期	崖县四区望楼市	存照
20	吉鹏	崖县		第二期	崖县第五区佛罗区长流	存照

续表

序列	姓名	籍贯	别号/字	期数/出身	通信地址	备注
21	刘日富	陵水		第一期/县党部设计员	陵水县永安街	存照
22	关昌荣	昌江		第一期/民政	昌江县墩头港	存照
23	孙家邦	崖县		第二期	崖县临高市	存照
24	麦宏思	崖县		第一期	崖县港门市日新乡	存照
25	严润海	陵水	济夫	第二期	陵水县永安街	存照
26	李占元	儋县		第二期	儋县新州市民生街	存照
27	李永业	保亭		第二期	保亭县教育会	存照
28	李合霜	文昌		第一期/民政	文昌迈号市	存照
29	李志健	琼山	乾生	第二期	琼山县城染衣坊李宅	存照
30	李家伦	琼山		第一期	海口得胜沙路裕盛号	存照
31	杨人杰	感恩	誉君	第二期	感恩县北黎港北黎市民生路	存照
32	杨长春	定安		第一期	定安县东开黄协兴号	存照
33	吴开泰	琼山		第一期/民政	琼山小雅巷第二间	存照
34	吴以鑫	澄迈		第一期	澄迈县白莲市	存照
35	吴延椿	澄迈		第二期	澄迈县金江市	存照
36	吴坤烨	琼山		第二期	琼州府城忠介路	存照
37	吴昌明	定安		第一期	定安县居丁市	存照
38	吴秉亮	琼山	月舟	第二期	琼州府城丁字街	存照
39	吴居正	定安		第一期/党部特派员	定安县黄竹市	存照
40	何运智	万宁		第二期	万宁龙滚市	存照
41	张泰信	文昌		第一期/党部特派员	文昌烟墩市	存照
42	陈巨悦	琼山		第一期	琼崖海口长堤万丰号	存照
43	陈玉江	崖县		第二期	崖县第五区黄流市	存照
44	陈邦达	陵水		第一期	陵水大街德合号	存照
45	陈光炎	澄迈		第二期	澄迈英会丰号	存照

续表

序列	姓名	籍贯	别号/字	期数/出身	通信地址	备注
46	陈观韶	琼山		第二期	海口港口街恒丰号	存照
47	陈希贤	琼州		第一期/党部特派员	琼州嘉积市	存照
48	陈启瑚	昌江		第二期	昌江县新街墩头港	存照
49	陈若愚	崖县		第一期	崖县西莺歌海市	存照
50	陈英海	崖县		第二期	崖县港门村	存照
51	陈奇勋	保亭	雄才	第二期	保亭县茂萱号	存照
52	陈国宗	澄迈		第二期	澄迈县金江市	存照
53	陈昌期	崖县		第一期/党部秘书	崖县新崖室	存照
54	陈莪双	崖县	大明	第二期	崖县第五区莺歌海乡	存照
55	陈家光	定安	希文	第二期	琼州嘉积市广文楼书局	存照
56	陈梓材	文昌		第一期/民政	文昌昌洒镇	存照
57	林文道	昌江	伯明	第二期	昌江县新街镇	存照
58	林实甫	文昌		第一期/县教育局局长	文昌迈号市邮局转	存照
59	林经冬	琼山		第一期/党部秘书	琼山东山市	存照
60	林家仁	临高	汝安	第二期	临高城内	存照
61	林家渊	崖县	名泉	第二期	崖县东关市	存照
62	林鸿荃	文昌		第二期	文昌白延市	存照
63	林超宇	昌江		第一期/党部特派员	昌江县墩头港	存照
64	林愚夫	文昌		第二期	文昌迈号市	存照
65	林猷星	文昌		第一期	文昌法政路	存照
66	林猷晖	文昌	光奋	第二期	文昌东阁市	存照
67	昌红	文昌	仲垣	第二期	文昌菠萝市龙虎村	
68	周书升	儋县	秀卿	第二期	儋县洋浦港大街仁和堂	存照
69	周观海	琼山	海亭	第二期	文昌迈号市	存照
70	周作民	临高		第一期/县教育局局长	临高城内	存照

续表

序列	姓名	籍贯	别号/字	期数/出身	通信地址	备注
71	周林亿	儋县		第一期/党部特派员	儋县王五镇	存照
72	周栽彬	琼山		第一期/县党务特派员	琼山忠介路	存照
73	周鼎新	琼山	晓春	第二期	琼山海口市中山马路	存照
74	周静平	文昌		第一期/民政	文昌公坡市	存照
75	郑俊辅	琼山		第一期/县党部委员	琼山烈楼市	存照
76	钟飞鹏	崖县	腾云	第二期	崖县三亚港延春堂转	存照
77	钟启机	万宁		第一期	万宁礼纪村	存照
78	钟启璋	万宁		第一期/党部特派员	万宁隆盛号	存照
79	翁绍锡	文昌		第一期	文昌清澜市	存照
80	凌洪照	感恩		第一期	广州将军路二九号三楼	存照
81	郭时勋	琼州		第一期	琼州海口长堤马路	存照
82	黄守愚	临高	达臣	第二期	临高县新盈港	存照
83	黄雄才	崖县		第二期	崖县三亚港	存照
84	黄献炜	崖县			崖县城内	
85	黄燕翼	临高	若洲	第二期	临高城内	存照
86	梅以仁	保亭		第二期	保亭县民族路	存照
87	梅永茂	琼州		第一期/县教育局局长	琼州石壁市	存照
88	符汉光	临高	震东	第二期	临高城内兴发号转	存照
89	符维吾	文昌		第二期	文昌蛟塘市渡头村	存照
90	符缉莘	昌江		第二期	昌江县新街镇	存照
91	符福绥	陵水		第二期	陵水县永安街	存照
92	符蔚树	文昌		第一期	文昌县宝昌市柳翠村	存照
93	符赞鸿	儋县	鹄志	第二期	儋县南华市	存照
94	韩文溥	琼州			琼州三江市邮局	存照
95	韩杰丰	文昌	俊超	第二期	文昌蛟塘市裕源号	存照

续表

序列	姓名	籍贯	别号/字	期数/出身	通信地址	备注
96	曾应时	文昌	炜飞	第二期	文昌龙马镇	存照
97	曾亲民	澄迈	日新	第二期	澄迈县长安市北河村	存照
98	温育林	万宁		第一期/县教育局局长	万宁万益号	存照
99	谢宝三	儋县		第一期/党部特派员	儋县新英镇	存照
100	蒙庆勋	定安		第二期	琼州石璧市同益昌号	存照
101	廖克泓	崖县		第二期	崖县西关乡初级小学校	存照
102	黎优	崖县		第二期	崖县第一区起晨乡	存照
103	黎绍元	崖县		第一期/县公安局课长	崖县第五区东孔村	存照
104	黎禹杰	崖县	毓昌	第二期	崖县四区乐罗市关昌号	存照
105	潘正枚	文昌		第一期	文昌县抱罗市	存照
106	薛道瑄	临高		第一期/县党部秘书	临高县城内	存照

第三部分

黄埔军校琼籍教职员名录

黄埔军校琼籍教职员名录

【本表说明】 能在黄埔军校任职员者,非等闲之辈。黄埔军校第一期琼籍教职员,为数不少,有的担任重要职务。本表所列黄埔军校271位琼籍教职员名单,相信会让诸位颇感惊讶。许多名字,我们并不陌生。尤引人注目的是,第一期教官严凤仪、曹石泉、徐成章和徐坚(徐天柄)等人,他们均是琼籍早期的共产党员。第一期琼籍教职员还有王俊(地形教官)、王声聪(区队长)、王莆文(少尉特别官佐)、詹忠言(区队长)、王禄丰(区队长)、符昭骞(区队长)、吴济民(区队长)等人。他们在进入黄埔军校前,已负笈各地求学,严凤仪、曹石泉、徐成章、王声聪、王莆文、詹忠言、王禄丰、符昭骞和吴济民均是云南陆军讲武堂毕业生,王俊曾远赴日本陆军士官学校求学,而徐坚则是武昌陆军预备学校和保定军校出身。可以说,《黄埔军校海南同学录》讲述了一段不为人深知的历史,民间传说的人物、许多写不进历史的人,也许你会在这里找到他们。本表教职员信息除非特别说明,主要来源还是各期各总队同学录及湖南省档案馆校编的《黄埔军校同学录》一书。经于岳先生收藏和整理的"静思斋历史文献收藏研究中心"也为本书名录提供了帮助,在此特别感谢。本表名单里,有三分之一是多重身份,他们既是学生,又是教职员,本书实际的琼籍黄埔师生人数,应该除去这部分重复出现的名字。

序列	姓名	籍贯	别号/字	期数/其他经历	通信处/备注	军校履职/资料来源
1	丁希孔	文昌	儒之	黄埔军校第四期/陆军步兵学校将官研究班二期	文昌清澜万应宝号	四分校第十七期五总队上校总队指导员;四分校第十七期二十六总队上校副总队长(存照)
2	云廷廷	文昌		琼崖中学		一等军需正股员/1939年九总队同学录
3	云坚白	文昌	逢锐		香港西营	四分校第十九期八总队少校指导员

续表

序列	姓名	籍贯	别号/字	期数/其他经历	通信处/备注	军校履职/资料来源
4	云惟劻	文昌	之光	复旦大学经济系/中央训练团计政班	文昌县头苑镇头苑村	军荐二阶课长；中央军校会计室课长
5	王三麟	琼山		四分校第十三期	琼山东山市广济堂转	少尉区队附（存照）
6	王大芹	文昌		中央政治学校计政学院		少校佐理员
7	王仁恩	琼东	竹溪		琼东县嘉积市同泰昌号	本校第五期少尉书记
8	王东春	琼崖	辅士	黄埔本校第三期	海口大街信昌号转东山市和昌号	本校第五期区队长（存照）
9	王亚东	乐会	帜新	黄埔本校第六期	乐会分界市琼乐安药房	本校第七期政治训练处任职，1948年叙任陆军一等军需佐/国民政府公报（存照）
10	王在武	儋县		儋县县立中学		
11	王安本	琼山		军委会政训班三期	香港干诺道西七十三号	四分校第十三期学生总队少校训育员；四分校第十七期少校队长
12	王均平	文昌	槐才	日本大学专修科	文昌迈号市	四分校第十七期二十六总队中校政治教官（存照）
13	王声聪	文昌	觉人	广东陆军速成学校	南洋华侨，原籍文昌	本校第一期教职员；前入伍生队第九连连长，1925年猎德战斗阵亡（存照）

续表

序列	姓名	籍贯	别号/字	期数/其他经历	通信处/备注	军校履职/资料来源
14	王学阶	琼山	开敏	黄埔本校第三期	琼州琼山十字市益昌号	本校第七期教官（存照）
15	王岳	文昌		文昌县立中学	文昌邮政局转	司书
16	王昌颖	乐会			琼崖嘉积市邮局转边防村	四分校第十七期二十六总队上校战术教官
17	王治平	琼山	兴治	四分校第十四期七总队	琼山云龙琼盛药房转南山村	四分校第十九期八总队部上尉副官（存照）
18	王莆文	文昌	一寰	云南陆军讲武堂第十五期	文昌烟墩市天南号转	本校第一期少尉特别官佐；本校第三期管理处上尉处员
19	王诗萱	琼东		本校第三期/珞珈山军官训练团二期	广东琼州嘉积市福裕隆	本校第七期教官（存照）
20	王俊	澄迈	钦宪	日本士官学校十四期/日本陆军大学第五期	澄迈文儒排坡园村	本校第一期地形教官（存照）
21	王俊雨	文昌	元云		文昌仙昌市宝田村	四分校第十九期八总队第一队中尉区队附（存照）
22	王衍祚	定安		国立中山大学/广州分校特别班	定安县城西乡西岸村	第十三期学生总队；额外政治教官；少校训育员（存照）
23	王梦卜	文昌	莆才	本校第六期/中央训练团党政班二十一期/中央军校军官研究班四期	琼州文昌县宝芳新市邮局转	本校第八期上尉区队长（存照）

续表

序列	姓名	籍贯	别号/字	期数/其他经历	通信处/备注	军校履职/资料来源
24	王梦云	琼山	祝三	朝阳大学/日本大学法科	琼山县遵都儒文村	中央军校教官/海南近代人物志
25	王梦龄	琼山	安琪	日本士官学校二十期/美国兰加参谋学校和战车学校	琼山县遵都儒文村	中央军校重兵器训练班主任/黄埔军校将帅录
26	王绩伟	琼山	建功	广东省立第六师范	海口中山路同安药房转	四分校第十七期二十六总队上尉书记
27	王禄丰	文昌		云南陆军讲武堂第十五期/日本陆军步兵学校十六期/陆军大学将官班三期	文昌县南区迈众乡白玉村	本校第一期区队长（存照）
28	王燧	琼东		四分校第十四期七总队	琼东县嘉积市	助教（存照）
29	王燮君	文昌	锡三	上海中华艺术大学	文昌宝芳市昌享村	四分校少校科员
30	王霭云	乐会			琼州乐会中原市冯秀记转	四分校第十七期二十六总队一等军医佐军医（存照）
31	丘卓云	澄迈	越卿	陆军大学乙级将官班一期/巴黎陆军大学	广州东门线香街广昌号	本校第六期中校战术教官（存照）
32	丘宗武	澄迈		黄埔本校第一期/陆军大学特别班第四期	琼州海口大街恒昌号转	本校第十期上校总队长（存照）

续表

序列	姓名	籍贯	别号/字	期数/其他经历	通信处/备注	军校履职/资料来源
33	冯尔骏	琼山		黄埔本校第二期	琼山县演丰市博罗村	本校第四期区队长（存照）
34	冯裕宏	文昌		中央军校一分校步科		八分校中校总队附/中训团党政训练班教职学员通讯录
35	冯裕晶	琼山		黄埔本校第十二期步科/战术研究班三期	琼山县新金堆市合作社	本校第二十一至第二十三期教官（存照）
36	叶佩高	文昌	德孚	云南陆军讲武堂十八期/陆军大学九期	琼州铺前恒昌号转	本校第四期区队长（存照）
37	叶剑雄	文昌		云南陆军讲武堂十五期/日本户山骑兵学校	文昌县林梧市田良村	本校第七期中校技术主任教官（存照）
38	叶竞春	琼州	碧山		琼州海口协丰号转	本校第五期区队长（存照）
39	龙光一	文昌		中央军校四分校一期/本校战术班一期		本校第二十二期中校战术教官
40	龙兴任	琼山		国立中山大学社会学/庐山暑期训练团第二期	琼山会文镇昌利号转	四分校校本部长官；政治部第二科中校科长（存照）
41	龙步云	万宁	剑城	中央军校六期/中训团党政训练班	万宁县城天惠号转	四分校副大队长/中训团党政训练班教职学员通讯录
42	龙国材	琼崖			琼崖会文市集雅斋书店	本校第四期教职员

续表

序列	姓名	籍贯	别号/字	期数/其他经历	通信处/备注	军校履职/资料来源
43	龙学颜	琼山	希贤	国立广东大学	琼山第九区	四分校第十三期学生总队少校训育员；四分校第十七期中校政治指导员；四分校上校主任
44	龙学霖	琼山	碧川	黄埔本校第三期	文昌县白延市锦昌号转富春村	本校第五期区队长；本校第六期第二区队长（存照）
45	伍其中	文昌	秉刚	云南陆军讲武堂第十五期	广州市榨粉街廿八号转	本校第二期教官
46	刘文学	定安		国立暨南大学/军委会干训团	定安龙墟市济安堂	四分校第十七期二十六总队中校政治教官（存照）
47	刘建民	琼州		北京中国大学	琼州海口四排楼长发号	本校第五期政治教官（存照）
48	刘勉芝	文昌	希文			四分校第十七期二十六总队上尉副队长（存照）
49	刘麟光	文昌	景堂	国立广州中山大学法律系	文昌县罗豆市港东村	四分校上校政治教官/黄埔军校将帅录
50	华景访	琼山	子云	广东国民大学		代理上尉训育员
51	吉章简	崖县	夏迪	广东警卫军讲武堂/黄埔二期	崖县冲坡村	本校第六期步兵第十三中队中校队长；中央军校七分校总队长（存照）
52	吕承文	文昌		云南陆军讲武堂第十四期	文昌县烟墩市鸿图村	广州燕塘军校上校教官兼总队长/海南近代人物志

续表

序列	姓名	籍贯	别号/字	期数/其他经历	通信处/备注	军校履职/资料来源
53	吕荣	儋县		广东军校第一期	儋县中和镇安盛宝转	中尉区队附
54	许开章	儋县		日本陆军士官学校第二十一期	儋县峨蔓乡浦湖村	南京中央陆军军官学校教导大队少校队长/中国留学日本陆军士官学校将帅录（存照）
55	许志明	琼山		黄埔本校第十三期	文昌蛟塘市益隆昌转	四分校少尉区队附（存照）
56	邢小如	文昌	福果	黄埔本校第十二期步科	文昌宝昌	四分校第十七期中尉区队长（存照）
57	邢诒江	文昌	涌涛	南京中央军政部军需学校六期/庐山军官训练团	文昌县东阁市南文村	成都中央军校管理部经理科长/黄埔军校将帅录
58	邢谷桂	文昌			香港千道西琼海旅店邢定安转	四分校第十七期二十六总队中校英文教官（存照）
59	邢定陶	文昌	鹤年	国立暨南大学/日本士官学校二十三期/陆军大学十三期	文昌市会文镇颜村	中央军校四分校前任少将总队长（存照）
60	邢炎	文昌	益明	黄埔本校第十二期步科	琼崖文昌白延市	四分校第十七期上尉队长（存照）
61	邢勇义	崖县	廉清	黄埔本校第六期	广东崖县黄流市邮局转	四分校第十七期二十六总队中校队长（存照）
62	邢策	文昌	业垂	黄埔第六期/炮校学员队三期	文昌昌洒市琼会安药房转淡水村	中央军校上校大队长（存照）

续表

序列	姓名	籍贯	别号/字	期数/其他经历	通信处/备注	军校履职/资料来源
63	齐祥麟	文昌		省立高级水产学校	文昌潭牛市	四分校办公处少尉课员
64	严凤仪	乐会	銮海	云南陆军讲武堂第十五期	乐会中原镇夏村	本校第一期队长（存照）
65	严文史	万宁		南京金陵大学肄业/东京明治大学经济学		四分校第十六期九总队任职
66	严复达	文昌	醒民	黄埔本校第四期	文昌县冠南市致和堂号转	南京中央陆军军官学校第六期庶务股股员/雄关漫道：黄埔军校第四期生研究（存照）
67	何天运	定安		第十三期第四分校学生总队	定安仙沟市裕芳号转	四分校教职员
68	何仲胥	乐会		黄埔本校第五期	琼州嘉积市顺兴隆号转	本校第六期工兵中队助教（存照）
69	何汝钦	乐会		四分校第十三期	琼州万宁县万春堂转	少尉区队附
70	何其俊	澄迈	秀清	黄埔本校第二期/高教班第一期/珞珈山军官训练团特别班	广东琼州澄迈县立中学校转	本校第七、第八期中校队长（存照）
71	余德辉	琼山	鹏程		海口市博爱路七二号	四分校第十九期八总队部中尉重兵器助教
72	吴川义	琼山		广东燕塘军校军官训练班	琼州海口长堤万蛋栏转	本校第十六期中尉副官
73	吴中平	琼山	均衡	黄埔本校第三期	琼州琼山十字路市邮局转	本校第六期少校区队长（存照）

续表

序列	姓名	籍贯	别号/字	期数/其他经历	通信处/备注	军校履职/资料来源
74	吴允明	定安		中央军校特训班第一期	定安第一区杨迈村	六分校第十七期十七总队少校指导员
75	吴少伯	琼东	静初	黄埔本校第四期	琼东长坡市文屯村	四分校校部官佐政治部中校课长（存照）
76	吴成开	琼山	国光	黄埔本校第四期	琼州海口发利祥转	本校第五期区队附（存照）
77	吴邦昌	琼山	卜五	日本士官学校二十期	琼山道崇乡云雁村	黄埔军校教官/黄埔军校将帅录（存照）
78	吴君侠	文昌			广州都府街旧二八号	本校第三期书记官
79	吴秀山	琼山	志荣/伯起	中央陆军军官学校第七期/中央军校高教班四期	贵州三合太平路二号	四分校第十七期八总队上校大队长/中训团党政训练班教职学员通讯录
80	吴凯南	琼山		广东高等师范学校	琼州海口琼裕昌号转传桂村	图书室事务长
81	吴宗泰	文昌	正德	云南陆军讲武堂第十五期	文昌烟墩市冯家村	黄埔军校炮兵科区队长
82	吴剑秋	琼山	理学	云南陆军讲武堂第十五期	琼山县会文乡	本校第三期骑兵队上尉区队长（存照）
83	吴济(致)民	琼山	开珍/伯儒	云南陆军讲武堂第十五期步科	广东海口振东街泰隆号	本校第一期学生队第三队第二区队队长（存照）
84	吴尊佐	琼山		黄埔本校第六期	琼州海口中山路琼盛号	四分校第十三期学生总队少校马术教官（存照）

续表

序列	姓名	籍贯	别号/字	期数/其他经历	通信处/备注	军校履职/资料来源
85	吴敬群	定安		潮州分校第一期步科(比叙黄埔三期)/陆军大学正则班十三期	定安岭口	四分校校本部长官;通讯处少将主任(存照)
86	吴琪英	琼山	吴铅	黄埔本校第二期/陆军大学特别班第三期	广东琼州烈楼市邮局转	本校第八期前中校工兵队长(存照)
87	吴廉淑	文昌	尧君		文昌县东郊市邮局转	本校第五期区队长(存照)
88	吴僧	琼山			琼州文昌会文新市信益号	本校第五期少校队附(存照)
89	吴德秀	琼山			琼州琼山县海口海南书局转	本校第七期少校政治教官(存照)
90	吴镇汉	琼山	川义		琼州琼山县十字路市李美璋号转定文村	本校第十、第十三期少尉特务长
91	岑家卓	文昌	克全	黄埔本校第三期	文昌烟墩市天南药房转	本校第五期区队长(存照)
92	张光琼	文昌		云南陆军讲武堂第十八期/陆军大学训练班	文昌县罗豆农场潭罗村	潮州分校教官/黄埔军校将帅录
93	张运超	文昌	拔群	中央陆军军官学校第十期/日本士官学校第二十五期	独山武字一二二号	四分校上校大队长/海南近代人物志;中训团党政训练班教职学员通讯录
94	张其芬	琼山		第四路军机炮队		四分校战术教官

续表

序列	姓名	籍贯	别号/字	期数/其他经历	通信处/备注	军校履职/资料来源
95	张忠中	崖县	华一	黄埔本校第四期	崖县西里九所官村	中央军校第七分校学员总队大队长兼教官/雄关漫道:黄埔军校第四期生研究(存照)
96	张英	文昌	业儒	日本陆军骑兵学校	文昌翁田镇北坑村	中央军校第四分校骑科教官/黄埔军校将帅录
97	张诗教	文昌	子衡	云南陆军讲武堂第十五期	文昌头苑镇赤土村	四分校第十三期学生总队中校筑交地教官、中校队长;四分校第十六期九总队总队长(存照)
98	张觉时	文昌	俊侯		广州市秉政街秉仁巷二号	本校第三期教官
99	李汉英	文昌		黄埔本校第十四期/步校七期		本校第二十二、第二十三期兵器教官
100	李玉华	琼山	齐珍	第八路总指挥部教导队学员队	海口市得胜沙街南洋汽车公司转	上尉队附/第十三期第四分校学生总队同学录(存照)
101	李向前	乐会	还光	黄埔本校第十五期	广东琼州嘉积市北新村交	四分校第十七期二十六总队中尉区队长(存照)
102	李克明	文昌	俊英	黄埔本校第三期	琼崖文昌清澜马头埠源美利号	本校第七期教官(存照)
103	李连耀	琼山			琼州海口海南书局转文毓村	本校第五期司书
104	李春浓(农)	文昌	长桐	云南陆军讲武堂第十八期	文昌县锦山乡坡头村	四分校办公厅主任/海南近代人物志

续表

序列	姓名	籍贯	别号/字	期数/其他经历	通信处/备注	军校履职/资料来源
105	李济中	临高		黄埔本校第十五期	广东临高和舍市转南山村	本校第二十期上尉指导员（存照）
106	李遴汉	乐会	号明	广东省立工业专科学校	琼海市福田镇山兰园村	四分校少校政治指导员/黄埔军校将帅录
107	杜英(兴)强	琼山	兴强/素夫	中央军校第七期/陆军炮兵学校二期/陆军大学特别班第七期	琼山长流乡道益村	少校兵器教官/中训团党政训练班教职学员通讯录
108	杨永仁	文昌	觉非	云南陆军讲武堂第十二期/南京陆军大学十一期	文昌县后昌村	广东燕塘军事政治学校、中央陆军军官学校教官（存照）
109	杨群	文昌	嬴山	黄埔本校第五期	琼州文昌县东阁市圮成德学校	四分校政治部训育科上校科长/大浪淘沙：黄埔军校第五期生研究（存照）
110	沈廷芳	儋县	剑猷	四分校第十三期	儋县那大市宝兴号转	少尉区队附（存照）
111	陈干	万宁		广东军事政治学校深造班		中央陆军军官学校第十二期广州分校学生总队教职员
112	陈子扬	文昌	爱琴		文昌县东郊市毓春堂	1927年任中央军事政治学校军官政治训练班上尉指导员（存照）
113	陈飞熊	文昌	得齐		广州市清水壕六十三号	本校第三期中尉区队长（存照）
114	陈元柱	文昌	汉仙	国立北京大学史学系	文昌迈号市福隆号	四分校第十三期学生总队政治教官
115	陈文英	文昌		中央军校第十三期步科		少尉区队附

续表

序列	姓名	籍贯	别号/字	期数/其他经历	通信处/备注	军校履职/资料来源
116	陈世荣	文昌		黄埔本校第十五期	广东琼崖文昌便民市二三号	本校第二十二、第二十三期少校战术教官（存照）
117	陈正贤	文昌	师孔	广东陆军测量学校第十四期		本校第二十二、第二十三期中校地形教官
118	陈玉楼	文昌	玉娄	云南陆军讲武堂第十一期	广州市大东门南强医舍	本校第五期事务科长/云南讲武堂将帅录（存照）
119	陈龙渊	琼山		黄埔本校第七期	琼州琼山县烈楼市邮局转	本校第八期上尉区队长；一分校中校大队附（存照）
120	陈兆东	文昌		四分校第十二期经理科	文昌公坡市济安号	
121	陈光地	文昌		云南陆军讲武堂第十五期	文昌会文镇沙港村	本校第三期中尉区队长/云南讲武堂将帅录（存照）
122	陈行堂	文昌		中央军校特训班三期	广东文昌仙昌市桃园村	本校第二十一期准尉特务长
123	陈行瑾	文昌	玉昆		文昌冠南市致和堂转	四分校第十九期八总队第二队中尉区队附
124	陈伯宗	琼山				四分校第十三期学生总队少校兵器教官（存照）
125	陈应龙	文昌	美山	黄埔本校第一期/陆军大学将官班	琼州文昌潭中市宝昌号	本校第二期中尉副官（存照）
126	陈志远	文昌			广东文昌县南阳市锦兴号	四分校第十七期二十六总队少尉区队长；四分校第十九期八总队第二队中尉区队长（存照）

续表

序列	姓名	籍贯	别号/字	期数/其他经历	通信处/备注	军校履职/资料来源
127	陈灼之	琼山			海口桃枣街顺昌号	四分校第十七期二十六总队少尉教职员
128	陈言	文昌	汉祯	云南陆军讲武堂十五期	广州市清水壕六十三号	本校第三期上尉区队长(存照)
129	陈卓如	琼山		中央军校军需训练班二期		中尉军需官
130	陈学浚	琼山			广东琼山大致坡乡公所转	四分校第十七期二十六总队三等军医正主任
131	陈宝	文昌			文昌文明乡	四分校第十七期二十六总队中校国文教官(存照)
132	陈明光	文昌		黄埔本校第五期	文昌县湖山市保和转昌乘村	四分校第十九期八总队第二队前任少校副队长(存照)
133	陈武军	文昌	赤箫	黄埔本校第五期	文昌锦山市珊田医馆转白茅乡	四分校第十七期中校大队长(存照)
134	陈炜章	文昌	通秋	云南陆军讲武堂第十二期/中央军官训练团党政高级班		四分校教导队上校队长/黄埔军校将帅录
135	陈范	万宁	鸿猷	广东军事政治学校深造班	万宁北坡镇大芒宝田村	四分校第十三期上尉政治指导员;四分校第十九期八总队部中校政训室主任(存照)
136	陈洪范	文昌		国立北京大学/日本东京帝国大学研究生		六分校政治部主任

续表

序列	姓名	籍贯	别号/字	期数/其他经历	通信处/备注	军校履职/资料来源
137	陈哲	琼山	静洲	云南陆军讲武堂/日本士官学校	文昌县会文镇沙港村	本校第二期区队长（存照）
138	陈家秀	文昌		广东航空学校二期	文昌文教市邮局转	上校航空学教官/四分校第十九期学生第八总队第一大队同学录
139	陈家炳	文昌		黄埔本校第一期/陆军大学乙级将官班三期	广东琼州文昌县文教市	四分校第十三期学生总队总队部官佐；四分校上校总队长（存照）
140	陈常健	文昌	佩双	本校第三期/陆军大学特别班第一期	文昌县东郊市毓春堂	本校第四期教官（存照）
141	陈鼎新	文昌	敦格	中央军校第十二期广州分校		四分校第十七期二十六总队上尉副队长（存照）
142	陈献仲	琼山				少尉副官
143	陈衡	琼山		黄埔本校第二期/南京陆军大学将官班乙级二期	三江市图书馆转	本校第四期前工兵队区队长（存照）
144	陈曙东	琼山				四分校第十三期学生总队少校兵器教官
145	麦永干	崖县	贞固	黄埔本校第十四期	广东崖县乡立第二小学转	六分校第十七期第十七总队区队长（存照）
146	冼荣熙	琼山		法国巴黎大学工学院硕士	琼山县灵山乡玉仙村	黄埔军校政治教官/黄埔军校将帅录

续表

序列	姓名	籍贯	别号/字	期数/其他经历	通信处/备注	军校履职/资料来源
147	周长耀	琼东	光远	黄埔本校第七期	琼州嘉积市源裕盛号转	四分校第十三期学生总队少校重兵器教官（存照）
148	周廷恩	乐会		广州农民运动讲习所第二期	琼海九曲江乡新昌村	黄埔军校政治部训育员/黄埔军校将帅录
149	周成钦	琼山	若夫	黄埔本校第二期	广东海口市中山路宝盛金铺转	本校第五期政治指导员；本校第八期中校第五队队长（存照）
150	林之梧	文昌		黄埔本校第十一期	文昌重兴镇百福村	战时工作干部训练团第一团第一期中尉区队长
151	林日藩	文昌	咸伍	日本陆军士官学校二十二期/中央陆军大学特别班六期	文昌会文镇白延墟迈仍村	南京中央军校炮科教官/黄埔军校将帅录（存照）
152	林本	文昌	伟山	黄埔本校第三期	广东文昌县便民市林锦昌号	本校第五期区队长（存照）
153	林立军	临高		四分校第十三期学生总队	琼州南丰镇新兴街	四分校第十七期中尉区队长（存照）
154	林廷华	文昌	裕吾	武昌陆军预备学校/保定军校六期/中央陆军大学特别班二期	文昌县抱罗镇丰家村	南宁分校第一期军事教官；中训团第九军官总队长（存照）
155	林廷英	文昌	舜如		文昌白延市万山号或广州市天官里一六七号	1927年任中央军事政治学校军官政治训练班中尉书记（存照）
156	林廷桥	文昌		北平中国大学		六分校中校教官/中训团党政训练班教职学员通讯录

续表

序列	姓名	籍贯	别号/字	期数/其他经历	通信处/备注	军校履职/资料来源
157	林运铭	文昌				四分校第十三期学生总队上尉训育员
158	林卧薪	文昌	克仇	黄埔本校第三期	广州市天官里一百七十六号	本校第六期步兵大队少校队附(存照)
159	林建中	文昌		中央训练团	广东琼州文昌会文市义隆号	四分校第十七期少校队附
160	林明锦	文昌		广东省立第一中学(高中)	文昌昌洒市永合堂转	少尉经理员
161	林松	文昌		国立中山大学政治系		中央陆军军官学校第十二期广州分校学生总队教职员
162	林绍伯	文昌		干部政治训练班	琼州文昌县白延市万山号转	本校第五期政治指导员
163	林茂	文昌	汉锋	国立中山大学法学士/广州分校特别班		四分校第十三期学生总队上尉训育员;四分校政治部中校政治教官(存照)
164	林茂春	琼州			琼州府城马街新王宅	本校第六期准尉特务长
165	林彦廷	文昌	伯英	广东军事政治学校	文昌白延市迈洲村	四分校第十九期八总队部上校农业教官/1944年四分校第十九期学生第八总队第一大队同学录(存照)
166	林健夫	文昌	少威	杭州之江大学/日本陆军士官学校第二十三期	文昌会文镇白延圩福田园村	中央军校南宁分校少校教官(存照)

续表

序列	姓名	籍贯	别号/字	期数/其他经历	通信处/备注	军校履职/资料来源
167	林峰	琼山		东南医学院	海口泰源药行	三等军医正检验室主任(存照)
168	林涪	文昌	举卿	国立中山大学政治系	琼州文昌县新桥市邮政代办所转	四分校第十七期二十六总队中校政训室主任(存照)
169	林博寰	文昌	鹤云	上海大夏大学教育学院	文昌白延市	四分校校部官佐;四分校党部特别党部科长
170	林道三	文昌	才如		广东文昌文教市山桃村	四分校第十七期二十六总队三等军需正
171	林猷晖	文昌		四分校第十四期步科	文昌东阁市元顺记	少尉区队附
172	林熙略	文昌	崇英	黄埔本校第十六期	文昌白延市养成乡信箱	本校第十八期中尉区队长(存照)
173	林德弈	文昌	岳渊	广东陆军测量学校第十四期	琼崖文昌白延市顺兴号	本校第二十一至第二十三期中校地形教官(存照)
174	林羲	文昌	钦始	黄埔本校第六期	文昌迈号市	少校队附(存照)
175	罗中书	琼山		黄埔本校第三期	琼州文昌会文新市圮凤昌村	武汉分校第七期少校队附(存照)
176	罗清澄	琼山	博群		琼州城环海中学校转	本校第二期中尉区队长;本校第四期副官(存照)
177	罗盛元	琼山		黄埔本校第二期	琼山大致坡	第四分校办公处中校课长

续表

序列	姓名	籍贯	别号/字	期数/其他经历	通信处/备注	军校履职/资料来源
178	郑兰鹤	文昌		云南陆军讲武堂第十五期	文昌重兴镇礼昌村	南京中央军校第七期工兵科队长/黄埔军校将帅录
179	郑廷俊	文昌	拔千	云南陆军讲武堂第十五期/中央军校高教班三期	文昌便民市合利号	本校第三期中尉区队长(存照)
180	郑庭烽	文昌	耀台	黄埔本校第四期/日本步兵学校	琼州文昌东阁市广济药房	南京中央陆军军官学校特别训练班战术教官/雄关漫道:黄埔军校第四期生研究(存照)
181	郑彬	琼山	诚一	黄埔本校第二期/南京陆军大学特别班四期	琼州海口沂爱医院	本校第六期工科中队长;本校筑交副主任教官(存照)
182	郑梦严	崖县		黄埔本校第八期	广东琼崖县中学	四分校第十三期学生总队上尉筑交教官(存照)
182	洪世扬	文昌		云南陆军讲武堂第十二期	文昌会文镇海棠巷村	中央军校南宁分校教官/黄埔军校将帅录
184	钟秀	文昌	君白		广州市仓前街直街二十三号二楼	本校第三期中尉区队长(存照)
185	唐惠洽	万宁		国立中山大学/日本陆军士官学校二十四期/陆军大学正则班十一期	万宁县北坡镇南福村	中央军校南宁分校教官/黄埔军校将帅录(存照)
186	徐坚(徐天柄)	琼山	仲权	武昌陆军预备学校/保定军校第六期步科	琼山县演丰昌城村	黄埔本校第一期编纂员(存照)

续表

序列	姓名	籍贯	别号/字	期数/其他经历	通信处/备注	军校履职/资料来源
187	徐成章	琼山	惠如	云南陆军讲武堂第十二期	琼山县演丰镇昌城村	黄埔本校第一期教员（存照）
188	翁桂清	万宁		广东法政学堂/日本明治大学	万宁县后安坡仔村	南京中央军校经理处长/黄埔军校将帅录
189	莫敖民	定安	逸遥	中央军校六期炮科	贵州独山武字一二二号信箱	四分校兵器教官/中训团党政训练班教职学员通讯录（存照）
190	曹石泉	乐会	澄清	云南陆军讲武堂第十五期	乐会县长仙村	本校第一期二队区队长（存照）
191	梁大鹏	乐会	达鹏	复旦大学/美国纽约大学政治学博士	乐会县城益隆号转	中央军校四分校上校政治教官/中训团党政训练班教职学员通讯录（存照）
192	梁汝清	文昌	慰农	云南陆军讲武堂第十二期炮科	文昌县冠南市盐僚村	四分校第十七期二十六总队上校兵器教官（存照）
193	梁竹轩	文昌	汉英	黄埔本校第十三期	广东文昌头苑市后港村	六分校第十七期十七总队区队长（存照）
194	梁振淮	文昌	韩侯		文昌南烟墩市天南号转	本校第三期教官（存照）
195	梁素	文昌	智浓		广州大东门福兴街	本校第四期区队长（存照）
196	梁超然	乐会			广东乐会县城福兴号	四分校第十七期二十六总队同准尉司书
197	符大同	定安	用三	黄埔本校第六期	琼州嘉积石壁市合盛宝号	四分校第十七期二十六总队中校队长；四分校第十九期八总队第一大队官佐中校副大队长（存照）

续表

序列	姓名	籍贯	别号/字	期数/其他经历	通信处/备注	军校履职/资料来源
198	符气通	文昌		黄埔本校第十七期步科/陆军大学参谋西北班第五期	文昌烟墩市转甘村罗甲尾村	本校第二十一期上尉副中队长(存照)
199	符气鏊	文昌	良史		广东文昌翁田市宝邑村	四分校第十七期二十六总队政训室少校干事(存照)
200	符丕烈	文昌	应期	日本陆军士官学校第二十期步科	文昌县文林里	本校第七期教官
201	符世梁	琼山				四分校第十三期学生总队上尉训育员
202	符伯良	文昌	国才	日本早稻田大学经济科/中训团党政班二十一期	文昌县翁田乡厚土村	中央军校第六分校政治教官/海南近代人物志
203	符作新	文昌				中尉副官/四分校第十七期二十六总队同学录(存照)
204	符寿南	文昌		国立广东法政学校	文昌翁田市	四分校第十七期二十六总队二等军需佐
205	符国芳	文昌		中央军校四分校第十三期/中央训练团	文昌罗豆市东成珍宝号转	四分校第十六、第十七期教官(存照)
206	符冠雄	文昌	鸿磲/定之	广东救护调剂学校	文昌冯坡西山村	四分校少校军医/符冠雄自传
207	符昭謇	文昌	孟腾	云南陆军讲武堂第十二期/陆军大学正则班第九期	文昌县重兴镇上鲤塘村	本校第一期区队长(存照)

续表

序列	姓名	籍贯	别号/字	期数/其他经历	通信处/备注	军校履职/资料来源
208	符树蓬	文昌		黄埔本校第五期	文昌昌洒市万和药房	七分校（西安）第十七学员总队副总队长（存照）
209	符健	临高	柏松	黄埔本校第十五期步科/本校校尉班第六期/本校射训班第一期	琼州临高县加来市邮局交	本校二十一至第二十三期少校重兵器教官
210	符递	文昌	陆先	中央军校第四分校第十三期步科	琼东长坡邮局	四分校第十七期中尉区队长（存照）
211	符雪农	文昌		军委会政训研究班四期	文昌县邮局转	少校指导员
212	符瑞生	文昌	树莞/惠民	本校第五期/军官研究班	文昌龙马市人和堂转	四分校第十七期少校队长（存照）
213	符腾光	琼山	信诗	云南陆军讲武堂第十二期	琼山东晳乡庵符村	黄埔军校第一、第二期区队附/海南近代人物志
214	黄化民	临高	国初	黄埔本校第四期	海南岛临高县城内	本校第十六期少校队长；上校战术教官（存照）
215	黄百强	琼山	干城	本校第三期/中训团党政班十期	琼山县云龙市天和堂	本校第八期中校队长；四分校第十七期二十六总队少将总队长；四分校第十九期八总队部少将总队长（存照）
216	黄卷	文昌		省立顺德农业职业学校	文昌东郊市	四分校办公处少尉司书

续表

序列	姓名	籍贯	别号/字	期数/其他经历	通信处/备注	军校履职/资料来源
217	黄映明	琼山	仲先		广东琼山云龙市博洽村	四分校第十七期二十六总队中尉区队长（存照）
218	黄珍吾	文昌		黄埔军校第一期/国防大学第二期/国防研究院第二期	文昌县中一区銜前村	黄埔第二期学生队区队长；黄埔第七期政治部主任兼代教育长（存照）
219	黄健生	澄迈		广东陆军速成学堂第三期、中央陆军大学正则班第十四期	澄迈老城田寮村	四分校上校战术教官（存照）
220	黄流善	琼山		第四路军通讯教导队	琼山烈楼市邮局转	少尉经理员
221	黄善声	琼山	有盛	中央政治学校计政学院	琼州海口富盛金铺转	六分校第十七期第十七总队经理处处长（存照）
222	黄善辉	文昌	焕吾	黄埔本校第三期	琼州文昌宝芳市良臣村	本校第七期教官（存照）
223	黄瑾怀	文昌				四分校第十九期八总队部中校数学教官/四分校第十九期学生第八总队第一大队同学录
224	黄镇中	文昌	官循	中央军校政训研究班第二期/南京文化学院/日本步兵学校/日本明治大学	文昌县銜前村	四分校第十三期学生总队少校政治指导员（存照）
225	傅克朋	文昌		中央军校军官训练班第三期	文昌便民市济生巷傅宅	四分校第十六期少校队附

续表

序列	姓名	籍贯	别号/字	期数/其他经历	通信处/备注	军校履职/资料来源
226	曾士良	定安		琼崖琼海中学/广东省立民众教育人员训练所	文昌蓬莱市济安堂转	司书
227	曾干	儋县	任之		琼州儋县城外塘坛	黄埔本校第四至第六期教官
228	曾炫	琼山		黄埔本校第五期	琼山塔市迈德村	中校大队附
229	覃青山	乐会		四分校第十四期步科		助教
230	谢汉农	文昌	侠夫		文昌第一区大群乡	四分校第十九期八总队第一队中校队长/四分校第十九期学生第八总队第一大队同学录(存照)
231	谢自俊	文昌		中央军校广州分校第十二期炮科	文昌湖山乡茶园村	中尉炮兵科助教
232	谢步程	文昌		黄埔本校第六期	贵州独山武字一二二号	四分校中校队长/中训团党政训练班教职学员通讯录
233	谢维干	文昌	伯山	黄埔本校第一期	琼州文昌罗豆市广顺堂转	本校第二期教官(存照)
234	韩云书	文昌		国立北平大学法学院		中央陆军军官学校第四分校中校、上校教官/海南近代人物志
235	韩世英	文昌	雁洲	云南陆军讲武堂第十五期步兵科	文昌锦山市大盛号	本校第三期中尉区队长;中训团第九军官总队上校课长(存照)

续表

序列	姓名	籍贯	别号/字	期数/其他经历	通信处/备注	军校履职/资料来源
236	韩汉英	文昌	平夷	保定军校第六期/南京陆军大学将官班甲级三期	文昌县水北市南熏村	四分校校本部中将主任(存照)
237	韩汉屏	文昌		中央陆军军官学校第五期/陆军步兵学校三期	文昌抱罗水北墟南熏村	中校战术教官
238	韩汉藩	文昌		日本东京法政大学	文昌抱罗水北墟南熏村	成都中央军校驻渝办事处上校主任/黄埔军校将帅录
239	韩军	文昌		第四军军官队(训练)	海口泰安旅社	四分校办公处中尉课员
240	韩志超	文昌	鉴波	中央军校武汉分校军官队第一期	文昌罗豆市昌梅村	上尉区队附
241	韩定远	文昌		云南陆军讲武堂第十五期/日本士官学校第二十二期/陆军大学特别班三期	文昌县迈号镇水北村	黄埔军校二期区队长/黄埔军校将帅录(存照)
242	韩杰丰	琼山	俊超	广州分校特别班	文昌蛟塘市	四分校第十七期少校指导员(存照)
243	韩亮兼	文昌	水山	云南陆军讲武堂第十二期	广州都府街二八号	本校第三期少校特别官佐(存照)
244	韩剑森	文昌		广东海军陆战队二期	文昌水北市	四分校办公处上尉译电员

续表

序列	姓名	籍贯	别号/字	期数/其他经历	通信处/备注	军校履职/资料来源
245	韩振光	文昌				四分校第十七期二十六总队中尉区队长（存照）
246	韩振南	文昌	学沧	中央军校驻川军需训练班		四分校少校股长
247	韩景华	文昌	仲容		文昌水北市天赐村	四分校第十七期中尉书记；四分校第十九期八总队部中校数学教官/四分校第十九期学生第八总队第一大队同学录
248	韩鉴丰	文昌	镜川	黄埔本校第十三期工科	文昌县邮局转	第十六期第二总队少尉区队附；本校第十七期教官（存照）
249	韩鹏	文昌	冠球	黄埔本校第三期	广州粤东酒店转	本校第五期政治助理员（存照）
250	韩潮	文昌	泽田	云南陆军讲武堂第十四期/陆军大学特三期	广州市都府街九号	四分校校本部长官；第十六期总队长；教育处少将处长（存照）
251	韩壁光	文昌				四分校第十七期少校区队长
252	詹开万	文昌	鸿基		文昌烟墩市惠元堂	四分校第十九期八总队部中尉重兵器助教
253	詹行旭	文昌		黄埔本校第二期/中训团高级班	文昌宝芳乡坡头村	中央军校高教班中校教官/黄埔军校将帅录（存照）
254	詹忠言	文昌	谈林	云南陆军讲武堂第十五期/陆军大学特一期	文昌市会文镇烟墩圩昌朗村	本校第一期区队长（存照）

续表

序列	姓名	籍贯	别号/字	期数/其他经历	通信处/备注	军校履职/资料来源
255	詹忠诱	文昌		中央军校洛阳分校军官训练班		四分校第十七期少校前任队长（存照）
256	詹恒	文昌	若儒	广州法专法律专科	文昌便民市	四分校第十三期学生总队上尉科员；第十九期八总队第一队少校指导员（存照）
257	詹觉民	文昌	璞岩	云南陆军讲武堂第十五期	文昌迈号市	本校第二期教官；本校第四期队长；本校第五期战术教官（存照）
258	詹润霖	文昌		北京朝阳大学		少校军械股长
259	蔡士良	文昌		上海南洋医学院	海口得胜沙泰安栈转	三等军医正军医
260	蔡凤翁	万宁		黄埔本校第一期/陆军大学特别班一期	万宁城天和堂	第十九期十一总队少将总队长（存照）
261	蔡仲	琼东		云南陆军讲武堂第十八期	琼海嘉积市米行街	本校第四期区队长（存照）
262	蔡时粉	文昌		浙江省立医药专校	海口得胜沙泰安栈转	三等司药正药局主任
263	蔡春暄	琼山			琼州定安仙沟市永春号转	本校第十一、第十三期同准尉司书
264	蔡铁西	万宁			万宁县城天和号	本校第七期教官
265	蔡桐坡	乐会	栖梧	黄埔本校第四期	乐会县中原市邮局转礼照村	本校第七期教官（存照）

续表

序列	姓名	籍贯	别号/字	期数/其他经历	通信处/备注	军校履职/资料来源
266	蔡谟忠	琼山		本校第四期/广东军事政治学校研究班/陆军大学将官班四期	广东琼州定安县城大街福兴号转	本校第八期少校队附;本校第十期中校队长;本校第十三期中校队长;本校第十六期中校第二大队长（存照）
267	潘汉章	文昌		上海中国公学政经系		中尉组员
268	黎优	崖县		四分校第十四期	崖县第一区义和乡小学校	少尉区队附
269	黎炳熙	定安	冠君	黄埔本校第三期	琼州嘉积市新民街福宁里	本校第十一期中校大队长（存照）
270	黎科沩	文昌	海澜		文昌水北市良头村	四分校第十九期八总队第三队中尉区队附（存照）
271	黎景燊	定安		黄埔本校第十五期步科	广东琼州协昌盛信局转	本校第十七期中尉区队附

第四部分
黄埔本校琼籍学生照

黄埔本校第一期

二三，廣東瓊州文昌縣。
通訊處，瓊州文昌縣南會文新市戰隆號
轉新科村。

王　雄　文昌

二四，廣東瓊州臨高縣和祥市。
通訊處，本縣和含盆昌號轉．

邓春华　临高

二五，廣東澄邁縣金江市萬順仁號．
通訊處，廣州市像香街廣昌號．

丘宗武　澄迈

二十，廣東文昌排港村．
通訊處，瓊州文昌東郊市源盛隆號．

邢　钧　文昌

二三，廣東文昌．
通訊處，邊國瓊京蝶華力大馬路萬成利號．

邢国福　文昌

二三，廣東高家縣扶峯村．
通訊處，萬家縣城天和堂轉市扶峯村．

李　钧　万宁

二五，廣東瓊山俤廿村．
通訊處，瓊海海口海南青局轉．

吴乃宪　琼山

二一，廣東瓊州文昌迤田村．
通訊處，瓊州文昌頭墩市榮記．

张运荣　文昌

二五，廣東瓊州．
通訊處，廣東瓊山第十八區會文市義隆
號成綸興號．

陈　克　琼山

陈　武　琼山

陈应龙　文昌

林　英　文昌

林冠亚　文昌

周士第　乐会

郑述礼　临高

洪剑雄　澄迈

黄珍吾　文昌

龚少侠　乐会

韩云超 文昌

谢维干 文昌

蔡昆明 琼山

蔡凤翁 万宁
（照片系蔡读陆军大学
特别班时期）

黎崇汉 文昌

黄埔本校第二期

王大文 文昌

王武华 澄迈

王　毅 澄迈

王家槐 澄迈

王梦尧 琼山

丘　敌 澄迈

冯尔骏 琼山

冯振汉 琼山

吉章简 崖县

邢定汉 文昌

何秀清 澄迈

郑介民 文昌

蔡劲军 万宁

陈 衡 琼山

符汉民 文昌

符南强 定安
（画像，照片来源：海南
师范大学图书馆）

黄翰雄 文昌

黎铁汉 定安
（照片来源：陈予欢《黄
埔军校第二期生研究》）

李治魁 琼山
（照片来源：陈予欢《黄
埔军校第二期生研究》）

林中坚 文昌

唐子卿 澄迈
（照片来源：陈予欢《黄
埔军校第二期生研究》）

罗英才 澄迈

罗盛元 琼山

麦 匡 崖县

詹行旭 文昌

张 宁 文昌
（中央军校高教班第四
期照片）

郑 彬 琼山

钟光潘　文昌

周成钦　琼山

黄埔本校第三期

岑 家 卓

克全，二一，廣東文昌，通訊處，廣東瓊州文昌煙墩市天南樂房轉長輝村。

岑家卓 文昌

陳 常 健

珮煖，二四，廣東文昌，通訊處，文昌東郊市墟春堂藥房交。

陈常健 文昌

陳 家 麟

伯侯，二三，廣東文昌，通訊處，文昌縣公坡市恆興號。

陈家麟 文昌

陳 嘉 鎰

民三，二三，廣東文昌，通訊處，文昌公坡市三益號。

陈嘉镒 文昌

陳 學 武

平漱，二十，廣東文昌，通訊處，瓊州文昌縣文敎市文明昌號轉福田庄。

陈学武 文昌

陳 永 芹

陳列，二四，廣東樂會，通訊處，瓊州樂會縣市而能館。

陈永芹 乐会

陳 照 方

會明，二五，廣東文昌，通訊處，邁號市中街綸昌信局轉。

陈照方 文昌

陳 鑄 新

在唐，二五，廣東瓊崖，通訊處，廣州文明路又十八號瓊州革命同志大同盟會。（政治）

陈铸新 琼崖

符 節

學宗，二一，廣東文昌，通訊處，文昌東郊市試济堂代轉。

符 节 文昌

符秉雄

秉雄，二十，廣東文昌．
通訊處，文昌縣城合成
號．

符秉雄　文昌

符篤初

如琢，二十，廣東文昌．
通訊處，文昌縣便民市
錦興號轉．

符笃初　文昌

符濟羣

鏡清，二十，廣東．
通訊處，文昌東郊市城
濟號轉候村．
（疒死）

符济群　文昌

符氣雲

龍嘘，二二，廣東文昌．
通訊處，文昌抱羅市中
和堂號轉．

符气云　文昌

符樹梅

詠春，十八，廣東文昌．
通訊處，瓊州文昌縣文
教寺裕成號轉
昌福村交．

符树梅　文昌

符祥霞

勳博，十九，廣東定安．
通訊處，瓊州嘉積市伽
跂號昌號．

符祥霞　定安

符英憲

英憲，二十，廣東瓊山．
通訊處，瓊州海口公和
號代交．

符英宪　琼山

符致遠

斯光，二一，廣東文昌．
通訊處，文昌縣第十五
區福園村．

符致远　文昌

符卓英

卓英，二三，廣東文昌．
通訊處，文昌縣大街源
合號．

符卓英　文昌

傅啓霖

富文,二四,廣東文昌.
通訊處,文昌裕源豐德
清村.

傅启霖 文昌

韓鵬

冠球,二一,廣東文昌.
通訊處,文昌林梧市永
和祥轉林鐵村.

韩鹏 文昌

韓君南

二八,廣東瓊州.
通訊處,瓊州文昌邁號
市廣福號轉陶
坡村綸昌號.

韩君南 文昌

韓憲元

二十,廣東文昌.
通訊處,廣州市都府街
九號轉.

韩宪元 文昌

何職民

禹樟,十九,廣東樂會.
通訊處,樂會分界市恆
盛號轉.

何职民 乐会

黃百強

同仇,二一,廣東瓊州.
通訊處,瓊山演豐市泰
來號轉.

黄百强 琼山

黃善輝

燦吾,二二,廣東文昌.
通訊處,文昌寶芳市廣
濟號轉.

黄善辉 文昌

黃守泗

卓禹,十八,廣東瓊山.
通訊處,瓊崖瓊山縣會
文新市公興源
號.

黄守泗 琼山

紀迺武

勳銘,二十,廣東萬縣.
通訊處,縣城博濟樂村
轉.

纪乃武 万宁

区 队 长
黎 炳 熙

安定東廣 二三
郷水台三區七第安定 處訊通

黎炳熙 定安

李 樹

正源,二三,廣東瓊東.
通訊處,烟塘市長發號
轉禮昌村.

李 树 琼东

李 大 鐘

二五,廣東萬寧.
通訊處,萬寧縣龍濱市
萬寶號.

李大钟 万宁

步科第三中隊少區隊長
李 克 明

李克明 文昌

李 騰 藩

英立,二二,廣東瓊山.
通訊處,縣屬十字站市
美琼號轉.

李腾藩 琼山

梁 莘 堂

慕柳,二一,廣東儋縣.
通訊處,琼州海口港和
源號轉儋縣峨
漫市和生堂轉
赤地林.

梁莘堂 儋县

梁 捷 波

二十,廣東文昌.
通訊處,琼州文昌文教
裕安號轉.

梁捷波 文昌

林 鐘

十八,廣東瓊山.
通訊處,瓊州定安城永
記號轉.

林 钟 琼山

林 本

偉山,二十,廣東文昌.
通訊處,文昌縣便市錦
昌號轉.

林 本 文昌

林鴻苑

二四，廣東文昌．
通訊處，瓊州文昌文教
市瓊文盛號．

林鸿苑 文昌

林臥薪

克仇，二一，廣東文昌．
通訊處，文昌東三區寶
就學校轉．

林卧薪 文昌

龍其伍

美南，二六，廣東瓊山．
通訊處，文昌白延市錫
昌號．

龙其伍 文昌

區隊長

龍學霖

粤川 六二 廣東瓊山
通訊處 瓊州文昌白延市錦昌轉富春號

龙学霖 琼山

羅運元

園光，二十，廣東澄邁．
通訊處，澄邁美龍村．

罗运元 澄迈

羅中書

二三，廣東瓊山．
通訊處，瓊州文昌南區
會文新市翠記
書莊．

罗中书 琼山

潘漢波

鐵漢，二五，廣東文昌．
通訊處，文昌縣恆發號．

潘汉波 文昌

孫慕良

仁階，十九，廣東瓊山．
通訊處，瓊州海口大街
合和昌交．

孙慕良 琼山

陶堅民

堅民，二三，廣東文昌．
通訊處，文昌會文新市
瓊合昌號．

陶坚民 文昌

陶林英 文昌

王昌裕 文昌

王东春 琼崖

王绍彰 琼州

王诗萱 琼州

王使能 琼州

王学阶 琼山

韦崇纲 乐会

吴高维 乐会

吳坤蘭

龍英，十九，廣東瓊山．
通訊處，文昌縣羅頤市
盛記號．

吴坤兰　琼山

吳濂淑

堯君，二二，廣東文昌．
通訊處，文昌東郊市則
安堂轉．

吴濂淑　文昌

吳民三

慰農，二二，廣東瓊山．
通訊處，瓊州海口岸永
福泰村店轉龍
塘市元和號．

吴民三　琼山

吳乃杞

景南，二二，廣東瓊州．
通訊處，瓊州海口大街
海南書局．

吴乃杞　琼州

吳中平

均衡，二二，廣東瓊州．
通訊處，瓊山十字路市
郵局轉道羣村．

吴中平　琼州

邢國農

曉春，二五，廣東文昌．
通訊處，縣屬文教市羅
欲愚轉．

邢国农　文昌

徐天民

堯夫，二三，廣東文昌．
通訊處，文昌烟墩市新
泉香號轉．

徐天民　文昌

楊鵬翔

業齋，二十，廣東萬寧．
通訊處，瓊州樂會中原
市和盛號．

杨鹏翔　万宁

楊善餘

清善，二三，廣東瓊州．
通訊處，瓊東縣嘉積市
銓興號．

杨善余　琼东

詹克武

剑英，二二，廣東文昌。
通訊處，文昌東閣市廣
濟堂轉大府村。

詹克武 文昌

張競之

競之，二二，廣東瓊山。
通訊處，瓊州府城西門
福生號轉。

张竞之 琼山

鄭華雄

俠夫，二十，廣東文昌。
通訊處，瓊崖文東閣市
郵局。

郑华雄 文昌

鄭庭烽

耀臺，十九，廣東文昌。
通訊處，文昌東閣郵局。

郑庭烽 文昌

周裁衍

誦聞，二十，廣東瓊山。
通訊處，南洋星加坡溪
里律一九九號。

周裁衍 琼山

周德漢

公正，二四，廣東文昌。
通訊處，廣東瓊州文昌
烟墩市萬發利
號。

周德汉 文昌

周懷積

準波，二四，廣東瓊山。
通訊處，文昌邁號市和
源號轉。

周怀积 琼山

黄埔本校第四期

蔡谟忠 琼山

蔡桐坡 乐会

陈策安 琼州

陈国训 琼山

陈天啸 定安

陈英教 崖县

陈智千 文昌

陈缵虞 琼山

邓超亚 琼州

邓志英　文昌

丁希孔　文昌

符炳麟　文昌

符国华　文昌

符泮清　文昌

符时杰　文昌

符树全　文昌

符云鹤　文昌

傅振华　文昌

黄典卿 琼东

黄弘道 定安

黄化民 临高

黄居垣 文昌

黄闻秀 文昌

吉章信 崖县

李传芳 琼山

李茂荣 澄迈

李向荣 文昌

梁亘英 文昌

林懋 琼山

林时斤 琼山

林树英 琼山

林蕴泉 文昌

刘炎 万宁

刘甲兵 万宁

刘峻川 定安

龙载康 文昌

军邦　雲得歐
昌文東廣　四十二年
市豆羅縣昌文州瓊　信通
轉號興泰

欧得云　文昌

政公　普施
州瓊東廣　四十二年
記豐市豐演縣山瓊　信通
交轉號

施　普　琼州

卿文　民蘇
州瓊山廣　四十二年
街沙勝得口海州瓊　信通
轉號興福

苏　民　琼州

賢冠　俏子童
山瓊東廣　二十二年
頭龍轉館相市種列　信通
交村

童子尚　琼山

余敬　一堅王
昌文東廣　四十二年
泰市涵昌州東廣　信通
轉號和

王坚一　文昌

諭紹　王
東　廣　六十二年
堂春長市子甲山瓊　信通

王绍谕　琼山

五雲　堯章王
邁澄東廣　三十二年
萬壋仁安縣本州瓊　信通
轉堂福

王章尧　澄迈

光國　開成吳
東　廣　二十二年
會塘州舊山瓊州瓊　信通
號芳

吴成开　琼山

儀天　球國吳
東　廣　十二年
鄉市種烈山瓊州瓊　信通
轉局

吴国球　琼山

吴少伯 琼东

吴斯民 琼州

吴协彬 琼山

邢国鸾 文昌

严福亨 文昌

严复达 文昌

杨文庄 琼山

游 济 琼山

袁耐坚 琼山

云昌藩 文昌

云昌绵 文昌

云昌绍 文昌

云大鹏 文昌

云德雄 文昌

云逢锁 文昌

云雁举 文昌

云泽农 文昌

张 超 文昌

张梦宝 琼山

张泰竦 琼山

张晓湖 琼山

张忠中 崖县

郑庭烽 文昌

周　赤 文昌

周以康 崖县

黄埔本校第五期

岑镇中 琼山

曾 航 陵水

曾 炫 琼州

陈承海 文昌

陈达民 文昌

陈 鼎 琼山

陈明光 文昌

陈师荣 文昌

陈世隆 琼山

陳武軍

昌文東廣 十二 篇赤
館醫田瑞市山錦昌文 處訊通
鄉茅白轉

陈武军 文昌

陳醒民

東廣 十二 東儀
市墩煙昌文州瓊東廣 處訊通
房樂生南天

陈醒民 文昌

陳 雄

水陵東廣 二二 義家
吉祥街明文城縣水陵 處訊通
轉記

陈 雄 陵水

陳 正

州瓊東廣 三二
轉鄉市延白昌文州瓊 處訊通
村石寶

陈 正 文昌

范無隱

東廣 五二 清瑜
太市牛澄縣昌文州瓊 處訊通
轉店村樂安

范无隐 文昌

馮建章

山瓊東廣 五二 溪光
號剨克外門西府州瓊 處訊通
村英蒼轉

冯建章 琼山

馮韜

東廣 四二 夫可
源恆市塔峻昌文州瓊 處訊通
村德美轉疍

冯 韬 文昌

馮鐵

昌文州瓊東廣 三二 鐘善
堂春敏市交東昌文 處訊通

冯 铁 文昌

符漢興

州瓊東廣 四二 蓉儒
號豐廣市酒昌文州瓊 處訊通
轉

符汉兴 文昌

符昆若 文昌

符瑞生 文昌

符树蓬 文昌

符星辉 文昌

符耀英 文昌

韩汉光 万宁

何仲胥 乐会

黄保德 琼山

黄龙飞 定安

黄醒潮　万宁

黄　雄　文昌

赖道清　琼山

黎国安　文昌

黎景焕　定安

黎运洲　定安

李冠欧　琼山

李生鉴　琼东

李醒东　琼州

富明林

十二　新日
昌文東廣
簹澀裕市敦文縣文　處訊通
轉號

林明富　文昌

廷育林

四二
東廣
廣市坡公縣昌文州瓊　處訊通
轉安濟

林育廷　文昌

保　劉

二二　乘一
東廣
利市民便縣文昌州瓊　處訊通
交轉號民

刘保　文昌

桓繼劉

七二　樺公
東廣
榮市溪瑞縣遇澄州瓊　處訊通
轉堂壽

刘继桓　澄迈

丘士深　琼山
（照片来源:《海南黄埔
后代》杂志）

亞秀邱

一二　鋒仲
州瓊東廣
號啓順街南街西城安定　處訊通
村正卜轉

邱秀亚　定安

民超王

三二
會樂東廣
轉號秦德市積加州瓊　處訊通
村山藍

王超民　乐会

儒鴻王

二二　行字以
州瓊東廣
大轉局郵市仁安州瓊　處訊通
里美

王鸿儒　琼州

三繼王

十二　亭梅
東廣
轉號盛吉港浦洋縣儋　處訊通

王继三　儋县

王鉴

革非 二七 廣東
通訊處 瓊瓊州山中學校交

王 鉴 琼山

王天蔚

子养 二五 廣東
通訊處 瓊安定州縣城內中街
三和堂轉

王天蔚 琼山

王憲章

二十 廣東澄邁
通訊處 瓊澄邁縣全縣江市陳
關先生養大園村

王宪章 澄迈

王興治

定平 二一 廣東樂會
通訊處 樂會縣中原市合興號
轉

王兴治 乐会

翁悅民

二四 廣東
通訊處 瓊文昌縣市遇迈號互
興隆

翁悦民 文昌

吳劍鳴

十九 廣東瓊山
通訊處 瓊城小西門胭脂雙號
轉昌學村

吴剑鸣 琼山

吳鈞

業甫 二三 廣東瓊山
通訊處 文昌羅豆市寶和號
轉

吴 钧 琼山

吳子琦

昆仁 二二 廣東瓊山
通訊處 瓊山東縣市郵局轉

吴子琦 琼山

伍靖

關強 二三 廣東文昌
通訊處 瓊文昌州白延市民生
大藥房

伍 靖 文昌

謝源順

則民 二二 廣東瓊山
通訊處 瓊山縣三江市悅豐號
轉

谢源顺 琼山

邢保民

德等 二五 廣東文昌
通訊處 文昌縣文教市田安衆
房轉

邢保民 文昌

邢爵春

毅秩 二二 廣東
通訊處 瓊州文昌縣龍馬市人
和堂轉交坡頭里

邢爵春 文昌

邢詒貝

秉森 二一 廣東文昌
通訊處 廣東瓊州文昌縣文教
市棠華乘房

邢诒贝 文昌

邢詒益

二二 廣東
通訊處 瓊州文昌縣昌洒市鄒
局轉

邢诒益 文昌

徐洪濤

濟深 二三 廣東文昌
通訊處 文昌縣錦山市永和號
轉

徐洪涛 文昌

徐競

克勤 二六 廣東
通訊處 瓊山十八區會文新
市全金堂

徐竞 琼山

許麟

鴻猷 二二 廣東
通訊處 瓊州嘉積市許生利號
轉

许麟 琼州

楊群

杨群 文昌

殷继德 万宁

云昌聶 文昌

云茂曦 文昌

张 干 文昌

郑拔群 文昌
（照片来源：陈予欢《大
浪淘沙：黄埔军校第五期生
研究》）

郑庭笈 文昌

钟 铮 琼山

朱 宪 澄迈

黄埔本校第六期

蔡俊五 琼山

蔡 彝 琼山

陈必有 琼东

陈积庆 琼州

陈 明 文昌

陈明德 文昌

陈若琼 崖县

陈华新 崖县

陈世炳 文昌

陈士希 定安

陈舜统 琼东

陈艺儒 崖县

陈芝祥 琼州

陈奏凡 文昌

曾 荣 乐会

崔浩然 万宁

邓家驿 澄迈

丁延纲 琼州

杜炳汉 琼山

冯尔骈 琼山

符大同 定安

符和晔 文昌

符 克 文昌

符瑞周 文昌

符杏南 文昌

符仪廷 文昌

符致豪 文昌

符致林 文昌

龚选登 乐会

郭 毅 万宁

韩范军 文昌

韩民醒 文昌

何敦琚 文昌

何良桂 万宁

何启丰 文昌

何 识 文昌

明容　哲希何
會樂東廣　二十二年
街行魚市積嘉州瓊　訊通
號寶豐南

何希哲　乐会

羣範黃
州瓊東廣　二十二年
同市山東縣　山瓊州瓊　訊通
村俚多交轉堂仁

黄范群　琼山

鴻錫　聲聞黃
州瓊東廣　十二年
豐成阜街山中口海　訊通
圍下圮市瀆陵馬轉棧

黄闻声　琼州

飄霞黃
縣崖東廣　四十二年
轉號興榮市關東縣城縣崖　訊通

黄霞鹏　崖县

邦立香黃
山瓊東廣　一十二年
轉局郵市路字十山瓊　訊通

黄　香　琼山

猛　吉
州瓊東廣　十二年
所九區四西縣崖州瓊　訊通
村坡冲轉局邦市

吉　猛　崖县

民健　軒玉鄺
昌文東廣　六十二年
交轉號盛源市民便縣昌文　訊通

邝玉轩　文昌

寶敬　健黎
東瓊東廣　十二年
昌盛茂積嘉州瓊　訊通

黎　健　琼东

民育　訓瓦黎
東瓊東廣　二十二年
區號寶泰市偵嘉州瓊　訊通

黎良训　琼东

黎庶德堂
广东琼州 六十二年
通讯 琼嘉积市德泰宾號

黎 庶 琼东

李居吾昇平
广东乐會 五十二年
通讯 广东琼嘉积市高
第街俊就號

李居吾 乐会

李强玉山
广东琼州 三十二年
通讯 琼州府城西門外長
行街恆盛號轉

李 强 琼山

李世洲源浩
广东琼州 三十二年
通讯 琼山縣演豐市益生堂轉

李世洲 琼山

李鐵成貫之
广东乐會 四十二年
通讯 琼嘉积市盈豐行街
泰豐號轉

李铁成 乐会

李英華受章
粤東琼州 二十二年
通讯 升寶號轉交羅驛村
步州金江市

李英华 琼州

李勇國富
广东琼州 五十二年
通讯 澄邁張金江市第六號
牌隊功成轉

李 勇 澄迈

梁武
广东琼山 二十二年
通讯 海口得勝沙縣眼田
洋內發利祥號轉

梁 武 琼山

林鐘照東
广东琼州 九十年
通讯 海口中山街福昌號轉
文成昌澄市牛興利號

林 钟 琼州

林　标　琼山

林　斌　文昌

林鸣球　琼州

林盛卓　琼山

林书论　文昌

林松年　文昌

林　羲　琼州

林遇春　琼山

林仲如　澄迈

刘锦扬
廣東澄邁 三十二年
廣東瓊崖澄邁美停 通訊
市萬生堂轉美豪讓里

刘 锦 澄迈

刘锦春 瑞春
廣東瓊崖 二十二年
通訊 萬寧縣城中和堂藥
房交

刘锦春 万宁

龙步云 子思
廣 東 二十一年
通訊 瓊州萬寧縣城中和
堂轉

龙步云 万宁

罗中杏 實香
廣 東 五十二年
通訊 瓊州文昌縣和顧號轉
市昌酒

罗中杏 文昌

麦邦垣 珍圖
廣東瓊州 二十六年
通訊 崖縣縣立第五高小
學校

麦邦垣 崖县

麦佩瓊
廣東崖縣 二十八年
通訊 崖縣東關市巨陸祀號轉

麦佩琼 崖县

麦夏荣
廣東瓊山 三十二年
通訊 瓊州海口埠大
街南書局收轉

麦夏荣 琼山

蒙如回 淵明
廣東瓊山 二十一年
通訊 瓊崖定安縣城德興號
或德和號

蒙如回 琼山

莫敖民 遊
廣東定安 二十二年
通訊 定安仙溝市全芳號
交龍門市順芳號轉

莫敖民 定安

任大枢 崖县

石 钟 文昌

王拔俊 琼山

王邦治 万宁

王 超 琼山

王崇海 乐会

王德才 乐会

王飞雄 琼州

王 纲 澄迈

王槐秀 琼山

王 介 琼东

王 钧 琼东

王梦卜 文昌

王启炳 乐会

王 瑞 琼东

王绥德 文昌

王位业 琼东

王学光 琼东

王亚东 乐会

王振球 琼山

王中民 文昌

王仲坚 琼州

吴筹勋 琼山

吴继周 琼州

吴挺秀 琼山

吴我智 万宁

吴应秋 琼山

吴永江 琼山

吴正祥 琼山

吴子雄 琼州

吴尊佐 琼州

谢步程 琼州

邢 策 文昌

邢谷业 文昌

邢家魁 崖县

邢群雄 文昌

邢诒鋆 文昌

邢勇义 崖县

许若雷 文昌

许斯亚 文昌

颜绳武 崖县

云克埃 文昌

詹 仁 文昌

张颖星 琼山

郑邦鉴 崖县

郑德光 澄迈

郑高翼 琼山

郑汉东 文昌

郑良佐 文昌

郑桥恭 琼山

郑铨恭 琼山

郑绍烈 崖县

郑文波 琼山

钟 铭 儋县

周连富 琼山

周 濂 文昌

朱 柏 陵水

赵有慧 儋县
（照片来源：后代提供）

云大机 文昌
（照片来源：毛学彦提供）

韦烈三 崖县
（照片来源：毛学彦提供）

黄埔本校第七期

布俊青　儋县

曹莹　文昌

曾繁政　琼州

曾法　陵水

曾令福　琼东

曾庆兰　澄迈

陈秉才　文昌

陈伯琳　文昌

陈澄洲　琼州

五典陳

二，廣東瓊山縣
通訊處：瓊州嘉積山邊十
字路市美瓊郵
處轉昌盛村交

陈典五 琼山

標清陳

奇美，二三，廣東瓊東
通訊處：瓊州嘉積市下
街德源堂交

陈清标 琼东

一光陳

少銜，二二，廣東文昌
通訊處：文昌縣錦山市
新盛號轉

陈光一 文昌

治國陳

二四，廣東
通訊處：瓊州嘉積市美興
木廠轉

陈国治 乐会

爲可陳

博浪沙，二十，廣東
通訊處：瓊州文昌白延市
育仁堂

陈可为 文昌

淵龍陳

十二，廣東
通訊處：瓊瓊山縣多樓
市郵局轉博生村
交

陈龙渊 琼山

楊馥陳

明五，二三，廣東
通訊處：瓊海口大生成
轉道堂天市生成
交代

陈馥杨 琼州

坡少陳

巨石，二五，廣東
通訊處：瓊海口侯東街
隆泰號

陈少坡 琼州

然蔚陳

二五，廣東臨高
通訊處：瓊州臨高縣陳
氏宗祠

陈蔚然 临高

陈 阳 陵水

杜兴强 琼山

杜 雄 文昌

冯直夫 文昌

符必清 定安

符国宪 文昌

符惠民 文昌

符克白 文昌

符民望 文昌

符兆钧 文昌

关家武 崖县

韩超文 文昌

韩 潮 文昌

黄居亚 陵水

吉志中 崖县

蒋 侗 澄迈

邝文芝 琼山

李大焯 琼山

李 藩

通讯处：琼州瓊山縣
十三區西江村

李 藩 琼山

李 錦 新

姓我，二四，廣東
通讯处：琼州和安南
交 特號祥平和舍李南盆堂

李锦新 琼州

李 學 時

二一，廣東
通讯处：市邮特到大堂
校學村

李学时 琼山

李 翼 銳

剛毅，二三，廣東
通讯处：市邮特局塘所村
交 特號烈琼瓊縣

李翼锐 琼山

李 政 漢

奇嵩，二六，廣東瓊由
通讯处：琼山邮市模烈
局特大村

李政汉 琼山

梁 漢 堂

二三，廣東
通讯处：瓊州那大市成昌
市

梁汉堂 儋县

林 曦

瀿川，二二，廣東
通讯处：琼州文昌縣文教
於或特代局邮市
合利號特

林 曦 文昌

林 鼎 芳

如惠，二二，廣東瓊由
通讯处：市邮澄州安仁
轉校學峯鵲

林鼎芳 琼山

林 鳳 飛

维東，二八，廣東萬李
通讯处：萬宁縣博濟藥
局坊

林凤飞 万宁

林公武 崖县

林国魂 文昌

林济群 文昌

林乔秋 文昌

林 威 文昌

林猷森 文昌

林正伦 琼东

凌铁民 文昌

刘清波 乐会

刘世德 乐会

刘钟权 琼州

龙白康 文昌

麦劲东 琼山

麦静修 琼山

麦青崖 崖县

麦雨亭 琼山

欧雨新 琼州

史运昌 琼山

孫　子　傅

瑞良，十二，廣東
通訊處，瓊州文昌縣翁
田市水高村

孫子传　文昌

譚　　根

信霖，二二，廣東
通訊處，瓊州瓊山縣烈
樓市郵局轉瓊華村
交

谭根　琼山

王　　任

廣東臨高

王任　临高

王　　彥

譚士，一二，廣東
通訊處，瓊州儋縣城小
街王升泰號

王彦　儋县

王　邦　綸

十二，廣東
通訊處，瓊州瓊山縣烈
樓市郵局轉頭村

王邦纶　琼山

王　　弼

革惡，一八，廣東
通訊處，瓊州澄縣北雁
里交

王弼　澄迈

王　　光

一二，廣東
通訊處，瓊州珠市保生堂
轉交

王光　琼州

王　國　器

三二，廣東安定
通訊處，瓊州安定城西
門民生牧號轉

王国器　定安

王　　輝

如霞，三二，廣東
通訊處，瓊州嘉積市親廣
芳號轉或廣州市水
潭深巷五號景宋壹

王辉　琼州

王建卿 琼山

王禄祺 琼州

王平驭 琼山

王启能 琼山

王绍璋 琼山

王士琛 文昌

王衍陶 定安

王占魁 琼州

王植梓 琼山

然志王

東廣，二二，英
溝仙縣安定州瓊：處訊通
交號昌富市

王志然　定安

大光翁

昌文東廣，三二，霖紹
廳政財市州廣：處訊通
司公東光前

翁光大　文昌

光布吳

東廣，二二，夫亞
邨市樓刻縣山瓊，處訊通
市舖北轉收局

吳布光　瓊山

光晨吳

東廣，十二
樓烈縣山瓊州瓊，處訊通
莊桂傳轉局郵市
交

吳晨光　瓊山

農春吳

東廣，六二
市山東山瓊州瓊，處訊通
轉號新東

吳春農　瓊山

雄龍吳

東廣，十二，軍克
記礦市豆羅州瓊，處訊通
號

吳龙雄　瓊州

琳乃吳

東廣，一二，光瑶
樓烈縣山瓊州瓊，處訊通
交村桂傳轉市

吳乃琳　瓊山

飄吳

東廣，八一，瑛曼
樓烈縣山瓊州瓊，處訊通
局郵市

吳　飄　瓊山

邱紹吳

東廣，二二
來南市山錦州瓊，處訊通
村

吳绍邱　文昌

吴石安 临高

吴秀山 琼山

吴雪恨 琼山

吴哲勋 琼山

吴 振 文昌

吴志城 琼山

吴宗汉 琼东

谢 昌 琼州

谢 鼎 临高

邢诒联　文昌

邢驭群　文昌

徐炳森　琼山

许德扬　澄迈

许锦堂　澄迈

许宇能　澄迈

许宗尧　儋县

杨柏卢　儋县

杨昭彰　文昌

叶烈公　琼山

叶用舒　文昌

云逢仁　文昌

云茂衡　文昌

詹伟业　文昌

詹尊雯　文昌

张诚谦　文昌

张奇侠　文昌

张式武　琼山

昊 運 張
昌文東廣，一二，俠俊
濟市萊十昌文：處訊通
交房藥安

张运昊 文昌

增 持 鄭
東廣，九一
樓怨縣山瓊州瓊，處訊通
大昌美轉局郵市
交號寶

郑持璔 琼山

順 爲 鄭
東廣，二二，華英
樓怨縣山琼州瓊，處訊通
轉堂蘭桂街新市
村灃坊

郑为顺 琼山

南 秀 鄭
山瓊東廣，二二
南市口海山瓊：處訊通
華巧路馬內門

郑秀南 琼山

錚 又 鄭
東廣，十二
郊東縣昌文州瓊，處訊通
交村邊坑市

郑又铮 文昌

國 定 周
山瓊東廣，二二
化宣城瓊州瓊：處訊通
二十巷鐵打坊
交號

周定国 琼山

修 家 周
山瓊東廣，一二，夫俠
華新口海州瓊：處訊通
牌門號九第路

周家修 琼山

貴 連 周
山瓊東廣，一二，桐
字丁城府州瓊：處訊通
轉館香海街

周连贵 琼山

美 緒 周
山瓊東廣，一二，之質
豐演山瓊州瓊：處訊通
轉堂安塔市

周绪美 琼山

耀 長 周

東廣，三二，遠光
裕源市積嘉州瓊 ，處訊通
轉號盛

周长耀 乐会

黄埔本校第八至第十一期

蔡其仑 文昌

陈东之 儋县

古益义 儋县

何瑞德 文昌

黄席珍 文昌

梁安沣 文昌

梁国璋 万宁

林 英 文昌

丘士鸿 琼州

丘寿星 澄迈

丘岳樟 澄迈

吴士欣 儋县

吴业廉 澄迈

杨遇春 万宁

叶用鹄 文昌

云 萍 文昌

云大仁 文昌

郑梦严 崖县

黄埔本校第十二期

陈继明 琼州

陈宗孔 澄迈

冯裕晶 琼山

何芳泰 澄迈

李果珍 澄迈

李重光 琼山

梁开齐 澄迈

陆兴玲 文昌

唐敏晃 万宁

王 锐 琼山

王 玄 文昌

王 仲 定安

王海宗 澄迈

王儒魁 崖县

王实猷 琼山

王天贵 澄迈

王炎城 琼山

吴坤禄 文昌

吴天阶 琼山

邢 炎 文昌

邢福瑞 文昌

邢小如 文昌

黄埔本校第十三期

陈昌一 文昌

陈狄佛 文昌

符树仁 文昌

韩鉴丰 文昌

韩鹏定 万宁

梁竹轩 文昌

梁宗禹 儋县

林庆吾 文昌

吴多艺 文昌

吴锦云 琼山　　　　谢来增 儋县　　　　詹忠柏 文昌

黄埔本校第十四期

曾祥云 澄迈

陈玉琴 文昌

陈之铣 万宁

崔家铎 乐会

符广礼 澄迈

韩 华 文昌

韩云鹏 文昌

何和鑫 文昌

黎运栋 定安

李高谋 琼山

李秀球 澄迈

林 坚 文昌

林铨熙 文昌

林如云 文昌

陆有崧 崖县

麦永干 崖县

苏家生 文昌

孙 毅 文昌

覃 慧 琼山

王恩训 琼山

王国鼎 定安

王三贤 琼山

王三育 澄迈

王俨荣 定安

韦得勋 琼山

吴乾南 澄迈

吴泽炎 琼东

徐 英 澄迈

叶元桐 定安

郑绍镒 崖县

郑侠民 文昌

周永维 乐会

黄埔本校第十五至第十九期

陈春楫 乐会

陈亲禄 崖县

陈世荣 文昌

丁碧波 文昌

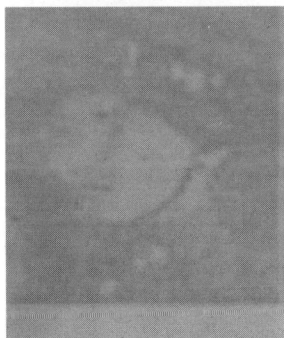

符大森 文昌

符气通 文昌

何健民 文昌

黄海波 琼山

黄文标 文昌

李春和 澄迈

李高道 琼山

李懋辉 崖县

李新时 文昌

梁开霄 澄迈

梁振桂 文昌

林鹤飞 文昌

林 密 临高

林 强 琼山

林日骏 文昌

林廷喜 文昌

林熙略 文昌

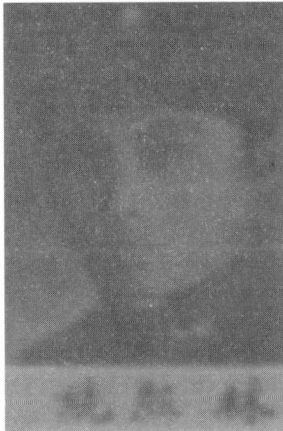

林熙统 文昌

蒙光汉 定安

蒙烈传 定安

莫诗谟 琼山

潘正玻 文昌

丘俊龙 澄迈

任大衡 崖县

施武君 琼东

苏家伟 文昌

王安愈 文昌

王集清 琼山

文华舒 文昌

邢诒金 文昌

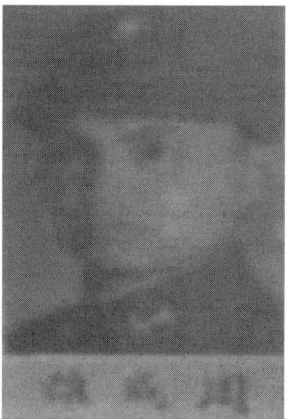

周成熊 琼山

周家麟 琼山

周长海 琼东

黄埔本校第二十至第二十二期

川 百 陈

陈百川 文昌

国 保 陈

陈保国 琼山

忠 国 陈

陈国忠 万宁

蔚 文 陈

陈文蔚 文昌

勋 健 符

符健勋 文昌

武 璧 韩

韩璧武 文昌

韩谦丰 文昌

健 强 康

康强健 琼东

尧 师 林

林师尧 文昌

林廷超 文昌

刘聘中 澄迈

刘志英 文昌

潘濬夫 文昌

王隆逊 澄迈

吴江勋 琼山

吴 强 文昌

吴泽灏 文昌

邢国秀 文昌

第五部分
黄埔分校琼籍学生照

广东军事政治学校政治深造班第一期

陈观韶 琼山

陈巨悦 琼山

陈茂功 琼山

韩甲光 文昌

林鸿衍 文昌

林明鸿 琼东

林　勋 文昌

林彦廷 文昌

王统益 琼山

姚受江 定安

云茂钵 文昌

詹尊洹 文昌

张俊民 文昌

中央陆军军官学校广州分校

岑孟雅　定安

陈国纲　万宁

陈琼新　琼山

陈泰来　文昌

陈廷钧　琼山

陈镇容　琼山

冯树荫　澄迈

符道周　文昌

符端贵　文昌

符华明 琼山

符会云 文昌

符泰阶 文昌

符允中 儋县

黄海清 万宁

黄守伯 文昌

孔庆文 琼东

李抱一 万宁

李泽民 万宁

光重李
琼崖东寧 二十七歲
琼崖萬寧城轉員宣傳

李重光 万宁

中岳梁
廣東文昌 三十二歲
瓊州文昌烟墩市郵局轉

梁岳中 文昌

熊飛林
廣東瓊州 二十九歲
瓊崖崖縣九所市大生店轉
中坵村

林飞熊 崖县

魂鉄潘
廣東文昌 二十六歲
瓊州文昌縣公坵市永泰號

潘铁魂 文昌

中達吳
廣東瓊山 二十九歲
瓊州海口中山路同春藥房
轉南市龍班安堂交

吴德(达)中 琼山

森邢
廣東文昌 二十八歲
文昌縣蚊塘市文湖村

邢 森 文昌

子詒邢
廣東文昌 二十九歲
文昌縣白延市三益號轉

邢诒子 文昌

飛俠雲
廣東文昌 二十九歲
廣東昌順市苑郵局

云侠飞 文昌

材玉雲
廣東文昌 三十六歲
瓊州海口市裕源昌號雲仲
轉昌里鄉官坵村

云玉材 文昌

詹行華 文昌

张觉初 文昌

钟杨周 琼山

周世爵 琼山

中央陆军军官学校第十二期广州分校学生总队

蔡克谐 万宁

岑国琼 澄迈

陈鼎新 文昌

陈景云 澄迈

陈玉春 文昌

陈兆东 文昌

陈自骤 琼山

符世香 文昌

关绪炳 崖县

郭景略 澄迈

韩荣辉 文昌

韩 侠 文昌

洪 智 澄迈

胡 濬 琼东

黄守范 文昌

李春华 琼山

李美璧 临高

梁鼎章 琼山

林光谟 乐会

林鸿甲 文昌

林崧南 儋县

刘勉之 文昌

卢仁山 崖县

丘世贵 儋县

容达英 崖县

容国材 崖县

孙逢吉 崖县

孙光复 崖县

王辅英 琼山

王国榜 琼山

王钦和 琼东

王文华 琼山

王秀儒 澄迈

王殷三 琼山

吴持正 定安

吴时屏 文昌

吴世宅 定安

谢家槐 儋县

谢子武 临高

谢自俊 文昌

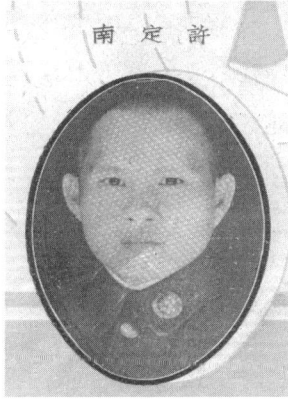

许定南 儋县

叶元盛 定安

詹习儒 文昌

张书铨 文昌

周炳文 琼山

周文辉 乐会

周祥五 崖县

周昭武 琼山

朱荣春 文昌

中央陆军军官学校四分校第十三期学生总队

艮 志 蔡

蔡志良 琼山

安 策 陈

陈策安 琼山

典 圣 陈

陈圣典 临高

英 文 陈

陈文英 文昌

那 威 陈

陈威那 文昌

才 英 陈

陈英才 琼山

鍾 大 符

符大钟 文昌

芳 國 符

符国芳 文昌

逸 符

符 逸 文昌

符瑞珍 儋县

郭朝岳 万宁

郭远璠 文昌

何 国 乐会

何和民 文昌

何汝钦 乐会

何天运 定安

黄家齐 定安

孔昭钵 琼东

林立军 临高

莫寿松 定安

沈廷芳 儋县

史立亮 琼山

王辅蕃 琼山

王三麟 琼山

王云开 文昌

吴汉强 琼山

吴生实 琼山

谢圣理 临高

邢受章 文昌

许志明 琼山

许忠(郭忠) 琼山

云维容 文昌

张裕恒 文昌

郑邦琼 琼山

郑勇光 琼山

钟开儒 文昌

周济民 琼山

周永鑫 琼山

中央陆军军官学校四分校第十四期第七总队

蔡荣藩 琼山

陈伯钧 琼山

陈绰然 万宁

陈　锋 崖县

陈复初 万宁

陈国华 琼州

陈序杰 文昌

陈英海 崖县

冯推杰 琼山

符东明　崖县

符文章　琼东

韩粹光　文昌

韩荣光　文昌

韩英光　文昌

何定明　琼山

何业辉　乐会

贺天才　万宁

洪运霖　文昌

军伯黄

黄伯军 万宁

才雄黄

黄雄才 崖县

漢流黄

黄流汉 澄迈

明映黄

黄映明 琼山

腾柯

柯 腾 琼山

健黎

黎 健 崖县

鹏秀黎

黎秀鹏 崖县

優黎

黎 优 崖县

漢禹黎

黎禹汉 崖县

黎毓富　崖县

李春秀　琼山

李冠廷　儋县

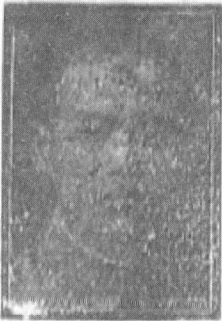

李钧世　琼山

李美文　琼山

李永新　琼山

李允文　万宁

李运泄　文昌

林家渊　崖县

林月仁 琼山

林绍煊 文昌

林天浩 琼山

林咸秀 崖县

林樱 文昌

林猷晖 文昌

刘或 文昌

卢植霖 儋县

陆广生 崖县

罗才猷 崖县

罗文山 澄迈

蒙传渊 定安

蒙辉道 定安

潘子明 文昌

史克寿 文昌

苏定芳 崖县

孙家邦 崖县

孙毓甫 崖县

王 杰 文昌

王弗荫 文昌

王嘉琪 崖县

王乃谦 崖县

王 燧 琼东

王业经 乐会

翁沅浦 文昌

吴安全 文昌

吴屏中 澄迈

吴清波　文昌

吴应中　琼山

邢诒河　崖县

杨仪三　琼山

姚甸钧　文昌

姚奇昌　文昌

云　衡　文昌

云选卿　文昌

赵采芹　琼东

郑景崇　崖县

周润章　琼山

周子亭　琼山

庄迪英　琼东

中央陆军军官学校六分校第十七期第十七总队

曾毓忠　琼山

符　拔　文昌

符福东　文昌

符福荫　文昌

符国宇　文昌

符勉吾　文昌

符气美　文昌

李长贵　文昌

李中星　琼山

林道本　文昌

林公侠　文昌

林明春　文昌

林益民　文昌

王冠中　琼山

韦生勋　乐会

吴多裕　澄迈

吴升勋　琼山

吴威勋　琼山

中央陆军军官学校四分校第十七期第二十六总队

蔡华民 乐会

蔡开信 文昌

蔡镇华 琼山

蔡镇华 万宁

曹显学 文昌

岑新亭 澄迈

曾令裕 澄迈

曾祥卿 澄迈

曾祥荫 澄迈

曾毓同 文昌

曾 长 万宁

陈 弼 琼山

陈丙材 文昌

陈传智 乐会

陈 蕃 定安

陈 奋 万宁

陈桂影 万宁

陈行良 文昌

陈行文 文昌

陈济光 琼山

陈继凭 文昌

陈继胜 乐会

陈家法 文昌

陈家惠 文昌

陈家亮 文昌

陈家林 文昌

陈家琇 文昌

陈家勇 文昌

陈建华 文昌

陈进环 琼山

陈 民 文昌

陈明鸾 琼山

陈其秋 文昌

陈青山 文昌

陈仁吾 文昌

陈如安 琼山

陈　瑞　文昌

陈升龄　文昌

陈仕吾　万宁

陈　威　乐会

陈文波　文昌

陈文交　文昌

陈文钧　文昌

陈侠雄　文昌

陈晏海　文昌

陈业雅 万宁

陈一介 琼东

陈尤杰 文昌

陈育仁 文昌

陈运桂 文昌

陈在善 琼山

陈祯年 乐会

陈振甫 文昌

陈正雄 文昌

陈治书 文昌

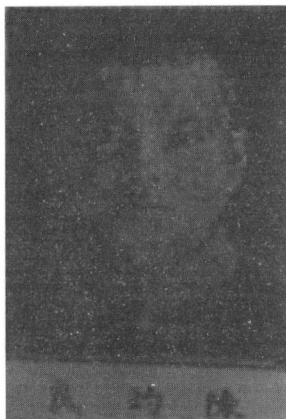

陈灼良 琼山

陈立轩 文昌

邓文晟 文昌

邓美轮 定安

范商煌(范高煌) 文昌

冯百英 乐会

冯光第 文昌

冯汉东 文昌

冯家谟 文昌

冯利清 定安

冯所益 琼山

冯文修 琼山

冯裕孟 琼山

冯 渊 文昌

符 德 文昌

符德春 文昌

符敦成 文昌

符　峰 文昌

符国昌 文昌

符国辉 文昌

符国仟 文昌

符国贞 文昌

符国镇 文昌

符汉洲 文昌

符浩然 文昌

符和梗 文昌

符环山 文昌

符家瑞 琼东

符坚城 万宁

符建逢 文昌

符 淇 文昌

符气璜 文昌

符 强 文昌

符 荣 文昌

符世鸾 琼山

符树绵 文昌

符祥祺 文昌

符祥勤 文昌

符兴佳 文昌

符一武 文昌

方天中 琼山

傅 杰 文昌

甘正雨 琼山

高日宣 文昌

郭远铠 万宁

郭泽钧 文昌

韩 伯 文昌

韩春丰 文昌

韩绋光 文昌

韩光宗 文昌

韩 海 文昌

韩汉东 文昌

韩汉文 文昌

韩惠丹 文昌

韩惠群 文昌

韩竞雄 文昌

韩康元 文昌

韩克亚 文昌

韩立宪 文昌

韩陆良 文昌

韩洛丰 文昌

韩鸣翼 文昌

韩庆元 文昌

韩荣丰 文昌

韩瑞丰 文昌

韩瑞英 文昌

韩 铁 文昌

韩鑫召 文昌

韩 雄 文昌

韩有元 文昌

韩玉麟 文昌

何达振 乐会

何敦川 文昌

何和南 文昌

何 荣 文昌

何荣光 文昌

何瑞海 文昌

何端华 文昌

何书雅 乐会

何题泰 文昌

何天荣 澄迈

何一亚 乐会

洪　流 文昌

侯元松 文昌

华策吾 琼山

黄　干 文昌

黄家浩 定安

黄经田 琼东

黄龙霖 定安

黄守东　文昌

黄循程　文昌

黄有巍　琼山

黄云波　琼东

黄云飞　万宁

黄运珍　琼东

黄志雄　琼山

黄兹秀　文昌

纪炎英　万宁

邝文帜 澄迈

雷大钧 琼东

雷 轰 琼东

雷 鸣 琼东

黎光质 琼东

黎 民 定安

黎明东 琼山

李伯衡 琼山

李达雄 万宁

李多蔚　琼东

李光中　文昌

李家球　万宁

李鹏志　琼山

李琼球　万宁

李日芳　澄迈

李荣　乐会

李业浓　乐会

梁启安　乐会

林鸿存　文昌

林鸿容　文昌

林鸿栻　文昌

林鸿秀　文昌

林　胡　文昌

林镜英　文昌

林开江　琼山

林克焕　文昌

林明时　文昌

林 谦 文昌

林 强 文昌

林庆麟 琼山

林树盛 琼山

林唐千 文昌

林廷苾 文昌

林廷昌 文昌

林廷郎 文昌

林喜元 文昌

林艺仲 乐会

林猷河 文昌

林猷集 文昌

林猷鹏 文昌

林猷雄 文昌

林 预 文昌

林泽群 琼山

林志澄 琼山

林志行 琼山

林仲祥　文昌

林子才　琼山

凌声扬　文昌

刘凤飞　万宁

龙朝佳　琼山

龙朝珍　琼山

龙　佳　琼山

龙鹏福　琼山

龙鹏球　文昌

龙莆蕃 琼山

龙莆瑞 文昌

龙庆星 琼山

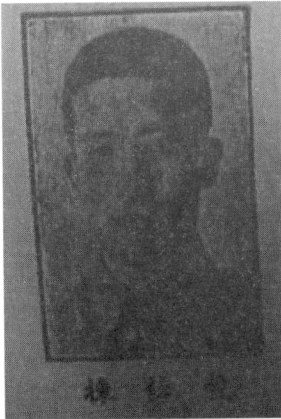

龙仕栋 琼山

龙文广 万宁

龙兴辉 琼山

龙源华 琼山

龙源簪 琼山

卢成旭 崖县

卢焕春　文昌

卢业华　乐会

吕智杏　儋县

蒙上勋　定安

蒙盛绩　琼山

莫定英　定安

莫如凤　定安

莫文泽　乐会

潘家森　文昌

潘净之 文昌

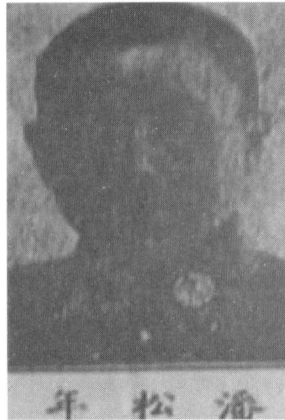
潘松年 文昌

潘正澄 文昌

庞业保 乐会

彭业创 文昌

彭一峰 文昌

钱翰琥 琼山

钱开格 文昌

丘裕民 澄迈

全运锦　乐会

饶　宪　文昌

宋星辉　文昌

苏　堤　琼山

苏文杰　文昌

覃学翔　乐会

唐冠球　文昌

王安澜　文昌

王才方　琼山

王昌椒 乐会

王传和 文昌

王达忠 澄迈

王大护 琼东

王刁屯 文昌

王 范 澄迈

王刚峰 琼东

王固雄 乐会

王槐荫 乐会

王济民 文昌

王家贤 乐会

王康寰 文昌

王禄镇 文昌

王乃川 定安

王齐奇 乐会

王庆蒲 澄迈

王书庆 琼东

王维国 文昌

王兴孝 澄迈

王 央 文昌

王永仁 乐会

王友标 乐会

王裕芳 乐会

王泽润 乐会

王正英 琼东

王祚蕃 琼东

韦经华 乐会

魏凤瑞　定安

文庆雄　万宁

翁裔楠　万宁

吴昌平　定安

吴昌信　定安

吴　冬　琼山

吴多瑢　琼山

吴家芝　琼山

吴景平　定安

吴静南 琼山

吴 钧 文昌

吴美景 乐会

吴敏之 文昌

吴乾芳 屯昌

吴乾健 文昌

吴清深 琼山

吴天日 文昌

吴挺拔 定安

吴耀明 乐会

吴运英 琼东

吴志伯 定安

萧步何 万宁

谢汉华 文昌

谢建国 文昌

谢伦昌 定安

谢一贵 定安

谢中川 琼东

谢自朝 文昌

邢谷礼 文昌

邢国淡 文昌

邢国雄 文昌

邢国咏 文昌

邢特伟 文昌

邢啸克 文昌

邢诒初 文昌

邢益森 文昌

邢增雄 文昌

许寰琼 文昌

许会廷 文昌

许 健 文昌

许声发 文昌

杨善焘 文昌

杨兹隆 琼山

叶奋平 文昌

叶扶中 文昌

叶能昌 文昌

叶能澄 文昌

叶 文 文昌

云步青 文昌

云昌炽 文昌

云昌健 文昌

云萃廷 文昌

云逢珍 文昌

云鸿透 文昌

云　峻　文昌

云培军　文昌

云培英　文昌

云　山　文昌

云惟峻　文昌

詹达人　文昌

张大江　琼山

张进爵　琼山

张敏之　文昌

张诗衍 文昌

张业恩 文昌

张一飞 琼山

张 岳 琼山

赵耀东 文昌

郑昌隆 万宁

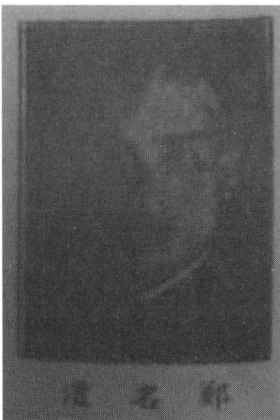

郑名澧 琼山

郑 伟 文昌

植德英 琼东

植开福 琼东

钟 鸿 文昌

周成才 文昌

周成孔 文昌

周恩平 文昌

周怀仲 琼山

周家谟 澄迈

周经芳 文昌

周经治 琼山

周松亭 琼东

周廷泽 乐会

周 正 琼山

周正如 琼东

朱家瑞 乐会

朱世保 乐会

庄迪栋 琼东

庄迪槐 琼东

庄运随 文昌

左大鹏 文昌

中央陆军军官学校四分校第十九期

曾寒操 琼山

陈邦泮 文昌

陈成鲁 琼山

陈成学 琼山

陈德助 文昌

陈 峰 乐会

陈传栋 文昌

陈季平 万宁

陈经华 文昌

陈俊儒　崖县

陈善汉　琼山

陈学德　乐会

陈耀磊　文昌

陈　英　文昌

陈钊驷　澄迈

陈昭耀　万宁

陈振标　琼东

杜芹滋　琼山

冯德锦 乐会

冯利清 定安

冯育华 琼山

冯兆泉 文昌

符和礼 文昌

符气浮 文昌

符仕淮 文昌

符致山 文昌

关锡崧 昌江

关贻训 昌江

韩 鼎 文昌

韩光华 文昌

韩 辉 文昌

韩惠丹 文昌

何 光 澄迈

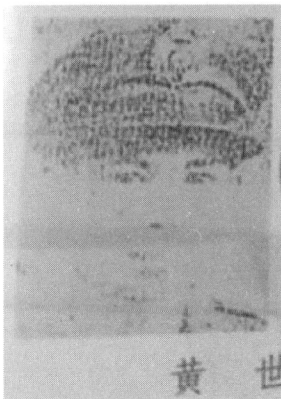

黄世雄 琼山

邝庆长 琼山

黎德劻 琼海

恩傳李

李传恩 澄迈

李 鹤 文昌

奇華李

李华奇 琼山

李诗芙 文昌

穎大梁

梁大颖 乐会

炯道林

林道炯 文昌

林干材 定安

林 密 崖县

林

林 全 文昌

林日权 文昌

林诗燕 文昌

林 泰 文昌

林猷铨 文昌

凌绪德 文昌

卢耀东 琼海

罗长安 文昌

吕俊英 文昌

潘 仲 文昌

钱有书 琼山

史东星(升) 文昌

覃英达 定安

覃祖谋 琼山

王德微 文昌

王殿丰 乐会

王飞雄 文昌

王国伍 乐会

王禄楠 文昌

王　强　文昌

王绥钿　文昌

吴乾芳　屯昌

吴　奋　文昌

吴谈锦　定安

吴益群　定安

许国英　文昌

许乃斌　儋县

杨春林　琼东

杨柳青 定安

云大进 文昌

云逢任 文昌

云 渊 文昌

云仲登 文昌

詹衍汶 文昌

詹尊梁 文昌

张明珍 文昌

张 琼 文昌

張學濃

张学浓 文昌

張運茂

张运茂 文昌

張運松

张运松 文昌

郑庭理 文昌

郑伟俊 文昌

周成骏 文昌

周德浓 文昌

周光中

周光中 琼东

周家良

周宗洛 琼山

潮州分校、中央军校特训班、中央军校高教班等

陈可为 文昌

陈其全 文昌

陈桢年 乐会

丁庆龙 琼山

冯 刁 琼山

符国壁 文昌

符国实 文昌

符和润 文昌

符维群 文昌

洪世燊 文昌

黄德仪 文昌

黄树人 文昌

黄镇中 文昌

吉承宽 崖县

李 鸿 琼东

李日芳 澄迈

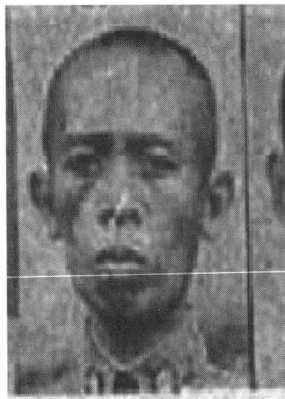

林建安 文昌

林 棠 文昌

林猷位 文昌

林智英 文昌

林中民 文昌

刘　炎 万宁

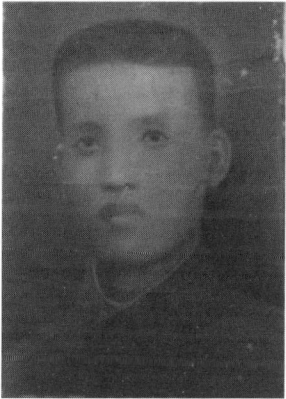

卢德林 崖县

卢润生 文昌

麦　青 崖县

欧剑城 文昌

丘家深 澄迈

汤敬文 文昌

陶杏春 文昌

王学轩 澄迈

王昭秀 琼山

吴继汉 琼山

吴坤祯 文昌

吴秀山 琼州

吴志明 文昌

徐木有 龙川

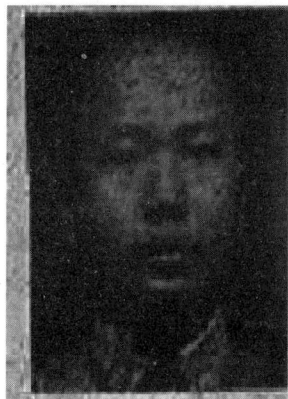

杨国栋 文昌　　　　杨开东 琼山　　　　叶重琼 琼山

尤　崧 文昌　　　　云昌材 文昌　　　　詹树旌 文昌

张璘骏 儋县　　　　郑兰益 文昌　　　　郑廷俊 文昌

（照片来源：陈予欢《陆
军大学将帅录》）

周德润 琼州

周经顺 文昌

周维新 文昌

周雄(学而) 琼海

周学源 乐会

朱世尊 乐会

李 劲 万宁

林振煜 崖县

曾玉川 文昌

陈学才 崖县

许开章 儋县
（照片来源：陈予欢《中国
留学日本陆军士官学校将帅
录》）

许志明 琼山

李　楠 澄迈

中央陆军军官学校广州分校特别班

民親曾
四二 邁澄
村河北市安長邁澄州瓊
曾亲民 澄迈

時應曾
九二 昌文
轉鑾和人鎮馬縣昌文
曾应时 文昌

達邦陳
三 八
號合德街大縣水凌東廣
陈邦达 陵水

期昌陳
四 五
屋崖新縣崖東廣
陈昌期 崖县

雙莪陳
文昌 〇二
陳鄉耿黨區五第縣崖州瓊
轉號騰采
陈莪双 崖县

韶觀陳
瓊山 八二
號泰豐恆街口裱口海州瓊
陈观韶 琼山

炎光陳
邁澄 三二
號豐會吳邁澄州瓊
陈光炎 澄迈

宗國陳
邁澄 一二
路西江環市江金邁澄州瓊
號二十四
陈国宗 澄迈

光家陳
安定 三二
局書樓文廣市積嘉州瓊
陈家光 定安

陈巨悦 琼山

陈奇勋 保亭

陈启瑚 昌江

陈若愚 崖县

陈希贤 琼州

陈艺儒 崖县

陈英海 崖县

陈玉江 崖县

陈梓材 文昌

符福綏
一九　　　陵水
記陵水縣附城安水匾街陳桂

符福绥 陵水

符漢光
二〇　　臨高
轉興發號內城縣高臨州瓊

符汉光 临高

符緝莘
二六　　昌江
林崇熙廟轉瓊州昌江縣新鎮街新華店

符缉莘 昌江

符維吾
二七　　文昌
轉文昌縣蛟塘市恒源號轉

符维吾 文昌

符蔚樹
二　　七
廣東瓊州文昌寶昌市柳舉村

符蔚树 文昌

符贊鴻
一八　　儋縣
瓊州儋縣南華市元記號轉

符赞鸿 儋县

關昌榮
三　　三
廣東瓊州昌江整江昌頭港

关昌荣 昌江

郭時勳
二　　四
文昌瓊州海口長堤馬路慶戚昌號

郭时勋 文昌

韓傑豐
三一　　瓊山
瓊山文昌蛟塘裕源號

韩杰丰 琼山

中校秘書韓文溥

韩文溥 琼州

何運智

二二
瓊崖萬寧龍滾市美合興號

何运智 万宁

黄守愚

三七
臨高縣新盈港

黄守愚 临高

黄雄才

二六
崖縣三亞港煥新堂

黄雄才 崖县

黄燕翼

二四
瓊洲臨高縣城內同寶堂交

黄燕翼 临高

吉鋒

二一
崖縣四區望樓市萬裕昌寶
轉號

吉锋 崖县

吉鵬

二二
瓊州崖縣第五區佛羅市富
源堂號轉長流鄉

吉鹏 崖县

黎紹元

三〇
廣東崖縣第五區東孔村

黎绍元 崖县

黎優

二一
崖縣第一區起晨鄉初級小
學校

黎优 崖县

傑禹黎
縣崖　　　　五二
寶大昌美市羅樂縣崖州瓊
轉號

黎禹杰　崖县

霜合李
　　　九　　　　　二
隆萬市號邁昌文東廣

李合霜　文昌

倫家李
　　　五　　　　　二
轉號盛裕路勝得口海州瓊山瓊東廣

李家伦　琼山

業永李
亭保　　　　五二
轉會育敎縣亭保崖瓊

李永业　保亭

元占李
縣儋　　　　二二
技專僑華生民市州新縣儋
轉社術

李占元　儋县

健志李
山瓊　　　　一三
宅李長繡城縣山瓊

李志健　琼山

泓克廖
縣崖　　　　〇二
鄉鄉關西區一第縣崖州瓊
轉校學小初立

廖克泓　崖县

甫實林
　　　八　　　　　二
轉局鄉市號邁昌文州瓊東廣

林实甫　文昌

宇超林
　　　九　　　　　二
港頭鳌江昌東廣

林超宇　昌江

林鸿荃 文昌

林家仁 临高

林家渊 崖县

林经冬 琼山

林文道 昌江

林猷晖 文昌

林猷星 文昌

林愚夫 文昌

凌洪照 感恩

富 日 劉

二 六
街安永水陵東廣

刘日富 陵水

思 宏 李

二 七
校學小五第立縣縣崖州瓊東廣

麦宏思 崖县

仁 以 梅

二二 亭保
堂育萬路族民縣亭保州瓊
交號寶

梅以仁 保亭

茂 永 梅

三 〇
泰英梅市礬石轉積嘉州瓊安定東廣

梅永茂 定安

勳 慶 蒙

三一 安定
號湯益同市礬石礬嘉州瓊
轉

蒙庆勋 定安

枚 正 潘

二 二
昌文東廣
下地號七十街興仁道大㐀州東廣

潘正枚 文昌

耕 許 史

三 一
港頭鰲江昌東廣

史许耕(史丹) 昌江

邦 家 孫

二〇 縣崖
號記新祥嘉市區臨縣崖

孙家邦 崖县

正 秉 王

二 七
市山靈山瓊東廣

王秉正 琼山

王昌颂　乐会

王定猷　琼山

王　干　文昌

王会鹏　崖县

王惠风　琼山

王谋峰　乐会

王琼蔚　澄迈

王绍裕　澄迈

王衍祐　定安

少校训育员王衍祚

王衍祚 定安

王耀球
瓊山 三三
瓊山屯昌縣天元堂

王耀球 琼山

王永源
三 七
廣東澄邁瓊州金江市萬戍

王永源 澄迈

王詔儒
三 六
廣東瓊山海口新興街戍昌

王诏儒 琼山

温育林
三 一
廣東萬寧縣萬益號

温育林 万宁

翁紹錫
三 一
廣東文瓊州青瀾市下市怡成號

翁绍锡 文昌

吴秉亮
瓊山 三一
瓊山府城街宇丁永源巽房

吴秉亮 琼山

吴昌明
三 一
廣東定安瓊州定安市丁居德堂轉

吴昌明 定安

吴居正
二 五
廣東瓊州定安縣黃竹市天生號

吴居正 定安

泰　開　吳

六　　　三

宅吳閒二第巷雅小山瓊東廣

吴开泰 琼山

燁　坤　吳

山瓊　　　二三

百二牌門路介忠城府州瓊

交號八十七

吴坤烨 琼山

椿　延　吳

邁澄　　　二二

轉號發源市江金邁澄州瓊

吴延椿 澄迈

鑫　以　吳

三　　　三

店和共市瓊白邁澄東廣

吴以鑫 澄迈

三　寶　謝

五　　　三

號源信鎮英新縣儋東廣

谢宝三 儋县

德　詠　邢

縣崖　　　三三

號昌榕市萬區四縣崖

邢咏德 崖县

瑄　道　薛

○　　　三

店昌振內城高臨東廣

薛道瑄 临高

海　潤　嚴

水陵　　　二三

隆昌吉街安永縣水陵崖瓊

严润海 陵水

傑　人　楊

恩感　　　二二

民市黎北港黎北恩感州瓊

校學小二立縣路生

杨人杰 感恩

春 長 楊

二 八
廣東定安縣城東門黄協興號轉

杨长春 定安

信 泰 張

三 〇
廣東文昌燉烟市榮記

张泰信 文昌

輔 俊 鄭

三 八
廣東瓊山烈樓市郵局

郑俊辅 琼山

鵬 飛 鍾

崖縣 〇三
崖縣三亞港延春堂轉

钟飞鹏 崖县

機 啓 鍾

二 九
廣東萬寧禮紀村

钟启机 万宁

璋 啓 鍾

二 六
廣東萬寧隆盛號

钟启璋 万宁

新 鼎 周

瓊山 〇三
瓊州海口中山路同春舉房

周鼎新 琼山

海 觀 周

二五 瓊山
瓊州文昌縣邁號市四得盛
號

周观海 琼山

平 靜 周

三 〇 廣東文昌
瓊州文昌市坡公安濟廣舉房轉

周静平 文昌

周林億

二
七
廣東儋縣五王鎮裕昌隆

周林亿　儋县

周書升

三八
僑縣
瓊州儋縣洋浦港仁和堂陳
安育轉

周书升　儋县

周栽彬

三
〇
廣東瓊山忠介路四九號二進

周栽彬　琼山

周作民

四
二
廣東臨高縣城內郵政局

周作民　临高

第六部分
黄埔军校琼籍教职员照

黄埔军校琼籍教职员照

蔡 仲 琼东

曹石泉 乐会
（画像，照片来源：
《海南文史》）

岑家卓 文昌

陈 宝 文昌

陈伯宗 琼山

陈常健 文昌

陈鼎新 文昌

陈 范 万宁

陈飞熊 文昌

陈光地 文昌

陈家柄 文昌

陈龙渊 琼山

陈 言 文昌

陈 哲 琼山

陈志远 文昌

丁希孔 文昌

冯尔骏 琼山

符大同 定安

符气鎏 文昌

符瑞生 文昌

符昭骞 文昌

符作新 文昌

韩 潮 文昌

谢汉农 文昌

韩定远 文昌

韩汉英 文昌

韩亮兼 文昌

韩世英 文昌

韩振光 文昌

何其俊（秀清）澄迈

何启丰 文昌

黄百强 琼山

黄化民 临高

黄健生 澄迈
（照片来源：陈予欢
《陆军大学将帅录》）

黄善辉 文昌

黄善声 琼山

黄映明 琼山

黄镇中 文昌

吉章简 崖县

黎炳熙 定安

黎科沕 文昌

李春浓 文昌

李济中 临高

李克明 文昌

李向前 乐会

李玉华 琼山

梁 素 文昌

梁大鹏 乐会
（照片来源：蔡葩《南
洋船歌》）

梁汝清 文昌

梁振淮 文昌

梁竹轩 文昌

林 本 文昌

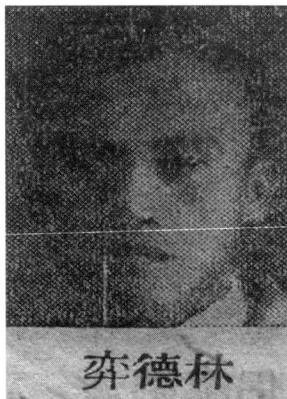

林德弈 文昌

林 峰 琼山

政训室主任林涪玉照

林 涪 文昌

林健夫 文昌
（照片来源：陈予欢《中国留
学日本陆军士官学校将帅录》）

林 茂

廣東文昌
廣州官天里一六七號林氏書室
二 九

林 茂 文昌

林日藩 文昌
（照片来源：陈予欢《中
国留学日本陆军士官学校将
帅录》）

林总队长廷华玉照

林廷华 文昌

步六大队少校校附
林 蕴

林 羲 文昌

上尉副队长

刘勉之

刘勉芝 文昌

中校政治教官

刘文学

刘文学 定安

步一队上尉政治指导员

龙兴任

龙兴任 琼山

龙学霖 琼山

罗清澄 琼山

麦永干 崖县

丘卓云 澄迈

唐惠洽 万宁

（照片来源：陈予欢《陆军大学将帅录》）

严凤仪 乐会

王霭云 乐会

王东春 琼崖

王均平 文昌

王　俊　澄迈

王俊雨 文昌

王禄丰 文昌
（照片来源：陈予欢《陆军大学将帅录》）

王梦卜 文昌

王声聪 文昌

王诗萱 琼东

王学阶 琼山

王亚东 乐会

王衍祚 定安

吴剑秋 琼山

吴敬群 定安

吴廉淑 文昌

吴琪英 琼山

吴 僧 琼山

吴少伯 琼东

吴中平 琼山

吴邦昌 琼山
（照片来源:陈予欢《中国留学
日本陆军士官学校将帅录》）

吴成开 琼山

吴德秀 琼山

昊济(致)民 琼山

邢文策

邢定陶 文昌

邢谷桂 文昌

邢小如 文昌

邢勇义 崖县

徐成章 琼山
（画像，来源：《海南文史》）

徐坚(徐天柄) 琼山
（来源：陈予欢《保定军校
将帅录》）

杨 群 文昌

杨永仁 文昌

叶剑雄 文昌

叶竞春 琼州

叶佩高 文昌

詹恒玉 文昌

詹觉民 文昌

詹忠言 文昌

詹忠诱 文昌

张诗教 文昌

郑 彬 琼山

郑廷俊 文昌

钟 秀 文昌

周成钦 琼山

刘建民 琼山

陈子扬 文昌

陈玉楼 文昌

吴 铅 琼山

林廷英 文昌

林绍伯 文昌

附录一　海南各市县黄埔军校学生（员）、教职员人数一览表

期数/市县	文昌	琼山	乐会	琼东	万宁	临高	澄迈	定安	崖县	儋县	陵水	琼州	琼崖	昌江	保亭	感恩	屯昌	其他	合计
本校一期	14	5	2		2	2	3												28
本校二期	21	14	1		2		8	3	2	2									53
本校三期	40	19	8	1	3		1	1		1			1						75
本校四期	35	18	1	2	2	1	2	3	4	1		6							74
本校五期	45	20	5	2	3		3	6		1	2	7							94
本校六期	40	29	9	11	7		6	3	14	2	1	17	1						140
本校七期	41	41	7	4	1	6	6	4	5	3	3	14							135
本校八期	2	1			3		2		1	3									12
本校九期	2	1																	3
本校十期	8									1									9
本校十一期	6			1			5		1	1									14
本校十二期	6	9	2				7	1	1										25
本校十三期	9	1		1	1		1		1	2									14
本校十四期	10	5	2	1	1		6	4	3										32

续表

期数\市县	文昌	琼山	乐会	琼东	万宁	临高	澄迈	定安	崖县	儋县	陵水	琼州	琼崖	昌江	保亭	感恩	屯昌	其他	合计
本校十五期	3	1	4	3		1		1	1										14
本校十六期	12	2	1	1			2	1	3										22
本校十七期	3	3		1															7
本校十八期	2	1						1											4
本校十九期	4	1				1	1												7
本校二十期	1	1		1			2											1	6
本校二十一期	1	1			1			1											4
本校二十二期	11	1			2			3	1										18
本校二十三期	1																		1
广州分校	45	12		3	8		1	2	3	1									75
广州分校十二期	14	9	2	2	1	2	5	3	7	4									49
四分校十三期	18	15	3	2	1	3	2	3		2									49
四分校十四期	27	20	2	5	5		4	2	21	3		1							90
各分校十五期	63	31	3	4	11	1	4	6	46	1	6								176
各分校十六期	105	32	2	2	15	2	3	6	4	2									173
各分校十七期	113	38	8	2	8	1	6	7	5	4	2	1							195

续表

期数/市县	文昌	琼山	乐会	琼东	万宁	临高	澄迈	定安	崖县	儋县	陵水	琼州	琼崖	昌江	保亭	感恩	屯昌	其他	合计
各分校十八期	20	11	4	2	2	2	4	2	4	1									52
各分校十九期	88	21	10	5	6	2	6	6	6	1				5			1	1	157
特训班、高教班等	107	40	5	8	10	7	7	6	7	1	2	2						3	205
广州分校特别班	19	12	4		4	7	7	5	19	5	4	9		6	3	2			106
四分校十七期二十四总队	59	30	5	2	2	1	2	8	3	2	1								115
四分校十七期华侨总队（二十六总队）	247	71	39	27	22		13	19	1	1									440
黄埔军校教职员	149	62	13	6	8	3	5	10	6	5		3	1						271
总计	1391	578	140	98	132	33	126	117	168	49	21	66	3	11	3	2	1	5	2944

说明　本表所统计学生（员）、教职员总计数字为2944，其中，黄埔本校（黄埔、南京、成都）和黄埔各分校各期海南籍学生（员）为2673人，黄埔教职员为271人。这之中，文昌籍以1391名独占鳌头，几乎占了全琼黄埔半壁江山；琼山以578名列次；其后是琼海（原乐会、琼东）和崖县（今三亚、乐东），人数分别为238名和168名。本同学录统计各名单中，有的既是黄埔军校出身，也是黄埔教职籍琼师生，人数约为94人。实际的黄埔籍琼学生人数，应减去这部分重合统计，约为2850人。

附录二　黄埔本校各期概况一览表

期数	本校驻地	入校时间	入学时间	毕业时间	毕业人数	情况概述
第一期	黄埔	1924年5月5日	1924年6月16日	1924年底至1925年初	645	黄埔一期,将星如云。初入学人数500人,实际毕业人数645人。在校期间,参加平定广州商团叛乱。该期学生毕业后多留军校教导第一团、第二团校军,旋即参加第一、第二次东征和北伐战争
第二期	黄埔	1924年8日	1924年8日	1925年9月	449	入校未久,适值第一次东征,乃奉命随校军出发,边战斗边上课。1925年6月回师广州,参加平定滇桂军叛乱和沙基反帝游行。毕业后多数分配到由教导团组建的第一军
第三期	黄埔	1924年冬	1925年1月	1926年1月	1233	实行入伍生制度之始。经入伍教育3个月,考试合格方转为学生。第一次东征时期(1925年1月至3月),该期初入校而成立入伍生总队留校,分驻市区、黄埔和虎门等地驻防。在滇桂军杨希闵、刘震寰叛乱时期,奉命回师配合东征军总攻,继而参加"六二三"广州各界声援上海"五卅"惨案反帝游行。毕业后多派充第一军任职,在北伐战争中发挥了积极作用

续表

期数	本校驻地	入校时间	入学时间	毕业时间	毕业人数	情况概述
第四期	黄埔	1925 年 7 至 1926 年 1 月	1926 年 1 月	1926 年 10 月	2654	该期校名从原称"陆军军官学校""中国国民党陆军军官学校"易名为"中央军事政治学校"。报考录取者众,于 1926 年 10 月毕业。在校时期,正是第二次东征和举师北伐之时。入学伊始,派守惠州,卫戍广州。在北伐战争中立下汗马功劳
第五期	黄埔	1926 年 3 月	1926 年 11 月	1927 年 8 月	2418	1926 年 3 月陆续分批入校,初为入伍生,分驻沙河燕塘等地,1926 年 11 月经升学考试转为正式学生。学习科目分步、炮、工、政治、经理五科。奉命举师北伐军,沿途边战斗边授课,毕业典礼分武昌和南京两地举行
第六期	黄埔; 南京	1926 年 10 月; 1928 年 3 月	1926 年 10 月; 1928 年 4 月	1929 年 2 月; 1929 年 5 月	718; 3534	该期学生,有黄埔本校和南京本校之分。南京本校为第一总队(1928 年 4 月—1929 年 5 月);黄埔本校为第二总队(1926 年 10 月—1929 年 2 月)。毕业均派往各地国民革命军中服务
第七期	黄埔; 南京	1928 年初	1927 年秋 1928 年底;	1930 年 9 月; 1929 年 12 月	666; 852	该期学生也分为在黄埔和南京两地学习,第一总队在南京毕业,第二总队在广州黄埔毕业。1930 年 9 月,蒋介石电令第七期毕业后黄埔本校即停办,黄埔校址自此以后停止招生
第八期	南京	1930 年 5 月	1931 年 5 月	1933 年 5 月; 1933 年 11 月	505; 1240	1930 年 5 月在南京入校,学制三年,分 2 个总队

续表

期数	本校驻地	入校时间	入学时间	毕业时间	毕业人数	情况概述
第九期	南京	1931 年 5 月	1932 年 5 月	1934 年 5 月	654	1931 年 5 月入校,1934 年 5 月 8 日举行毕业典礼
第十期	南京	1933 年 9 月	1933 年秋	1936 年 6 月;1937 年 1 月	940;621	第一总队 940 人,1936 年 6 月毕业;第二总队 621 人,1937 年 1 月毕业
第十一期	南京	1934 年 9 月	1936 年 1 月	1937 年 8 月;1937 年 10 月	605;664	1934 年 9 月在南京入学。分入伍生和备取生,分别编入一、二总队。第一总队于 1937 年 8 月毕业;第二总队于 1937 年 10 月毕业
第十二期	南京	1935 年 9 月	1937 年 1 月	1938 年 1 月	740	1935 年 9 月 28 日在南京入校,称为第十二期学生总队。时值 1937 年抗日战争全面爆发,乃奉命辗转移地教育,毕业于武昌。学员毕业后分发前线部队投入抗日战斗
第十三期	南京	1936 年 9 月	1937 年 11 月 11 日	1938 年 9 月 16 日	1412	1936 年 9 月 1 日在南京入校,抗战时期奉命西迁,1938 年 9 月毕业于四川铜梁。学员毕业后奔赴抗日前线
第十四期	铜梁	1937 年冬;1937 年 10 月;1937 年 9 月	1937 年冬;1937 年 10 月;1937 年 9 月	1938 年 11 月;1939 年 10 月;1939 年 1 月	669;1510;1520	第一总队于 1937 年冬在武昌入学,1938 年 11 月毕业于四川铜梁。第二总队于 1937 年 10 月在武昌入校,1939 年 10 月毕业于铜梁。1937 年底南京本校校部迁抵成都后,原属成都分校招考的学生 1520 人,称十四期六总队,于 1939 年 1 月毕业
第十五期	成都	1938 年 1 月	1938 年 7 月	1940 年 7 月 21 日	1831	以武昌为基地,继续大批招收爱国抗日青年,于 1938 年 1 月 1 日入校,奉命转移重庆、璧山而进抵成都本校就学。1940 年 7 月 21 日毕业

续表

期数	本校驻地	入校时间	入学时间	毕业时间	毕业人数	情况概述
第十六期	成都；铜梁；成都	1938年10月；1938年10月；1939年春	1938年10月；1938年10月；1939年春	1940年12月；1939年10月；1940年4月	1693；1629；1165	该期招生计3个总队，学员毕业即奔赴抗日前线
第十七期	成都；铜梁；成都	1940年4月；1940年5月；1940年6月	1940年4月；1940年5月；1940年6月	1942年4月；1941年11月；1942年2月	1527；1374；1030	该期自1940年初起分批招生，成都本校计有3个总队。连同各地分校招收的学生，多达28个总队，分编为第四至第二十八总队。学员毕业即开赴前线，参加抗日战争
第十八期	成都	1941年4月；1941年12月	1941年4月；1941年12月；	1943年2月；1943年10月	1215；1237	自1941年初陆续招生，直属成都本校的有2个总队
第十九期	成都	1942年12月25日	1943年12月	1945年4月14日	1900	该期自1941年先后由各大城市分区招生。1942年12月25日入伍生训练，1945年4月14日举行毕业典礼
第二十期	成都	1944年3月20日	1944年8月20日	1946年12月25月	1116	逢国内战争爆发
第二十一期	成都	1944年6月	1944年6月	1947年8月12日；1947年12月26日；1948年6月16日	550；5488	该期入学人数甚众。1946年"中央陆军军官学校"易名为"中华民国陆军军官学校"
第二十二期	成都	1947年7月；1948年7月	1947年12月；1948年12月	1949年2月；1949年7月	1538；1839	毕业之时，成都行将解放
第二十三期	成都	1948年8月陆续入校	1949年10月匆忙入学	1949年12月匆忙毕业	1362；864；850	成都本校至此结束
说明	自1924年起至1949年，黄埔本校（黄埔、南京、成都）在中国大陆共办23期，正式毕业52000余人（分校人数另计）。本表据2014年《黄埔》杂志、陈予欢《黄埔军校将帅录》、湖南档案馆《黄埔军校同学录》及《黄埔军校史料汇编》等文献资料整理。					

附录三 黄埔各分校概况一览表

学校	曾用名	驻地	创立时间	解散时间	负责人	期别及总队	毕业人数	历史沿革
潮州分校	陆军军官学校潮州分校；中央军事政治学校潮州分校	潮州	1925年12月18日	1926年12月	何应钦等	1. 第一期 (1925年12月至1926年6月，比叙黄埔三期) 2. 第二期 (1926年6月至1926年底，比叙黄埔四期)	348 / 380	国民革命军第二次东征消灭陈炯明残部后，在潮州地区整饬部队，为补充下级军官而筹办潮州分校
长沙分校	中央军事政治学校第三分校；中央陆军军官学校长沙分校	长沙	1926年12月	1928年7月	石醉六 / 张治中	1. 中央军政治学校第三分校招收第一期，带职学员半年毕业，学生队1年毕业 2. 中央陆军军官学校长沙分校共招收三期	1000余 / 人数未详	1928年7月，中央军政治学校第三分校停办后并入南京本校。1939年4月，中央陆军军官学校奉薛岳命令合并改组为湖南省干部训练团，长沙分校
南昌分校	中央陆军军官学校南昌分校	南昌	1928年5月1日	1929年6月	朱德培	第一期学生队	408	原为第五路军官补习所比叙本校第六期
第一分校	洛阳分校	洛阳；汉中	1933年8月18日	1944年12月	祝绍周、钟彬等	第十四期三、四总队/第十六期十一、十九总队/第十七期十八、十四、十八总队	总计8207	中央陆军军官学校洛阳分校开办于1933年8月18日，1937年"七·七事变"后迁西至陕西汉中，改名中央陆军军官学校第一分校，直至1944年12月裁撤并入第九分

续表

学校	曾用名	驻地	创立时间	解散时间	负责人	期别及总队	毕业人数	历史沿革
第二分校	中央军事政治学校武汉分校;中央陆军军官学校武汉分校;中央陆军军官学校第二分校;	武昌;武冈	1926年10月	1945年7月	邓演达、恽代英等	1. 中央军事政治学校武汉分校首次招收女生 2. 中央陆军军官学校武汉分校共办两期,1932年裁撤后并入南京本校第八期第二总队 3. 武汉分校继第一、第二期之后,第二分校继招生第十四期第五总队/第十六期八总队/第十五期八、十七总队/第十七期八、十七总队/第十七期六、七、二十一、二十二总队/第十三期第十八期七、十三、二十总队/第十九期五总队	总计26000余	1. 中央军事政治学校武汉分校 (1926—1927) 2. 中央陆军军官学校武汉分校 (1929—1932) 3. 中央陆军军官学校第二分校 (1936—1945)
第三分校	成都分校(1935年秋—1938年1月);第三分校(1939年夏—1945年11月)	四川成都;江西瑞金;江西永丰;福建部武;江西会昌	1935年11月1日	1946年2月	李明灏、吕济等	1. 成都分校时期:第一、二期 2. 第三分校时期:第八期第一总队/第十五期第十六期政训学员/第十六期政训十七总队/第十七期学生第一总队/第十七期第十八期政训/第十九期十七总队/第二十期二十二期十二总队/学生大队/军官训练班等	6000 16929	由成都分校改成的中央陆军军官学校第三分校,随中央陆军军官学校由南京西迁成都,并于1938年11月并入本部而中止。时隔半年,第三战区司令长官顾祝同奉命于1939年初夏在瑞金创办中央陆军军官学校第三分校

续表

学校	曾用名	驻地	创立时间	解散时间	负责人	期别及总队	毕业人	历史沿革
第四分校	广东军事政治学校(1926—1936);广州分校(1936—1938);第四分校(1938—1945)	广州燕塘;白云山;德庆;广西桂平;宜山;贵州三合;独山;湄潭;等等	1936年8月	1945年2月	陈济棠(1926—1936)、余汉谋(1936—1936)、陈诚(1936—1938)、韩汉英(1938—1945)	1.广东军事政治学校时期:共招收学生3期,军官班8期,政治深造班1期,经理班2期,军事深造班1个队、高射炮队、战车队、迫击炮队 2.广州分校时期:第十一期学生总队 3.第四分校时期:第一、第二期学生总队/第十四期七总队/第十五总队/第七总队/第十六期十六总队/第十七期十六总队独立第十八期十九总队/第十九期第九总队第一、第二期员总队/军官特别训练班等/第二期军官训练班等	总计约30000	中央陆军军官学校广州分校,前身是粤系军阀陈济棠于20世纪20年代末创办的广东军事政治学校。1938年初,中央军官学校广州分校改为中央陆军军官学校第四分校,第四分校。1945年底,第四分校奉令裁撤
第五分校	昆明分校	昆明	1934年12月	1945年10月	唐继麟等	第十一期学生总队/第十四期甲、乙生/第十六期学生总队/第十七期学生总队第十八期学生总队/第十九期独立大队/第二十期学生总队军官补习班第四期军士队/干训大队/第二期经理队训练班技术训练队管官训练大队	总计11500余	1934年12月,中央陆军军官学校昆明分校创建于云南陆军讲武堂原址上,由龙云主办的讨逆军第十路军总指挥部军官教导团改组而成。1938年3月,昆明分校奉令改为中央陆军军官学校第五分校。1945年10月,第五分校奉令裁撤

续表

学校	曾用名	驻地	创立时间	解散时间	负责人	期别及总队	毕业人数	历史沿革
第六分校	中央军事政治学校第一分校；南宁分校；中央陆军军官学校第六分校	南宁；桂林；柳州；宜山；百色	1926年5月	1945年12月	俞星槎、黄维、黄杰、甘丽初、冯璜等	1. 南宁分校及其前期招生共8期，毕业7475人　2. 第六分校时期：第十四期九总队/第十五期六总队/第十六期十一、十二、十三总队/第十七期十七总队/第十八期三总队/第十九期十总队/第二十期二十总队	7475 10378	1926年5月，在广西陆军讲武堂的基础上建立了中央军事政治学校第一分校。1938年初，南宁分校迁至桂林，并奉令改为中央陆军军官学校第六分校。1945年底奉令裁撤
第七分校		甘肃天水；西安王曲	1938年3月	1945年11月	胡宗南等	第十五期学生第二、三、四、五期队/第十六期学生第四、五、六、十三、十五、十六总队/第十七期学生第九、十、十一、十二、十三、十四、十五队及第十八期独立第九大队/第二十总队、二十三总队及特科学生第十三大队/第十九期十二、二十三总队及步科学生第九大队/第二十一期学生第一至第十一大队/军官大队/军官训练班政治队等	40703	中央陆军军官学校第七分校是在中央军校西北军官训练班的基础上创建发展起来的。该分校从1938年初正式创办到1945年底裁撤为西安督训处。随着办学规模的不断扩大和抗战的需要，校址经历了从甘肃天水到陕西凤翔再到西安王曲的变迁，共7年时间，培养了4万余人